U0043542

親切的、活潑的、趣味的、致用的

實用歷史叢書

遠流出版公司

本書中文繁體字版由華中科技大學出版社獨家授權

白銀帝國

翻翻明朝的老帳

原著作名——白銀帝國：翻翻明朝的老帳
原出版者——華中科技大學出版社
作　　者——李連利
主　　編——游奇惠
責任編輯——陳穗錚
發 行 人——王榮文
出版發行——遠流出版事業股份有限公司
臺北市100南昌路2段81號6樓
電話／2392-6899　傳真／2392-6658
郵撥／0189456-1
著作權顧問——蕭雄淋律師
2013年 5 月 1 日　初版一刷
2017年 1 月 1 日　初版三刷
售價新台幣 420 元　（缺頁或破損的書，請寄回更換）
有著作權・侵害必究　Printed in Taiwan
ISBN 978-957-32-7185-7
YLib 遠流博識網
http://www.ylib.com　E-mail:ylib@ylib.com

實用歷史叢書

白銀帝國

翻翻明朝的老帳

《實用歷史叢書》

出版緣起

王榮文

·歷史就是大個案

《實用歷史叢書》的基本概念，就是想把人類歷史當做一個（或無數個）大個案來看待。

本來，「個案研究方法」的精神，正是因為相信「智慧不可歸納條陳」，所以要學習者親自接近事實，自行尋找「經驗的教訓」。

經驗到底是教訓還是限制？歷史究竟是啟蒙還是成見？——或者說，歷史經驗有什麼用？可不可用？——一直也就是聚訟紛紜的大疑問，但在我們的「個案」概念下，叢書名稱中的「歷史」，與蘭克（Ranke）名言「歷史學家除了描寫事實『一如其發生之情況』外，再無其他目標」中所指的史學研究活動，大抵是不相涉的。在這裡，我們更接近於把歷史當做人間社會情境體悟的材料，或者說，我們把歷史（或某一組歷史陳述）當做「媒介」。

·從過去了解現在

為什麼要這樣做？因為我們對一切歷史情境（milieu）感到好奇，我們想浸淫在某個時代的思考環境來體會另一個人的限制與突破，因而對現時世界有一種新的想像。

通過了解歷史人物的處境與方案，我們找到了另一種智力上的樂趣，也許化做通俗的例子我們可以問：「如果拿破崙擔任遠東百貨公司總經理，他會怎麼做？」或「如果諸葛亮主持自立報系，他會和兩大報紙持哪一種和與戰的關係？」

從過去了解現在，我們並不真正尋找「重複的歷史」，我們也不尋找絕對的或相對的情境近似性。「歷史個案」的概念，比較接近情境的演練，因為一個成熟的思考者預先暴露在眾多的「經驗」裡，自行發展出一組對應的策略，因而就有了「教育」的功能。

・從現在了解過去

就像費夫爾（L. Febvre）說的，歷史其實是根據活人的需要向死人索求答案，在歷史理解中，現在與過去一向是糾纏不清的。

在這一個圍城之日，史家陳寅恪在倉皇逃死之際，取一巾箱坊本《建炎以來繫年要錄》，抱持誦讀，讀到汴京圍困屈降諸卷，淪城之日，謠言與烽火同時流竄；陳氏取當日身歷目睹之事與史實印證，不覺汗流浹背，覺得生平讀史從無如此親切有味之快感。

觀察並分析我們「現在的景觀」，正是提供我們一種了解過去的視野。歷史做為一種智性活動，也在這裡得到新的可能和活力。

如果我們在新的現時經驗中，取得新的了解過去的基礎，像一位作家寫《商用廿五史》，用企業組織的經驗，重新理解每一個朝代「經營組織」（即朝廷）的任務、使命、環境與對策，竟然就呈現一個新的景觀，證明這條路另有強大的生命力。

我們刻意選擇了《實用歷史叢書》的路，正是因為我們感覺到它的潛力。我們知道，標新並不見得有力量，然而立異卻不見得沒收穫；刻意塑造一個「求異」之路，就是想移動認知的軸心，給我們自己一些異端的空間，因而使歷史閱讀活動增添了親切的、活潑的、趣味的、致用的「新歷史之旅」。

你是一個歷史的嗜讀者或思索者嗎？你是一位專業的或業餘的歷史家嗎？你願意給自己一個偏離正軌的樂趣嗎？請走入這個叢書開放的大門。

〈自序〉

晚明啓示

——經濟第一並不能解決一切問題

中國人的自信心越來越強了。其原因就在於，中國的經濟、軍事實力越來越強。不像二十多年前，在說四大發明的時候，人們都說「噓，別再自戀了，老躺在過去的光榮裡那可不利於發展喲！」

而如今，我們的成就感來了！成就感回來後，再去看歷史，忽然發現「呀！原來我們的祖先那麼牛！俗話說，老子英雄兒好漢，我們會更好！」另一方面，如同許多或成名或有錢的人，往往會把自己的祖先也變成名人富人一樣，中國人開始尋求一種歷史的必然性——我的成名、我的富貴那是天定的！

似乎「富貴」之後，一切問題都可以迎刃而解。然而，晚明的歷史充分證明：經濟第一並不能解決一切問題。但很可惜，在今天，「富貴天定」的觀念已經成為一些人的思維定式，認為解決了經濟問題就能解決一切問題。

富貴氣質病

就在這種「富貴」的氣質中，有兩種現象開始出現。

其一，有人愈發地狂妄，狂妄得成為我們過去痛恨的人。

其二，有人反思：既然我們的祖先那麼牛，那為什麼後來衰落了呢？因此，便有人四處尋找造成衰落的原因。

就在這時，一些外國人和某些網上專家恰逢其時地向中國人介紹說：哎呀，其實你們中國人一直很發達、很富裕呢！鴉片戰爭之前，你們的國民生產總值還是世界第一呢！比現在的世界第一強國還要強大。特別是明朝，你們是白銀帝國呀！全世界的白銀最少有三分之一都是你們中國的，全歐洲乃至全世界其他國家總計的財富都不如中國。

國內的一些學者也紛紛出來，向人們說：中國人曾經很富裕。這很像股市，熊市的時候炒股專家們集體噤聲，牛市鼎盛之時牛頭馬面一個個爭先湧現一樣。

其實，這有什麼意義呢？上述言論確實非常正確。然而，它卻無法掩蓋住一個事實：如此富裕、強大的一個帝國，即使當時整個歐洲聯合起來，都沒有中國富裕，也不如中國的軍事實力強大。但其結果呢？在一次大規模的自然災害下，在幾個農民和落第秀才的鼓動下，明帝國被輕而易舉地打垮了。

如果不把這種病態的「富貴氣質」拿出來曬一曬，經常閱讀歷史的中國人難保不再次誤入歧途。我們中國人經常寫歷史、看歷史，但似乎這麼豐富的歷史資源並沒有給我們帶來多少好處。

晚明成爲白銀帝國、世界第一沒有任何可炫耀的

晚明的白銀帝國現象，是一種虛假的繁榮。

中國封建社會的幾個大朝代，如兩漢、隋、唐、明、清，以經濟實力論皆居世界前列甚至第一。在農業社會，只要在長期的和平環境下有一個智力中等的皇帝治理，像中國這樣土地尚算夠用的國家，興旺發達很正常。

中國在農耕社會，和平時間一長，人口自然就會急速上升。在明代之前，從整個世界範圍看，和平時期人口多，其國民生產總值自然就會高，兩漢、隋、唐、北宋、明、清就屬於這種情況。

相反，歐洲在歷史上的相當長時間內，因為戰亂比較多，國家小，人口少，農業技術、科學技術、文化水平等較之中國又都不發達，自然會長期落後於中國。

但明朝相較其他朝代的特殊性在於：人口的擴張帶動了農業技術、農業工程水平大幅度的提高，而貧窮地區百姓經商、走私現象較為普遍，使得明朝後期經濟產生了高度泡沫化現象。

晚明敗亡的商人、官僚商人因素

商人勢力在晚明達到了中國歷史上的最高峰，儘管歷史上有過陶朱公、呂不韋等大商人影響國家甚至歷史進程的案例，但他們僅僅是作為個體存在，還沒有對中國整體經濟產生重大影響。但到了中唐以後開始有了變化，特別是南宋，商人的勢力已經到了影響中國經濟的地步。元朝商人的地位同樣非常重要。到了明代中後期，商品經濟更是達到了新的高度。商人不但開始影響中國經濟，更是開始全面影響中國的政治、軍事、文化乃至民眾的日常生活。

但是，儘管商品經濟的繁榮與所謂的資本主義萌芽非常喜人，卻對政權的穩定造成了許多問題。例如：基本由商人控制的晚明政權，使得傳統的民族大義、忠君愛國等思想缺失，從而讓崇禎皇帝怒道：居官有同貿易。

又如，朱元璋父子在明初創建的非常發達的救災體系（今日我們能看到的救災方式在明代幾乎都能找到），到了明代中後期政府由於財政危機而無力救災，以至於要依靠海盜政商合一的鄭芝龍家族來保存餘脈。

白銀帝國下的商人、商品經濟，沒有繼續向資本主義前進的原因有很多，但主要是因為商人作為那個時期新興的權力階層，時代給予它的時間太短了。在短時間內，沒有形成統一的商人思維，而商人的所作所為並沒有改變「暴發戶」的宿命，他們不但沒有促進國家的強大反而拆了國家的臺。於是導致了商品經濟越發達，對國家的危害就越大，這是明朝給我們的一點啟示。

同時，明代商人的上層，也是規模最大的商人集團，即官僚商人，他們在前述的破壞力中居主體地位，在明朝被推翻的過程中扮演的角色更是卑劣至極。那種認為官僚商人為了自己的利益也會保國的說法十分幼稚。

明亡於什麼

與此相反，在白銀帝國下的下層民眾生活反而不如明代中前期。商品經濟是隨著明政權日漸衰落而發達起來的，最終，卻隨著明朝一起滅亡。其中最典型的就是晚明經濟的泡沫化，這種經濟的特點是：東部沿海地區高度發達，中西部內陸地區貧困落後。

東部沿海地區、鹽茶產區的走私經濟猖獗，中西部內陸地區鹽茶馬貿易始終處在國家的高度壟斷下，在權力階層享受既得利益所帶來的好處的同時卻讓大部分民眾品嘗著悲苦。東部沿海地區，特別是東南沿海地區的走私集團，與倭寇、地方富商富戶、朝廷官員相勾結，致使倭寇百年難以被剿滅。許許多多的抗倭英雄，都被以「莫須有」的罪名抓入牢中，甚至有些二品大員都不得不以自殺進行抗爭，提督朱紈就是一個典型案例。

東部沿海地區城市消費嚴重畸形，以色情業為代表的娛樂業高度發達。說句難聽的話，明帝國中後期男妓女妓遍布中華，就是在偏遠的內陸省份，村妓都在一定範圍內存在著。由此，導致全國範圍內的奢靡之風氾濫，加上商人勢力的推波助瀾，使得明朝終亡於享樂。

關於明帝國在經濟和軍事實力如此強大的情況下，為何突然在幾十年內崩潰了，學者們有不同的觀點，例如貨幣政策失敗論、與歐洲進行國際貿易戰失敗論、宏觀經濟政策調控失敗論，以及氣候導致災害頻仍論、瘟疫敗國論等。其實，明朝的敗亡，並不是單一因素造成的，而是在上述原因，以及商人的負面作用、吏治腐敗、貧富差距懸殊等綜合因素影響下出現的結果。

明代給予我們最重要的啟示，不在於經濟有多麼強大，而在於部分地區的經濟強大、部分人的富有，為何沒有轉化成全方位的強大和富有。我們能夠做的，就是腳踏實地地探討其中的原因，從中吸取經驗教訓，這是我們讀史的根本目的。

作者

二〇一二年四月於「五無齋」

《白銀帝國》
內容簡介

白銀帝國的形成必須要有供給和需求兩方面。在需求方面，明帝國商業的發達，催生出了官僚商人和走私商人兩大商人勢力。在他們和傳統統治階層的共同享樂化消費傾向下，明朝中後期出現了全國性的享樂化消費，因此造成了對白銀的巨大需求，這便構成了前三章的主體內容。

第一、二章主要介紹了官僚商人和走私商人勢力的增長。因為明政府希望壟斷商業利益，這便使得一些政府行為的背後有了官僚商人的影子，例如王崇古、張四維等老晉商的崛起。

第四章則主要談及了貨幣供給以及白銀帝國的正式形成。明帝國並不承認白銀的法定貨幣地位，這便與民間的巨大需求產生了矛盾。因此，這就需要政府在經濟政策特別是稅收政策上予以最終承認，這便使一條鞭法的出現成為必然。

經過四章的闡述，白銀帝國是如何形成的已經躍然紙上，讀者也將從中讀出筆者對白銀帝國的批評。在當今史學界，絕大部分專家學者都對白銀帝國持正面評價，只有少部分專家學者對其提出批評，而這部書的批評算得上是最系統、措詞最嚴厲的了。

因為，在筆者看來：白銀帝國形成後，全民性的享樂主義造成絕大部分白銀流入權力階層、走私集團和官僚商人集團的私囊中，明中央政府以及廣大中小商人和百姓其實並沒有多少白銀。明帝國一些行業的興盛，特別是娛樂業的興盛，所托起的階層則是上述集團及其幫閒者，與廣大百姓無關。明帝國亡於「白銀」是筆者寫作本書的主體思想。

作為當時世界上的唯一超級大國，無論經濟、軍事，還是科技文化都遠遠強於世界其他國家。然而，晚明卻在最強大的時候滅亡了，人們應該驚訝，但又不應該驚訝。因為，白銀帝國的虛假繁榮掩蓋了一切滅亡因素。其中最重要的有兩點。

其一，白銀帝國造成吏治腐敗和社會風氣奢靡，官員插手經濟領域，將官場變成商場，這一現象成為中國歷史上的唯一。

其二，白銀帝國造成中央沒錢，帝國政府在應對自然災害、瘟疫、農民起義等問題時，沒有財力支持，朱元璋所創立的非常先進的救災體系，甚至整個荒政政策（包括救災體系、預防體系、災後救援）完全失效。

歷來對於明帝國衰亡的原因有許多種說法，其實，晚明敗亡的直接原因在於白銀帝國的光環掩蓋了諸多亂政問題，這些問題在第五章進行了重點分析。

第六章是在本書完成後，在各位師長、朋友、部分提前閱讀草稿的讀者的提醒下新增的章節。側重描述了商業與貿易方面的政策的出臺過程及權力鬥爭，以及對百姓的影響，但對於農業經濟中的權力鬥爭及影響涉及非常少。所以，倉促間補寫的第六章並沒有按照「評書體」去寫。

目錄

白銀帝國

翻翻明朝的老帳

李連利◎著

第一章

帝國前奏

貓鼠遊戲中的走私與反走私

俗話說得好，「要致富先修路」，朱元璋自開國以來，便對交通問題極為重視。有的朋友認為：交通等基礎建設對於經濟發展的重要性已經成為共識，沒有必要進行具體闡述。然而，在歷史上，這一點並非被許多人認可，例如非常著名的晚清洋務運動。洋務企業的產品之所以難以盈利，其重要原因就在於交通問題。在這點上，晚清統治者比朱氏父子差得太遠了。

在尚未完成統一之時，朱元璋便對全國的道路系統、郵政快遞系統進行了全盤規劃。道路系統使得長途運輸、短程販賣成為可能，貨物也由小商品變成了大宗商品。郵政快遞系統無疑使資訊交流變得快捷，在保證邊關信息傳送、政令傳達、民間書信往來的同時，更使得商人間的商業資訊交流有了長足進展。

交通的發達，促進了貿易和商人的迅速成長。然而，由於建國初，朱元璋希望最大化地保障軍事供給，因此，在各方面都加大了政府管控，商業也不例外。儘管實力有限，明初政府仍然對兩件最重要的商品，即茶葉和鹽的運輸、銷售地區和銷售價格作了統一調控。它在一定程度上滿足了商人的需要，卻沒有徹底解決走私問題，從而使得明代陸路走私極為猖獗。在這背後，隱藏著明政府妄圖壟斷商業利潤的企圖，而正是這種企圖使得走私問題伴隨了整個明朝歷史。

在陸路貿易發展的同時，明代的海路貿易也斷斷續續地進行著。到了明代後期，隨著葡萄牙在南美殖民地的白銀大量進入中國，中國的商品經濟初步發展起來。然而，隨著與北方最大的敵人蒙古修好，明帝國再次忽略了海路貿易。由此，中國喪失了一次成為海上貿易大國的絕佳機會。

第一回

明代九成的商業稅進了誰的口袋

明代四通八達的交通，使商品貿易獲得了極大的發展，例如，以北京為中心修建了六條交通幹線。它們分別是：京遼線（北京通州到遼寧瀋陽、開原）、保成線（河北保定到四川成都）、保桂線（河北保定到廣西桂林）、鄭昆線（河南鄭州到雲南昆明）、德廣線（山東德州到廣東廣州）、德福線（山東德州到福建福州），而以南京為中心同樣修建了六條交通幹線。

交通幹線將整個中國連在了一起，而水路交通的發展同樣不容小覷。自朱元璋統一中國之後，便大力開河、修整河道，特別是對京杭大運河的利用更是被認為是歷代最充分的。在公路、水路交通大發展下，中國的商品經濟迅速發展起來。

然而，統治者希望借著專賣這一形式壟斷利益，由此便迫使各種走私現象大範圍出現。當朱元璋鐵腕父子相繼去世後，明代皇帝們面對走私更是手足無措，從而使國家稅收大量流失。在流失中，老晉商、徽商、粵商等相繼崛起。可它們的出現非但沒有使走私問題得到解決，反而使得問題越來越複雜化。

因為歷史上投資渠道較少，諸如股票、期貨、重工業等投資方向都沒有，因此，鹽茶絲綢等商品走私便成為首選。可以說，明代發達的交通使它成為當時唯一的超級大國的同時，又埋下了日後落敗的隱患。成也交通，敗也交通！對於交通建設，朱元璋可謂是不遺餘力，還發生過一個為了修路而殺開國功臣的故事。

陸路交通四通八達

•～•～•～•～•～•～•～•～

□奢香修路

洪武十七年（一三八四），在南京金鑾殿上，朱元璋看著跪在地上的一個彝族女子。此女年紀不大，不到三十歲，長得秀麗端莊，儒雅中透著一股倔強。她就是著名的彝族女首領奢香夫人。她十四歲（一三七五）嫁給貴州宣慰使靄翠為妻。洪武十四年（一三八一）靄翠病逝，奢香代其幼子襲貴州省宣慰使職。

朱元璋看著她，笑道：「奢香夫人此來，難道就是為了告馬曄嗎？」

奢香夫人回道：「大明皇帝萬歲！臣自洪武十四年襲宣慰使以來，領兵協助穎川侯傅友德、永昌侯藍玉、西平侯沐英剿滅段氏及蒙元殘餘，統一雲南。我族人願為萬歲效

•～•～•～•～•～•～•～•～

犬馬之勞，萬歲對我等也洪恩備至。萬不想都指揮使馬曄竟對我裸衣笞打。漢人有句話叫，士可殺不可辱，馬曄如此侮辱我，我等族人決不答應。我與宣慰同知劉淑貞皆為女子，似這等侮辱試問漢族女子該如何？」

朱元璋面帶殺機：「馬曄如此害我，我決不輕饒！」

奢香夫人聞聽，喜極而泣：「萬歲皇恩浩蕩！」

朱元璋聽罷，微微一笑：「奢香夫人，我一定為你做主，以『開邊釁，擅辱命婦』的罪名捉拿他。但馬曄也是朝中大臣，今我抓他為你申冤，爾有何報之？」

奢香夫人聞聽，思考了很久，回答道：「萬歲自登基以來，廣開道路，以便世人通行。今我皇如此天恩，我必帶族人將貴州修得四通八達，與內地交通自此無礙。」

朱元璋聞聽霍然站起，朗聲笑道：「奢香夫人此舉於國有大功，休說一個馬曄，就是十個，我也殺得！」

事後，馬皇后又在御花園款待奢香夫人。臨走前，奢香夫人又獲得了大量的金銀、絲織品、香料等賞賜。

一百多年後的某一天，有一位正值壯年的書生，走在茂密的山林中，踏著亂石與枯草，並且時不時地捂著屁股。此人身材高挑，用今天的尺子一量，大概得有一米八，瘦削的長方臉因為長期營養不良而兩腮深凹，兩條細長的眉毛顯得有些女性化，紅紅的薄薄的嘴唇包裹著兩排潔白的牙齒，高高的鼻粱上是一雙鳳眼，顯示出此人必是睿智之人。

～・～・～・～

此人一邊走，一邊說：「無善無惡心之體，有善有惡意之動。知善知惡是良知，為善去惡是格物。」說罷，長歎一聲：「唉，想我已經七天沒刷牙（中國式牙膏牙刷產生於宋代）了！終於到了，這貴州龍場好難走呀！」

～・～・～・～

這位愛乾淨的人是誰？他就是大名鼎鼎的、被後人稱為「心學」集大成者的王守仁，世稱陽明先生。王陽明可是明朝近三百年的歷史中，最著名的大學子。今天，有許多人甚至認為，他是繼孔子之後的第二大哲學家。然而，如果沒有一百四十多年前一位叫奢香的女人，恐怕他從北京來貴州的路將更加難走。

奢香回到貴州後，便組織大量的人力物力，先後開闢了兩條驛道，打通了貴州通往雲南、四川、湖南的交通幹線。朱元璋為此大呼：「奢香歸附，勝得十萬雄兵！」

奢香開闢的道路人們稱為「龍場九驛」，長達五百六十多公里。在當時，龍場九驛有兩條主幹道：一條由貴陽東北的水東經威寧到雲南昭通，另外一條由貴陽向北經修文到雲南西谷里、西城關、大渡河、歸化再到畢節。洪武二十九年（一三九六），三十八歲的奢香夫人病逝，朱元璋派特使前往參加葬禮，加謚號為「大明順德夫人」。

由朱元璋對奢香夫人這件事情可以看出，他對交通在國民經濟中的作用有著深刻認識。早在洪武元年（一三六八）朱元璋稱帝的第二十二天就下令整頓和恢復全國的驛站，將南京公館改為「會同館」，在全國各地設立水馬驛站、郵局（遞運所）、快遞局（急遞鋪）。

第二年，他又頒詔，把元朝的「站」一律改稱為「驛」。每攻占一個地方，朱元璋便要求工兵隊伍迅速修路修建驛站。這其中，既有軍事原因，更有對日後經濟建設的考慮。

明朝的道路寬十丈，每六十里設置一個驛站，供傳遞公文、信件的人和馬匹休息，甚至還經常派高級官員專門去修路，先後「遣鳳翔侯張龍等往雲南置驛傳」，「命景川侯曹震往四川治道路」，「命普定侯陳桓往陝西修連雲棧入四川，都督王成往貴州平險阻沿溝澗架橋梁，以通道路」。

在邊疆地區，朱元璋也進行了大規模的道路修建，例如，在洪武二十年（一三八七）建立了大寧都司，在轄境內修了四條主要交通幹線，其中一條由北京豐臺途經順義驛、密雲驛、石匣驛（今密雲東北）、古北口、青松驛（今河北灤平），至興州中屯衛（今河北承德市西灤河）。

朱元璋之後的歷代皇帝都對交通非常重視。例如永樂皇帝不但繼續增加關內道路設施，對關外也非常重視。永樂七年（一四〇九）在黑龍江地區建立奴兒干都司，修建驛站四十五處，在黑龍江、吉林地區共修建了六條主要交通幹線。

到了明代中後期，陸路交通已經極為發達。除了前面提到的以北京為中心修建的六條交通幹線外，南京作為陪都，交通也非常發達。例如寧京線（由南京經徐州、濟寧、德州到北京）、寧太線（由南京經烽煙、蘇州、歸德、開封到太原）、寧西線（南京到西安）等。

北京和南京的交通幹線往往合併在一處，例如寧西線和保成線的交合。寧西線，由南京經開封、鄭州、陝州、華州到西安，保成線由河北保定經正定、邢臺、安陽、汲縣、泌陽、洛陽、三門峽、華縣、西安、岐山、寶雞、勉縣西老城、廣元、閬中縣東、三臺到成都。

省會城市間直達的一級公路至少有兩條，省間的二級公路至少有四條。例如，北京到北直隸各府：A經通州、三河、玉田、豐潤、永平府（今盧龍縣一帶）、山海關通關外；B經良鄉、涿州、安肅（今河北徐水）、保定府、慶都、新樂（今新樂東北）、真定府（今河北正定）、欒城、趙州（今趙縣）、內丘、順德府、沙河（今南和縣）、邯鄲入山西；C經良鄉、涿州、新城（今新城縣東南）、任丘、河間府、獻縣、阜城、景州，至山東德州；D經順德府、廣平府、肥鄉、大名，至山東觀縣、臨清。

交通發達之後，商品流通更加方便快捷，由此帶動了城市發展。在各個交通幹線上興起了一大批交通中心城市，而這些城市因為商品、人員的增多，其經濟發展也越來越好。例如，天津、臨清、濟寧、徐州、淮安、揚州、蘇州、松江、杭州、嘉興、湖州、廣州、西安、襄陽、重慶、成都等地。

值得一提的是明帝國對於海南島的道路建設。明代整個海南島沒有開通主要交通幹線的地區不過二百里而已，這對於五百多年前的明朝來說著實不易。

在陸路交通獲得長足發展的同時，水路交通也逐漸發達起來。明政府對於京杭大運河的利用，被後世認為是利用得最好的，交通的發達極大促進了商品流通，加快了資金流動，為明代商業繁榮打下了堅實基礎。

封建社會利用得最好的大運河

□倒楣的隋煬帝

隋煬帝是中國歷史上比較倒楣的一個帝王，他並非昏君。可不幸的是，他的姨父和姨兄弟們奪了他的江山。更不幸的是，他的姨表姪李世民卻是公認的明君，明君的對立面不是昏君又是什麼呢？其實，隋煬帝對於中國歷史有兩大貢獻：一是對抗北方民族取得了巨大勝利，二是為了溝通南北經濟修築了京杭大運河。他的問題是好大喜功，不注意百姓的承受力，造成了民不聊生，一直到今天隋煬帝還在被人咒罵，就如下面這段說唱所表現的。

～・～・～・～・～・～・～・～・～・～・～・～・～

手挑龍簾掛金鈎，有一位無道昏王要下揚州。這昏王，水路旱路他不走，在這平地挖了一道溝。河裡頭沒有水，這船兒沒有法兒走。文官拉縴他不用，武官拉縴他不准。傳下了聖旨：挑選黎民下了河溝。挑下了十五六歲的桃花女，十八九歲的大學究。男女對面拉一處啊。昏王就把這寶箭抽，箭射龍繩分了左右，姑娘小子兒摔了跟頭。男女對面摔一處啊，又是恨來又是羞。將船拉到了揚州去呀，昏王他臨死時變成了牛。這老牛老馬刀下死，大塊肉來它上了秤頭。

～・～・～・～・～・～・～・～・～・～・～・～・～

扒下了牛皮蒙大鼓，一掛掛在了鐘鼓樓。萬歲皇爺心歡喜，封他一個是定國的猴（侯）兒。剩下的骨頭沒有用處啊，賭博場裡色子投。仨一群倆一夥，圍著色盆內呢樂悠悠。這個叫三那個嚷六，三也不成六也不就。你咋這麼賤骨頭！

～・～・～　　　　～・～・～

這個京東大鼓段子叫做《隋煬帝下揚州》。可以說，隋煬帝的過很大，但功也非常大，將他與桀紂放在一起，實在與歷史真實不符。之所以為其鳴冤，就在於他開鑿了大運河，使中國的水路交通為之大變，一千三四百年來對中國經濟發展起著難以估量的作用。

水路交通不比陸路交通，它被大規模建造的可能性不大。一般水路交通受地形影響很大。因此，凡是水多的地方水路交通自然發達。京杭大運河的開鑿，對於中國的經濟發展來說居功至偉。而整個封建社會，明朝對於京杭大運河的治理是最好的。

京杭大運河並非一次性修成。春秋吳王夫差於西元前四八六年開鑿邗溝（從今揚州市到淮安市），將長江和淮河貫通，戰國時期的梁惠成王於西元前三六〇年開鑿了大溝（從今河南原陽縣北引黃河南下，注入今鄭州市以東的圃田澤溝通黃河和濟水），魏惠王又於西元前三六〇年開鑿了鴻溝（溝通了黃河和淮河）。

到了隋煬帝時期，京杭大運河開始被大規模地開鑿。隋大業元年（六〇五）朝廷動員了百萬民眾開鑿了通濟渠，直接溝通黃河與淮河，並且改造了邗溝和江南運河的諸多河道。大業四年（六〇八）又開鑿永濟渠，將運河連接到了今天的北京市宣武門、和平門一帶。自此，才有了京杭大運河一說，據說全長二千四百公里。

到元代，至元二十六年（一二八九），元世祖下令開鑿會通河（山東運河），起自東平，至臨清抵達御河，全長二百五十多里，建閘門三十一道，共用民工二百五十多萬人。至元二十八年（一二九一），在郭守敬的建議下，忽必烈再次動用二百八十多萬人，開鑿了從大都到通州的通惠河，全長一百六十多里。

這樣，南北大運河全線貫通，連接起了海河、黃河、淮河、長江和錢塘江、濟水六大水系。自此，京杭大運河被分為七段：北京到通州稱通惠河，長八十二公里；通州到天津稱北運河，長一百八十六公里；天津到山東臨清稱南運河，長四百公里；臨清到山東棗莊市臺兒莊稱魯運河，長約五百公里；臺兒莊到淮安稱中運河，長一百八十六公里；淮安到瓜洲稱裡運河，長約一百八十公里；鎮江到杭州稱江南運河，長約三百三十公里。

明代的大運河主要用於運糧，也促進了商業活動，大運河沿岸的城市得到了極大的發展，運河的興衰影響著沿岸城市的命運。例如，淮安在古代無論是經濟、軍事、政治，還是文化都曾經非常發達，但隨著運河的衰落，淮安也失去了往日的興盛。

大運河不但對經濟非常重要，對國家安全同樣非常重要，每年從運河運往北方九邊、災區、國有糧庫、市面的糧食就在千萬石以上。如永樂十九年（一四二一）為三百五十四萬石，宣德六年（一四三一）為五百四十九萬石，正統元年（一四三六）為四百五十萬石……上述數字僅僅是稻米的數量，其他糧食，如粟米豆麥等尚未統計。

水路交通的發達，直接促進了商品經濟的發達。交通好了，人們就會願意外出進行商品交換，這樣，對於貨幣的需求就越來越大；交通的建設又帶動了房地產、農業水利設施等的建設，政府為此就要提高貨幣供應量，然而中國是貧銀國，大量的貨幣就需要借助海外貿易從外部引入。海外貿易引起大量貨幣的進入進出，不可能不被政府重視。因此，商業稅的徵收逐漸受到權力階層的關注。但是，明中央政府的商業稅收卻在整個稅收體系的比重一直不高。明代農業稅和鹽稅幾乎占到百分之八十以上，商業稅始終沒有占據主要地位。明朝中後期的商業興隆是有目共睹的，按理說商業稅的比重應該比較高，但為什麼這麼低？原因到底是什麼呢？

明代九成的商業稅進了誰的口袋

・～・～・～・～・～・～

□陸二燒燈草

萬曆二十八年（一六〇〇），有個叫陸二的人見街坊有人因為經商致富，便決定利用家鄉的資源去A處賣燈草（即燈芯的原料），他雇了一艘船把燈草放到船上直奔A處而去。

「陸老闆，前邊有個收費站！」船老大的聲音傳來。「這麼快呀，到收費站了！」「不是，七天前剛設的！聽說是知府劉大人設的。」「哦，交吧。」

・～・～・～・～・～・～

陸二並沒有當回事兒，命手下人出面交稅。他懂法，稅率是三十稅一。船上的草價值八兩銀子，交稅二錢六，再加上各種費用四五錢銀子夠了。隨後，陸二便叫小夥計陸炳拿了壺酒，端上一盤牛肉準備小酌一番。酒剛斟上，船老大走了進來，「陸爺，稅款交了。」「船老大，來來來，坐下，咱們喝口！」船老大笑了笑，也坐在了船艙內。

二人舉杯欲飲，就聽船夫高喊「收費站到了，交稅！」陸二一愣，「船老大，怎麼又到收費站了？」「哦，對了對了，這是王知縣設的收費站。」「哦，陸炳，你去交吧。我跟船老大喝酒。」二人對視而笑，「唉，這年頭只要是能跟官府靠上邊兒，他就能收稅！」「是呀，是呀。來來，咱們喝一口！」二人一飲而盡。

陸二手中的酒盅還未放下，就聽船夫嚷道：「收費站到了，交稅！」「啊！」陸二臉色一變，「船老大，這是怎麼回事兒呀！」「這是京城回家休養的趙公公設的收費站，人家可是京城的人呀，不敢惹呀，交稅吧！」陸二陰沉著臉，從包袱中取出四錢銀子交給了船老大。船老大起身出去，不一會兒回到船艙二人繼續飲酒。

你一言，我一語，家長里短話不盡。就在這時，一人高呼「交稅！」陸二手中的酒杯猛地往桌上一放，「這咋又到收費站了呀！」「你不知道，這是前邊正規收費站臨時增設的臨時收費站。」「臨時多久了？」「好像臨時了七八年了吧。你是第一次做生意，所以不知道！」「這、這，唉，沒辦法，交吧！」

陸二和船老大就這樣一邊吃一邊交稅，結果一百多里的水路有十來處收費站，陸二為此交了足有四兩銀子。陸二的心拔涼拔涼的。這船燈草價值八兩，收稅四兩，買草和雇船以及路上的花銷也有四兩。這傢伙，自己這次買賣不要說賺錢了，不賠已經阿彌陀佛了。

陸二端著酒杯的手在顫抖，他的心在滴血。這時，又聽有人高聲喊「收費！」陸二哎呀一聲，手中的酒杯噹啷一聲掉在了地上。「這可如何是好啊？賠了，賠了！」就在他手足失措之際，船老大一拍他的肩膀，「喂喂，陸老闆，咋了？不是收費站到了，是『首飛山』到了！您上岸休息休息吧。」

「啊？『首飛山』，我呸，怎麼和收費站諧音呀。」陸二和船老大、陸炳等人上了岸。此刻，陸二再一看京杭大運河上的船隻更少了，他不禁問道：「船老大，前往A處還有多少個收費站呀！」「陸老闆，這個我還真不好說，收費站天天都在增，剛才經過的那個收費站，上次我路過的時候還沒有呢。保守估計還有十處吧！」「啊！」陸二一聽，眼淚撲簌簌地掉了下來。

沉思良久之後，陸二顫抖著說：「陸炳，你去把船上的燈草全都放到岸上來！」「為啥？」船老大和陸炳都非常好奇。「燒了吧！」「燒了？咱們辛辛苦苦的……」「別說了，你們想想，前後二十多處收費站，光收費站就要去了我們八兩多銀子，除去往返船費、吃住、買草的錢，如果我們再繼續走，那可就賠大了。如果想不賠就得把這船燈草的價格提高到二十兩，而A處的價格是八兩，你們說我們能賣得出去嗎？總而言之都是賠呀，倒不如燒了它，我和陸炳從陸路走回去。這樣的話，也許就只賠個一兩。唉，早知買賣這樣，我就不做了！」

～・～　～・～

如果不是明代人周輝，在他的《金陵瑣事》中記載下陸二的故事。今人恐怕很難明瞭明朝後期貪官污吏對小商人的壓榨有多麼嚴重。萬曆年間，是明代商業受到壓制比較嚴重的時期。即使如此，因為前後皇帝們或無所作為或治國有方，商業並沒有因此衰落，仍然螺旋式上升著。明朝後期中國商業的發達的主要表現為：東南沿海發達的走私經濟和海盜經濟、邊關的貿易、鹽茶產區的走私經濟、江南絲織棉貿易、京杭大運河沿線貿易。

然而，這些地區也是受盤剝比較重的地區。例如，京杭大運河除了運軍糧和政府攤派的糧食之外，商業糧食和其他商品的運輸也是一個非常重要的部分。商稅主要有四大類。

第一類是貨物稅（商稅，針對貨物徵收）。洪武年間除了農用工具和教育用品不用繳稅外，其他都需要繳稅。收稅額度是商品售價的三十分之一。稅收收繳是除北京、南京、鳳陽這三個都城外，當時的一線城市都由朝廷委派的稅收人員負責，二線城市以下則歸各省負責。地方商稅是小部分上繳國庫，大部分留做地方財政支出。

第二類是船鈔（通行稅，針對交通工具徵稅，戶部徵收）。宣德四年（一四二九）明政府開徵船鈔，之前則徵收通行稅。明政府在南京到淮安、淮安到徐州、徐州到濟寧、濟寧到臨清、臨清到通州這五段，對運載能力在一百石的船隻，每過一段行程徵收稅款一百貫鈔（折銀一・二五兩）。收稅站設在揚州、淮安、臨清、河西務、九江、杭州、滸墅關。徵收船鈔後，除了臨清外，其他大部地區都不再徵收通行稅。

第三類是抽分（特別商品稅，工部徵收），即對木料、竹子、麻、桐油、鐵、煤、木炭、釘子、銅線等製造船隻等交通工具所用的物品進行徵稅。收稅站一般在北京、南京、淮安、正定、蘭州、廣寧、荊州、太平、蕪湖、杭州等地。除了北京有四個收稅站外，其他地區都是一個。

第四類是貨物堆放許可稅（門攤稅，對貨主徵收）：貨棧、貨攤每三個月繳納一次許可稅，徵收方式是由該地行業協會中的頭面人物（會長）收繳後交給地方官。

隨著商品經濟的發展，明代稅收機關人員、徵收種類越來越多。每個收費站的工作人員多達上百名，如果加上相應的保安隊伍，每個收費站的工作人員多達數百人。徵稅的品種，包括奢侈品（如絲織品、高級瓷器）、進口商品（香料等）、日常用品（草鞋、手絹、西瓜、大蔥等我們今天常見的東西），多達兩千種。對這些商品都作了細緻的稅收規定。例如：

藥材每斤、白小碗每十五個，稅鈔、牙錢鈔、塌房鈔各二百文；荔枝、圓眼、冬筍、松子、桐油、柏油、黑砂糖、蜂蜜每斤，臙胭脂每兩，土粉、土硝、鹼、松香、墨煤、麻、肥皂末香槐花、膠棗、雞頭、螃蟹、蛤蜊每十斤，乾兔、雞、鴨每隻，白茶盅每六個，甘蔗、藕每十根，竹箸每一百雙，竹掃帚每十把，蒲席每領，雜毛小皮每張，氈、帽每個，草鞋每十雙，稅鈔、牙錢鈔、塌房鈔各一百七十文。

明朝初期，朱元璋要求不對日常生活用品徵稅（喪葬用物及舟車絲帛之類免稅，又蔬果飲食畜牧諸物免稅），到了中後期幾乎對所有東西都徵稅。很顯然，稅收對民眾生活的負面影響很大。再加上明朝施行政府官員低薪制度，特別是吏役沒有薪水，這種制度的負面作用比我們今天某些行業的「低底薪高提成」更甚。

由於稅收的多少與吏役的收入掛鈎，因此，他們在積極徵稅的同時，必然勒索剋扣，甚至對一些戰略物資強行徵稅。明政府不得不在成化五年（一四六九）規定：對於執行政府任務的運糧、運物資的漕運軍船不得徵收船鈔。起初，吏役們還不敢明目張膽地對漕糧等徵稅，只是對漕運糧船上的船員所帶的自備糧草、燃料徵稅。但其後，隨著吏治的腐敗，吏役們的膽子也越來越大。

明政府對吏役們的所作所為並非沒有察覺，也數次明文禁止這種行為，然而，基層政府的運作要靠他們，而他們不徵稅就沒有收入來源，那他們的積極性從何而來？所以，最終還是老樣子，役吏們仍然無法無天，商業稅徵收的地點越來越多，直到明朝滅亡。

皇家田莊的宦官們見徵稅大有甜頭，便紛紛私設徵稅點。為此，弘治十五年（一五〇二）明中央政府明令禁止此惡行。

同時，徵稅時暗中索取、罰款、強迫捐獻等事情也屢禁不止。

還有嚴苛的懲罰偷逃稅的措施，例如：稅收清單上的商品有一件沒有繳納稅款的話，清單上的所有商品都要雙倍繳納。而且徵稅的隨意性也很大，稅如何徵、哪些該減免完全由徵稅官員做主。

此外，重複徵收嚴重，例如從河西務到北京這一河段上就有三個收稅站。

明中央政府和皇帝本身為了某項事務，也往往強行向商家無端徵稅，美其名曰「捐獻」。例如成化元年（一四六五）都察院右僉都御史吳琛就建議對通州、徐州的船隻徵收「濟漕」費，也就是要求商家無償幫助官家的漕運。理由就是為了國防建設，「國」好了他們自然就好了。

明政府既然如此大規模、大幅度地徵稅，那麼，稅收成績肯定很好了。然而，從數字上看，商業稅並不多，例如弘治元年（一四八八），全國的貨物稅和通行稅總計四千六百萬貫鈔。該年鈔和銀子的比價是一貫折合〇・〇〇三兩，因此，折銀為十三・八萬兩。

嘉靖二十三年（一五四四），全國的貨物稅和通行稅總計五千二百萬貫鈔。該年鈔和銀子的比價是一貫折合〇・〇〇五兩，因此，折銀為二十六萬兩。

然而，萬不可被假象迷惑。真實的稅收則遠不止二十六萬兩。因為上述徵稅的弊端，真正進入中央財政的稅收不及真實稅收的十分之一。據黃仁宇先生估計，每年光在京杭大運河上運輸的棉布價值就高達五十萬兩。而棉布只是十種大宗商品中的一種而已，況且棉布與木材、食鹽、糧食等相比，其每年運送的數量要低得多。因此，全年實際上的商品貨物價值，估計一千萬兩是沒有問題的。那麼，保守估計，每年僅貨物稅就可以徵收三十三萬兩，比全國的商業稅收還要多，即使我們承認十分之一這個數字，那麼，其餘十分之九的稅又跑到了誰的口袋裡去了？

除了前面提到的政府（各級、各種權勢人物）的稅收盤剝外，商人中的官僚商人、與官員聯合的巨商富賈和走私者的偷稅行為，都是造成稅收不能進入政府口袋的原因。

更為嚴重的是，走私經濟下許多商人的財富在短時間內膨脹，不但使稅收出現問題，更使「官鬥不過吏，吏受制於商」這種現象成為常態。因為，官一般是外派的，而吏則是當地人，官要是想做事只能靠吏，而吏的收入則需要搜刮民脂民膏，這樣商人就在某種程度上成了吏的「老闆」。到後來，商人甚至到了影響地方政局的地步，而這又加強了「白銀帝國」的負面因素，從而使晚明亡於商人的證據更加充分了。

下面我們就介紹一個官商鬥的案例。

官鬥不過商

□顧尚書與鄒百萬的衝突

嘉靖年間，無錫有三大富人，分別是鄒望、華麟祥、安號桂。顧尚書榮僖公因為「丁憂」回轉家中，一日乘坐官轎正行進在路上。突然，轎子後面一陣驚擾。顧尚書掀開轎簾一看，只見一頂極為華麗的轎子飛快地奔來，後面還跟著一溜這樣的轎子，飛快地超越了顧尚書的轎子。顧尚書仔細一看，不禁大驚失色，轎子裡的人全是和尚。

顧尚書連忙詢問這是怎麼回事，隨從忙說：「無錫首富鄒望的老母親死了，聽說請了一百多位僧人為她超度，來來往往皆用這種轎子接送。」「啊！好有錢呀！」顧尚書發著感慨回到了家中。剛一進屋，就見管家慌慌張張地迎了上來，「大人呀，咱們西大街的老宅子被鄒百萬給扒了。」「什麼！」顧尚書勃然大怒，「好你個鄒望，人家怕你，我是尚書我可不怕你！拿著我的帖子去知府衙門告他，不把他法辦了我這尚書白當了！」

果然，沒有多久，鄒望就被捉進了大牢。然而，令人奇怪的事情出現了。鄒望被抓的那天下午，無錫城裡的所有買賣人紛紛罷市要求釋放鄒望。知府一聽連忙放了鄒望，商戶們這才陸續營業。顧尚書見此情景不禁大怒，知府也知道無法交代，連忙來到尚書大人的家中請罪。

「顧大人，卑職實在是挺不住了呀！這全無錫的商人如果罷市的話，朝廷知道了，不但我吃不了兜著走，就是您恐怕也要挨批評呀！」

「這鄒望就這麼大的能耐？」「嗯，是呀。您不知道，無錫有三大富，這三大富平日裡交結廣泛，就是京城裡的達官顯貴們都與他交好。自從抓了鄒百萬之後，那兩個大戶也給我捎信來，如果不放了他，全無錫所有商人都要罷市罷業。」「這麼厲害呀！」「是呀。您還不知道呢，聽說他們還發了話，您的家人只要在無錫買東西，無論是蔬菜水果魚肉布匹，所有商人都不會賣給您！」

「胡說！我不信！」顧尚書連忙派家人到無錫街頭去買東西，哪成想果然各個商家一聽說是顧尚書家的人買東西，無論出多高的價錢也不賣。顧尚書聽聞此言，默默無語

～・～・～・～・～・～・

。這時，門衛拿著一封信來到會客室，「老爺，剛才有一封信扔到了咱們家的門口，看信封好像是給您的！」顧尚書接過信來一看，直嚇得臉色蒼白：「快，速速命衙役捕快來我這裡保護我！」

「顧大人，並非我不願幫您。跟您說實話吧，今天來拜訪您，您知道我為什麼要騎馬而來嗎？」「不知道。為何？」「您不知道呀，今天衙役轎夫聽說是來您這裡，紛紛說病了不來呀！」「啊！」顧尚書呆若木雞，「人們常說『有錢能使鬼推磨』，看來真是如此呀！我堂堂一尚書今日敗矣！」

～・～・～・～・～・～・

究其顧尚書失敗的原因，乃在於交通發達促進了商品經濟的發達、商人勢力的強大。商人強大之後，結合自宋代以後出現的「官無封建，吏有封建」的歷史事實，便形成了「官鬥不過商」的情況。吏是當地人，且工資不由財政支出，全靠盤剝百姓和商人賄賂，自然形成了依賴商人的情況。而不僅僅是吏，後期的官與官鬥、皇帝與官鬥，鬥的背後都站著商人。

明朝中後期的一些皇帝曾經對商人勢力進行過抑制，但效果並不好。例如，萬曆年間儘管對商業的剝削比較嚴重，但明代中後期的商業仍然總體上獲得了長足發展。在萬曆時期，商人不但已經可以參加科舉考試，而且在朝中已經培植了強大的代言人勢力。魏忠賢和東林黨的衝突，其實就是皇權與商人勢力的鬥爭。到了明朝後期，特別是南明政權時期，商人（更具體地說是官商）已經把控了朝政。

商人把控中央級的朝政可以說是在天啓、崇禎朝非常明顯。但早在嘉靖年間，一些地方政權就已經被商人壟斷，地方政府官員在某種程度上也要聽命於富商巨賈，無錫鄒望就是一個很明顯的案例。

明代中後期國內貿易隨著交通的發達，以前南北貨物難以大規模交換的現狀被徹底改變。南方以賣方身分出現在北方市場，主要供應絲織品、瓷器、棉布、木料、紙張、漆器、有色金屬、皮革等。北方輸出的商品大多是棉花、羊毛紗線。

商業的高度發達則直接促進了城市發展，例如淮安因為運河而興盛，它被荷蘭大使霍姆（Pieter van Hoorn）在康熙三年（一六六四）稱為「中華帝國的第八大城市」。

除此之外，就像今天的深圳在十幾年間由小漁村變成大城市一樣，明代京杭大運河的繁榮，也使得一些之前名不見經傳的小地方成為皇帝心目中重要的地方。例如，因為大運河的徐州段水流比較急，為了行駛安全，政府便修建了一條備用運河，隆慶元年（一五六七）在運河邊的小村莊夏村逐漸興盛為夏鎮，萬曆十六年（一五八八）開始建城，萬曆十八年（一五九〇）成為運河邊上著名的城鎮。而十七世紀初，皇帝便派了一名親戚坐鎮此地專管收稅。

在萬曆、崇禎年代，由於水路交通的大發展，國內貿易、國際貿易的興盛，中國逐漸形成了十五大城市，它們是：北京、南京、杭州、鎮江、廣州、福州、蘇州、上海（當時稱松江）、淮安、揚州、臨清、濟寧、揚州（主要是今天揚州下轄的儀徵市，當時稱儀真）、蕪湖、景德鎮。城市的發展又帶動了官與商的合流，最終到了萬曆年間幾乎到了「無官不商」的地步。東林黨主要成員的出身雖然大多為中小商人家庭，但他們對於商人的同情是毋庸置疑的。那個時期，四分之三的進士、舉人是商人出身。

僅拿明代晉商典型的張家、王家為例。萬曆時期的內閣首輔（禮部尚書兼中極殿大學士）張四維之所以成為首輔，在政治上，靠的是他舅舅王崇古（兵部尚書、陝西總督），而王崇古的爺爺王馨是河南鄧州學政；在經濟上，則靠其父親張允齡、叔父張遐齡、岳父王恩、大舅子王誨、二弟張四教、四弟張四象等這些大商人。王崇古的父親王瑤、哥哥王崇義、從弟王崇勳、伯父王文顯、姊夫沈廷珍和外甥沈江均也是大鹽商。

張家、王家在聯姻的同時，還與大學士馬自強家聯姻，而馬自強的兄弟馬自修也是大商人。三家聯合幾乎壟斷了當時的鹽業市場。以至於御史永部為此憤怒地說道：鹽法之所以敗壞，就是被權勢之家所壟斷。因此，官商家族成為明代非常明顯的特徵，也是商人與官員進行爭鬥的後臺。

商人的勢力增強並不僅僅表現在官商一體化以及官商鬥爭上，更體現在商人的生活方式、思想上，商人的經營方向影響了普通百姓的日常生活，而這又是晚明出現社會風氣奢靡化的根本原因，也是敗明的原因之一。

引領風尚的明代商人

□男不男女不女的明末讀書人

萬曆年間的蘇州城內，鋪戶興旺、買賣興隆。在各色商鋪之中，許多商人、富家子弟、讀書人、官員流連其間。舉人李樂在書童的幾次催促下，終於放下了書本來到大街上散心休息。書童李來一邊走一邊說：「少爺，今天出來可不能白出來呀，再過幾天就是老太太的生日了，您可得買些東西呀。龔春瓦瓶現在非常有名，不如買一個吧。」「龔春瓦瓶？什麼牌子？」

「哎呀，少爺，您真是讀書讀死了。龔春、時大彬兩個人是現在做瓦瓶最好的兩個人，他們做的瓦瓶光滑如玉、細膩溫潤非常好，每個都能賣到二三兩呀！」

「啊？二三兩？要知道二三兩銀子，那可是農民要一年不吃不喝才能積攢下來的呀。這麼貴重的東西，咱們買它作甚。」李樂一口回絕。李來聽罷，沉思一會兒，又道：「那就買個胡四銅爐或趙良璧錫器，一兩銀子就行。少爺，人家大門大戶都買這些東西，咱們如果沒有，還不讓人家笑話。」

「不行不行，我們讀書人應該儉樸持家。那些奢侈品給人帶來的無非是感官享受，它只能給那些內心空虛的人充門面，像我這樣自信的人根本用不著那些東西。」

「哼，儉樸現在被人看做是陋習呀。就是那些貧民、農民都買這些東西，咱們能不買？」

～・～・～・～・～・～・～・～・～・～・～・～

「啊？」李樂大吃一驚。「現在的人都這麼富？」

「哪呀，他們買的都是假的，樣子一樣而已。比如何得之扇面吧，那真的扇面可以用數載，是用宣紙、真竹做的，假的用的只是普通紙、竹篾而已。」

「哈哈哈，既然天下人都在買假冒產品，我買了又有什麼值得炫耀的呢？」李樂正在說話間，突然，眼見前方紅霞一片。李樂仔細一看，發現這片紅霞原來是一大群讀書人，他們個個身穿紅色、紫色的衣服成群結隊地去郊外遊玩。李樂癡呆呆地看著，「這些非男非女的中性人都是什麼人？」

李來一看樂了，「這些人是去參加虎丘書會的。」

李樂聽罷，只是輕聲歎了一口氣，「回吧」。整晚李樂都沒有睡著，他在輾轉反側間，苦想著：如此下去，世人不知道簡樸，全都追逐奢華，仁義禮智信將何處所存。讀書人本來應該安守清貧，可如今也追隨時尚，唉……

第二天早上，一夜未睡的李樂擦了擦眼淚，不禁吟出一首詩來，詩曰：昨日到城廓，歸來淚滿襟。遍身女衣者，儘是讀書人。

～・～・～・～・～・～・～・～・～・～・～・～

李樂是一位傳統的儒家子弟，對信仰很執著。然而，這種人畢竟是少數，根本無法阻擋社會潮流。因為商人勢力大增，他們開始由順從風俗，逐漸變為影響甚至引領風潮。明代中後期的商業非常興隆，商人出售的產品逐漸超越了日常用品的範圍，奢侈品增多，逐漸引領了社會時尚甚至影響了民眾的生活。

例如，萬曆之前製鞋一般都是婦女的工作，萬曆年間則有了男人從事製鞋業。那時，南京橋夫營的鞋業非常發達。以前的鞋非常笨重，後來出現了比較輕巧的蒲鞋。一位姓史的外地人來到了南京，他用黃草編的鞋非常漂亮，富貴之家爭相購買，之後平常人家也買這種鞋穿。

再比如，上海地區原本沒有夏天穿的襪子，一年四季都是毛氈襪子，直到萬曆年間才開始出現布做的襪子。還有其他一些稀奇事物，直至影響到今天的百姓生活，例如吃河豚等。

商人在給民眾帶來生活方便的同時，對當時的基礎建設也起到了非常重要的作用。當然，商人對於當地建築業、交通業的投資首先是為了自己經商方便，但對經濟發展的作用卻不容忽視。例如商人對於商路的開拓，給百姓出行也帶來了極大的方便。

開闢商道對於經商意義重大。例如，自唐代開始就出走四方的徽商，不斷地將食鹽、茶葉、木材、布匹、文房四寶等，販往長江沿岸的安慶、九江等交通口岸，在當地收購桂魚、生豬、植物油等特產銷往徽州山區。在這條商路上，有不少地區當時尚未開發。徽商為此修路、建橋、挖水井等，對當地的生活和經濟、文化也起到了相當重要的作用。

他們逐漸開闢了數條商路，其中一條就是：由徽州（今安徽黃山市）經祁門、石臺向東，經過三縣交界的仙寓山櫸根嶺之後，沿石臺邊境進入東至縣，過了雞頭嶺後走設源到排篷的三建橋。由此分道：一路經過大蜈蚣嶺走洋湖，向西到東流縣，向北從小路嘴、雁汊到安慶或沿江上行至武漢等地；一路經小蜈蚣嶺過葛公、高嶺、尚合、徐村，到達東至縣城，再翻過縣城西的梅山通往福建、廣東。

與此同時，一些介紹商路的書籍成為商人經商時的必備手冊。例如，《明一統路程圖記》（明隆慶四年（一五七〇）休寧縣人黃汴撰，又名《圖注水陸路程圖》），《新刻水陸路程便覽》（《士商必要》），《天下路程圖引》（明天啓六年（一六二六）憺漪子編，又名《士商要覽》），《士庶備覽》，《天下四民利用便觀五車撥錦》，《天下四民三臺萬用正宗》，《天下民家便用萬錦全書》，《水陸路程》，《新安原版士商類要》，《士商類要》，《寰宇通衡書》等。

上述這些商路圖書，除了為商人帶去便利外，更彌補了正史的諸多不足，提供了不少正史沒有收錄的行程路線圖。例如《明一統路程圖記》收集水路路線一百四十三條，陸路路線一百條，除了南北二京至十三省驛路外，又收錄了水路路線一百二十七條，而且標注了各個驛站之間的距離，非常便於客商使用。

為了便於記憶，這些商路圖書還將一些地名編成歌謠。例如有一首《水程捷要歌》說的是從徽州到杭州的水路里程：一自漁梁壩，百里至街口，八十淳安縣，茶園六十有，九十嚴州府，釣臺桐廬守，橦梓關富陽，三浙壠江口，徽郡至杭州，水程六百走。

為了讓商人能夠在目的地更好地融入當地社會，瞭解當地風俗，更重要的是瞭解當地的基礎建設、物產，從而更有利於經商活動，這些商路圖書往往對風土人情、酒店旅館、治安狀況等都有詳細的記述。凡是商旅外出所需的常識，諸如山川險夷、物產出處、行程風險、水旱碼頭、牙儈好壞、門攤課稅、名勝古蹟，乃至轎夫船戶是否可靠，沿途食宿是否衛生，皆有記述。

因為海陸交通路線的開闢，明政府又大規模地開發交通工具、構建交通設施、完善交通管制機構，這些直接促進了大規模的商品流動，海上貿易的發展還使得明朝的商品如茶葉、絲綢、瓷器等遠銷到歐洲。

在這些商品中，有三大商品對於明朝的經濟乃至國家安全產生了巨大影響。限於篇幅，本書僅對鹽茶貿易進行介紹，對於絲綢布匹貿易的情況留待以後介紹。

第二回

明代的搶鹽風波

鹽在歷史上極為重要，自漢代開始就屬於專賣商品。在封建社會，鹽茶稅是從狹義商業稅中分離出來的。專賣制度形成了鹽的暴利，進而使得國家稅收大大仰仗於鹽。鹽稅比農業稅更為重要，它是明朝第一大稅種，占了整個稅收的一半左右。

因為專賣，就培育出了官僚商人的代表——老晉商。官僚商人壟斷商業、控制朝政，在他們的壓制下，鹽業走私經濟發達，又造成大量稅收流失，鹽成為官商民爭搶的對象。為此，我們可以給本節做一個小結。

鹽的重要——鹽業專賣——鹽業暴利——暴利下的走私——鹽政體制的不合理——官僚體系無力杜絕走私甚至與走私合流產生腐敗——國家稅收大規模流失。

重新認識鹽：被鹽商打破的權力平衡

□張居正愛才不愛德

鹽看似普通，其實是一種關係國計民生的重要商品，在歷史上甚至影響到國家的興衰存亡。明朝名臣龐尚鵬就是因為得罪了鹽商而被罷了官。不過機會再次降臨到他頭上，萬曆四年（一五七六）龐尚鵬被重新起用，任福建巡撫。這在許多人看來是順理成章的事情，然而，事情並非如此簡單。

這一年，張居正得了一場大病，一方面原因是權力鬥爭愈來愈嚴酷，一方面原因是一條鞭法在實行過程中因為用人不當出現了不少問題。為此，張居正憂心忡忡。有人舉薦一位德才兼備的大臣龐尚鵬前往江南再推一條鞭法，張居正聞聽連連搖頭：此人我是知道的，是位能臣，但我決不用他。

「為何？」來人非常詫異。「我用的人必須要有才。」「龐尚鵬就非常有才呀，我給您介紹一下這個人。」

嘉靖年間，廣東南海人龐尚鵬奉旨巡按河南，他可是嘉靖年間著名的廉直官員。河南的一些貪官一聽龐尚鵬來了，不是稱病就是辭職，或者是趕緊請求外派。巡撫蔡汝楠一看，傻了。這可咋工作呀！龐尚鵬一看，微微一笑：「蔡大人，人們常說兵不在多而在精，官員也不在多而在能幹！只要你我同心，和其他同僚合作自然不會耽誤工作！」蔡汝楠一聽連連點頭：「對呀對呀，你我定會好好合作。」

一年後，雙方合作甚歡。對於河南的工作嘉靖皇帝也非常滿意。可就在這時，河南忽然發生水災，百姓流離失所、困苦不堪。巡撫蔡汝楠眼見此情此景，卻打起了自己的小盤算。如果這個時候告訴皇上河南遭災了而且損失慘重，很有可能皇上之前對河南的好印象就都沒了。

為此，蔡汝楠決定獻白鹿告知天降神鹿於河南，河南黎民生活富足、安居樂業。龐尚鵬一聽，雙目緊緊地盯著巡撫：蔡大人，天災不是人力所能阻止的。我們能做的就是儘量減少損失，儘快恢復百姓的正常生活。不能為了自己的官帽而去造假，敬獻白鹿騙皇上高興。同僚們為了各自的利益也很可能不會揭穿你，但你捫心自問一下，這樣對得起百姓嗎？

蔡汝楠聞聽，面露慚愧。龐尚鵬這樣做令河南官員為之敬佩。到後來，龐尚鵬被任命為浙江巡按，在七年裡他眼見地方官吏魚肉百姓，特別是在稅收方面，利用國家漏洞偷稅漏稅，為此龐尚鵬首先將他們一個個地法辦。其次，針對賦役名目繁多、負擔不公、偷稅漏稅現象，先後推行了里甲均平法、十段錦法、一條鞭法（龐尚鵬是第一個在全省推行一條鞭法的封疆大吏），逐步將人丁收稅改為按田地收稅，因為效果顯著，南方的其他地區紛紛效仿。因此，張居正推行一條鞭法之前，南方許多省份已經施行多年。

～・～・～・～・～・～・

「你說的這些，我都知道。」張居正說著，看著來人，「但我有不能用他的理由。」「什麼理由？」「他不是我的人，而且不聽話！」「哦。」來人沉吟良久，「我知道了。唉，既然您不能容他，那我也不好說了。那您休息，我回去了！」來人說完起身告辭。出了張府，來人冷笑一聲：「張居正呀張居正，你雖為能臣良相，但權力之心過重。不論忠奸善惡，唯馬首是瞻者可得榮華，你這樣做，你的政策能推行得長遠嗎！你樹敵太多，龐公才德兼備你不用之，那天下必有人對此不服！」

～・～・～・～・～・～・

張居正之所以拒絕龐尚鵬入閣，根本原因是權力之爭。其重要原因則在於張居正改革集團內部的核心成員，如王崇古、張四維等人就出身於鹽商家族，鹽商憑藉雄厚的財力影響著政局。龐尚鵬得罪了鹽商也就意味著得罪了張氏集團。明政府的鹽業政策，在某種程度上也促進了鹽商勢力的增長。

因為食鹽屬於生活必需品，產鹽地和售鹽地之間的差價極大，使得販賣私鹽自西漢開始非常盛行。西漢對販私鹽者砍掉左腳趾，以後處罰越來越嚴，東漢末年起凡是販私鹽者無論多少皆是死刑。歷朝歷代對販私鹽的處罰輕重，多是根據販鹽量的多少而定，但以斤論死刑則成為主流。

可以說歷朝歷代對於鹽非常看重，在某種程度上甚至決定了政治、經濟的走向，更影響了政局的發展。如果不是因為鹽，明萬曆初期的政壇上張居正很可能不會「一股獨大」。

張居正拒絕重用龐尚鵬後沒有幾年，龐尚鵬便去世了。之前，龐尚鵬被張居正貶職在家，原因就是在著名的「張居正違制」的政治鬥爭中，他站在了大部分朝臣一邊得罪了張居正。在此之前，龐尚鵬還有一次被貶，被貶的原因就是鹽。

龐尚鵬比張居正更早地推行了一條鞭法，對其中的利弊有著更深的認識。張居正推行一條鞭法是在全國層面上進行的，並沒有具體執行的經驗，對於一條鞭法的優缺點體味並不深刻。正是這種不足，使得他過分地看重此法，對反對者正確的意見並沒有認真吸取，造成流民在更大範圍內出現，最終明朝亡於流民之手。

朱元璋對鹽非常重視。早在至正二十六年（一三六六）二月，朱元璋就在被剿滅的張士誠的地盤設立了兩淮都轉運鹽使司。鹽的生產由灶戶負責，進入「灶籍」。洪武時期灶戶大概有九萬二千一百五十戶，灶丁二十七萬零八百四十三人；弘治時期灶戶為十二萬零二百四十四戶，灶丁三十五萬一千九百八十一人；嘉靖萬曆時期灶戶為八萬二千五百零二戶，灶丁四十一萬三千零五十一人。按照明代一個灶丁，三個幫貼推算，洪武時期專門從事煎鹽的人達百萬以上。

與鹽戶相關的柴夫、馬夫、割草夫、運水夫、其他相關材料的供給者、運輸者，以及洪武時期官方主管的大鹽和豫晉兩省的小鹽相關從業者可達兩百萬人以上，如果算上硝鹽、軍鹽的從業者，這個數字還會再增加百萬。

在封建社會，給政府做工是件苦差事，國家可以以各種理由剝奪你應有的權利，所以，灶戶的社會地位比較低，逃亡者在朱元璋時期就已經出現，一經發現杖打八十。假如灶戶出身的人真的當了官，為了免去賤民的尷尬，買地買田假冒「民籍」，被發現後，官也當不成了，發回原籍重新當灶戶。

明初，鹽的生產組織是以「戶」為單位的，隨著時間的發展，由於生育率、體格等原因（一丁辦鹽三十引者，有七、八丁亦辦鹽三十引者），灶戶出現了較大的貧富分化，為了增加鹽稅收入附帶解決貧富兩極分化問題，洪武二十三年（一三九〇）兩淮鹽場開始按「丁」徵稅，隨後推廣到全國。朱元璋的舉措從根本上改變了歷史，並對日後的「一條鞭法」、「攤丁入畝」等都有借鑒意義。

鹽自古就是重要的經濟物資。商周時期鹽業實行自由經營，自秦漢開始官方壟斷鹽業。唐代中後期，劉晏對鹽法進行了改革，商人可以到鹽場購買食鹽進行售賣。分界銷售出現自劉晏時期，引制開始於宋代。鹽引就是政府發給行銷鹽的商人繳納過路費的憑證。引的作用是區別鹽的售價以及賣鹽的地界。宋代的鹽引只要有錢就可以買到，因此，並未實行專賣制度。到了明代，開始實行專商引岸制，即指定商人將鹽運到指定的銷售地點。

朱元璋又實行「開中制」，商家負責運糧到邊關，政府則給鹽引，商人拿著鹽引到產鹽區取食鹽，之後到指定地區銷售。實行過程中，以自願為主，政府不用行政命令強迫，考慮商人利益也較為全面，兼顧了糧食的生產、收購、運輸、往返路程的食宿和旅費，以及人工費用等。

然而，軍糧儲運地點在北部、西北、西南等邊關重鎮，而支取食鹽的地方卻在東部特別是東南沿海地區。為此，商人要想獲得利潤就需要付出極大的金錢成本、時間成本，以及冒其他不可預知的各類風險，如人身安全和損害健康等。

鹽商獲取利潤的關鍵，是每引可兌換的糧食和財政補貼。假如每引的鹽無論是淮鹽還是浙鹽都是兩百斤，根據距離的遠近兌換的糧食數量肯定會不同。例如淮鹽，如果運到臨濠府府倉則可以兌換五石米，運到通州是二石米。浙鹽運到大同、太原、通州可兌換的糧食就分別為〇・八石、一石、一・八石。理由很簡單，在距離上浙鹽產區相對北方更近一些。

鹽引運糧的出現主要是為了邊關糧食供給。它彌補了明初軍事墾田與墾田收入之間的時間差。但因明初朱元璋父子對於軍田的重視，以及軍田的大規模開發，「開中法」在軍糧上的比重不高，否則，朱元璋也不會說出不費民間一粒米的自誇之詞。

所以，在朱元璋時代鹽引發放並不多，有的年份一例都沒有，有的話最多也只是四例。但其後隨著軍田荒廢並被文武官員、太監、皇室、官商家族等大規模兼併，軍田已經難以供給邊關。為此，鹽引的發放越來越多，鹽引運糧的重要性大大提高。

其後鹽商分化為邊商和內商。邊商（以陝商、老晉商為主）交錢得到鹽引，內商（以徽商、晉商為主）則負責看守鹽場和取鹽。因此，邊商和內商都開始在九邊、產鹽區（如揚州、杭州等）附近定居。到了弘治五年（一四九二）葉淇變革鹽法，實行了「折色開中」，商人可以不再運輸糧食，只需繳納銀兩就可以得到鹽引。其後一條鞭法實行，國家又開始實行了賦役代銀、邊餉銀制等制度，最終促使陝商、晉商和徽商等商幫的興起與沒落。

在國家層面，鹽更到了影響國家財政稅收的地步，這個問題解決不好，直接關係到政府對於各項事務的財政支出。萬曆年間的戶部尚書李汝華統計：國家稅收四百萬兩，其中鹽稅占一半，兩淮六十八萬兩，長蘆十八萬兩，山東八萬兩，兩浙十五萬兩，福建二萬兩，廣東二萬兩，雲南三．八萬兩。如果加上不進入專門儲存白銀的太倉庫的河南十二萬兩，以及川陝等地的鹽稅的話，全國鹽稅達二百四十多萬兩。

鹽的重要性還在於高額的利潤，其利潤率可以達到百分之兩百以上。正是這一原因，明中後期發生了一件非常重大的事件。

私鹽氾濫：從萬曆與浙江官員的一次對抗說起

□鹽山上長樹

萬曆二十七年（一五九九）十月，巡按浙江、監察御史葉永盛正在廳堂內休息。突然，書童稟告說京城來了特快專遞，是從民營渠道發來的一封信，想搶在聖旨之前先發到他的手中。葉永盛聽罷，心中一震，他知道肯定京城出事了。他連忙讓送信的人進來，急急忙忙地打開一看，原來是一份邸報。讀罷邸報，葉永盛大驚失色。原來，皇帝聽信浙江忠義右衛百戶宦官高時夏的謊言，說浙江、福建的餘鹽堆積如山，如果把它們都賣出去的話，可以得到三十萬兩白銀。

信封內還附了一幅畫。葉永盛看罷哭笑不得。原來，高時夏為了表示自己的證據確鑿，畫了一張鹽山圖。令葉永盛好笑的是，在鹽山上竟然長著茂密的大樹。「一派胡言，一派胡言！鹽山上長樹！哈哈，真是千古奇觀呀！不，萬古奇觀！」

葉永盛為此半年內連續上了五道奏疏。十一月初九第一道奏疏就火藥味十足，斥責高時夏、高宋（這個人令人髮指的行為我們後文還有交代）等人是危害邊關（九邊）的群奸，田應璧、吳應其等宵小已經把兩淮、蒲解兩大鹽場給搞壞了。如今高時夏竟然向兩浙鹽場伸出了黑手，說什麼浙江、福建的餘鹽可以賣三十萬兩白銀。他說：福建鹽場我不知道情況，兩浙鹽場的事情我可知道。

兩浙的鹽稅銀送京城十四萬兩，九邊九萬七千兩。但這些可不全是鹽的稅還包括沿海沙地以及灶戶的人丁稅，其實真正的鹽稅不過九萬多兩而已。而兩浙還欠著人家邊商四萬兩銀子呢，所謂的鹽山全是一些人為了討皇帝的歡心而蓄意編造的謊言。

大概不到一個月，葉永盛再次上疏。這次他舉起了朱元璋的《大明律》。葉永盛認為高時夏等人之所以盯上兩浙鹽場，其目的就在於鹽走私。因此，他查閱了《大明律》，先後將法律條文給萬曆皇帝看，像什麼杖一百、徙三百里等等。並再次聲明：兩浙即使「化土為金」也斷不會有三十萬兩白銀的餘鹽。

其後，葉永盛靜待了三個多月，但皇帝的回饋還沒有來。葉永盛再次在二月底三月初上了第三道奏疏，對萬曆十九年（一五九一）到萬曆二十八年（一六〇〇）春為止的九年零一季的鹽引總額進行了統計，一共是三百二十二萬五千九百七十九引，共欠國家和商家九十九萬一千五百五十七引。說道：如果真的餘鹽堆積如山，為了政績、為了還債我能不賣嗎？如今因為兩浙鹽場貧瘠、海水沖決、逃戶嚴重等原因，實在是難以滿足國家的要求。現在為了湊足這個錢數我已經竭盡所能了，只能有一萬六千兩，太監讓我交二萬六千兩，我實在是辦不到，絕對辦不到。萬歲，您想讓國庫充盈的想法我理解，但是您不要忘記，國庫增加一萬兩那麼供給九邊的就少一萬兩呀，長此以往，九邊該怎麼辦？

兩個月後，葉永盛經歷了高興與絕望的兩重天。起初萬曆皇帝要求查兩浙餘鹽是否真的沒有，結果真的沒有。但後來，萬曆又要求按照原計劃攤派給兩浙十五萬兩，葉永盛再次上書，他說：按照《大明會典》的規定，我們兩浙年鹽稅稅收為十四萬兩，如今加派餘鹽十五萬兩，那就等於我們把給國庫的十四萬兩都給了陛下您的小金庫內帑。那麼九邊怎麼辦？如今九邊危急您不可不察呀。臣還聽說，您對兩淮、河東等鹽場可不一樣。兩淮鹽場每年鹽稅六十萬，您要求增派給內帑十二萬，增派與原額相比為五分之一；河東年鹽稅為十九萬八千兩，增派給內帑不到三萬兩，增派與原額相比為六分之一。可兩浙呢？卻是一．二倍，比兩淮、河東重了六倍多。此消息一出，灶戶紛紛逃亡，商人預見兩浙不會再有商賣的鹽，所以都不買鹽了。如今的兩浙真是一片衰敗景象呀。如果皇上真的要增派，那我也沒辦法，那就公平些吧，按照兩淮、河東的比例，給我們最多增派二萬八千兩吧。

上第四道奏疏後不到一個月，五月二十四日葉永盛上了第五道疏。與此同時，浙江巡撫也上疏說浙江的鹽稅增加兩萬就已夠多了，為了保證民生，應該按季度分批次交給宦官們主管的內帑。葉永盛這第五道奏疏，基本上屬於膽戰心驚的自我表白。因為，三個月前兩浙鹽場的一萬六千兩白銀已經送入內帑之中，可萬曆沒有任何回音，也沒有簽收的憑據，葉永盛認為肯定是萬曆生氣了，嫌銀子少，或者內官私吞了。

最終，萬曆皇帝下旨：高時夏以前的奏鹽是胡說八道，兩浙確實無餘鹽。但既然我下了旨就不能白下，你們多想些辦法給我湊夠二萬六千兩，分夏秋兩季交給內帑。

～・～・～・～・～・～・～・

因為鹽的利潤極大，通常淨利潤都在百分之兩百以上，因此，引得萬千權貴競折腰。首先進行搜刮的就是皇帝，正如上文所說。其次就是各方權貴。這種事情在明朝中前期就出現過，但因為朱元璋父子時代，法律比較嚴苛、對宦官的約束較為嚴格，這種現象並不多見。自成化年間開始，宦官巧取豪奪的案例越來越多。

本來皇室、王府、官員等政府已經給了相應的食鹽配給。但自成化三年（一四六七）德王討鹽二百引嘗到甜頭後，又於十七年（一四八一）再次奏討一千引。成化年間，各藩王討鹽的數量一般在一千引左右。即使只按照小引制度，一千引鹽也是二十萬斤，顯然這麼多鹽是吃不了的。那麼多出來的幹什麼？私賣。

隨著私賣現象越來越普遍，到了弘治年間，藩王們討要的數量則十幾倍、幾十倍地增加。弘治四年（一四九一）興王奏討一萬引，兩年後將紀錄大規模刷新的人是靖王，他一下子就要了十萬引。其後的弘治皇帝是明君，對這種現象進行了或明或暗的制止。從此以後，再次恢復到了千引時代。

自成化三年（一四六七）太監也開始進入私鹽運輸領域，到了成化十四年（一四七八）南京的留守宦官覃力朋販私鹽達到了十萬引，得銀五百多兩，甚至武裝走私。一次，甚至毆打巡檢典史，打死稅務官員一名。雖然有剛正廉潔的宦官汪直出面將覃力朋抓捕問罪，刑部也以販私鹽和拒捕之罪判了死刑，但在皇帝的過問下沒有被處死。自成化二十三年（一四八七），宋玉偷賣長蘆鹽於兩淮處十萬引開始，太監們則公開進入了賣私鹽的隊伍。

成化年間，唯一被處罰的太監就是熊保。因為這小子打死了人，不知道被害者是什麼背景，最終驚動了東廠太監，熊保被發配到「南海子」做了「海戶」。成化年間太監因為賣私鹽打死了人還會受到處罰，但到了萬曆年間，高寀害死了上百條人命，甚至吸食童男童女腦髓，仍然逍遙法外。

在藩王、太監先後販私鹽之後，文武官員、地方官紳也陸續加入私鹽隊伍。結果，國家鹽法遭到破壞，最終不得不進行改革。

不斷改革下的眞實：從明代七位百姓的悲慘命運說起

□一切都是為了鹽

在山東濰坊，有一個姓丁的人家，有四個兒子：丁一、丁二、丁三、丁四。因為務農艱難且沒有辦法交足稅款，兄弟四個個個犯愁。最終，丁一、丁二、丁三商量好準備賣私鹽。丁四年齡小，留在家照顧父母。丁一先找到了一個認識的灶丁于某，于某也因為灶戶的生活非常艱苦、社會地位又低，早有逃戶的想法。

于某找了兩個好朋友，一個負責鹽的搬運、一個負責外聯購買生活用品。丁氏三兄弟，丁一負責觀察巡檢軍隊動向，丁二負責尋找交通工具和買家，丁三負責接應于某三人、與他們聯繫。

鹽場周圍每隔兩三里就有一處駐軍，雖然人數不多只有三十個人，但他們經常巡視，只要發現有人形跡可疑一嚷一叫其他營的官兵就會迅速趕來。于某的一個朋友不慎被抓住了，以夾帶私鹽出場之罪被絞死，他的上司百夫長也因為監管不善被杖一百。

其他五個人一看沒有辦法，只好趕著馬車逃離了鹽場，馬車上裝著一千斤食鹽，按照市價不過三兩銀子而已。官兵追來，丁三為了保護大家，仗著一身武藝跳下馬車與官兵對打，最終被捕。盜鹽還拒捕，丁三也被殺。最終馬車也跑壞了，四個人每人背著一袋食鹽逃走。

第二天，四人覺得危險已過，這才鬆了一口氣，雇了一艘小船前往他鄉。不想船行了沒多遠，就碰到了收稅站。因為沒有鹽引，四人都被拖到岸上各打了五十軍棍，四袋食鹽全沒收。收稅站派衙役準備將四人押回鹽場，于某的朋友在船上突然發力，將收稅站的衙差打下了船，四人四處逃竄。無奈，于某的這位朋友因為受了傷在逃到一戶農家之後，被農家發覺有問題送了官，被斬了。

丁一走散之後，來到北京城，身無分文。正巧宮中招閹人，丁一便去宮裡做了太監。

于某則在逃亡中，入贅當地之家。結果被官府發現，以「脫籍」之罪發回原地，又發現他盜鹽，最終被斬。

丁二則逃到海上當了海盜，在一次搶劫中被打死。

唯有留在家中的丁四性命稍長，娶妻生子。但在一次水災中，兒子被大水沖走生死不明，妻子則被水災之後的瘟疫奪去了性命。丁四苟延殘喘又過了八年，三十五歲那一年遇大旱，被餓死在家中。不過，臨死前他聽說了一件令他興奮的事兒，他那被大水沖走的兒子沒有死，在城裡的一個大戶人家做僕人。被沖走的那一年孩子五歲，如今已經十三歲了。丁四在微笑中逝去。

不要以為上面的故事是純粹的瞎編亂造，這是有歷史根據的。明代中後期，普通百姓其實就生活在這樣的境況中。

明代中後期朱元璋鹽政體制失敗，各種鹽業改革措施紛紛出籠。然而，無論怎麼改革，百姓的命運仍然是悲苦的，為了幾兩銀子就會鋌而走險，從而不斷上演人間慘劇。

朱元璋的鹽政體系是鹽業走私的根源，中後期的各種修修補補式的改革，根本解決不了鹽業走私的問題。那麼，有明一代鹽業的改革歷程怎樣？

明初，鹽的運銷分為兩大系統，引鹽系統、票鹽系統，它們都有官鹽、商鹽（客鹽）之分。引的含義就是憑證，引目由工部進行製版（銅質），宦官掌握出入，戶部蓋章後發給鹽運司。因為明初戰爭仍在繼續，所以，朱元璋便借助商人之手施行開中制。由商人運糧到邊關各鎮，邊關驗收糧食後，由倉管糧郎中發給勘合證明，拿到鹽運司進行比對照磨後發給鹽引，商人按照鹽引領取食鹽進行批驗後，按照指定銷售地區銷售食鹽。

鹽引分為大引和小引，一般規定是四百斤、二百斤，但由於各地度量衡較為混亂，直到洪武二十三年（一三九〇）才統一為二百斤，但隨後又改為四百斤，不久又改為二百斤。但到了明末，各地標準又開始不一樣，二百斤、三百斤、四百斤都有。

開中制雖然給明代邊關穩定、國家稅收帶來了好處，然而，由於運糧到邊關路途遙遠、花費巨大，許多商人無法涉足。只有那些距離邊關較近省份的商人獲得了大利，例如陝晉兩地的商人。陝商是在開中制最大的受益者，因此對它也最支持。

直到嘉靖十六年（一五三七）這種狀況才出現了轉機。這一年，巡按浙江御史李遂建議，因為商人在崇山峻嶺間運糧實在辛苦，請兩浙的黃岩、長亭、杜瀆三場的鹽商不必再運糧，而是到收稅所按照每百斤稅銀二分的稅率繳稅，然後去乾白水溪、清溪鎮、寧海縣三地領取票據。

李遂又建議，不僅商人可以買賣鹽，灶戶、軍戶、民戶也都可以買賣。儘管票鹽施行地區僅限山區，但因為免去了運糧這道繁瑣的環節，各地方政府開始紛紛效仿。最終，兩淮鹽場也開始施行，由此開中制徹底崩盤。

隆慶二年（一五六八），總理江北等處的屯鹽督御史龐尚鵬開始改革鹽務。他上奏朝廷：

> 國初本來是沒有邊商內商的區分的，如今居於邊疆等待鹽引的邊商都不願、也難以再跑到南方鹽場去等候支取鹽，所以，就把鹽引賣給專門守候在鹽場等待取鹽的內商。內商呢？又很難去邊疆辦理鹽引，所以他們也就樂於買鹽引。一個專門負責辦理鹽引，一個專門等候取鹽。
>
> 國初鹽法治理得很好，鹽的流通非常順暢，可以速買速賣，國家和商人都可以得利。如今鹽法不行，內商手中攥著大把大把的鹽引卻不能取鹽，所以都不願意買鹽引。這是他們的原因嗎？不是，是形勢逼得他們不敢買。為了生計他們便減價賣掉鹽引，這樣連鎖反應，邊商手中的鹽引也就賣不出去了，結果邊商辦理鹽引也不積極了。

其後，邊商為了改變於自身不利的局面，因為他們運糧到邊關的投入需要及早收回，因此急於賣掉鹽引。而內商卻沒有這方面的衝動，可以慢慢地討價還價。為了制衡內商，邊商又建議開發河鹽。結果，邊商、內商發生激烈衝突。

龐尚鵬對此進行了居中調解，對於這種違反朱元璋時代「開中納糧支鹽法」的內商、邊商情況，他並沒有反對，還為此規定了三種取鹽賣鹽憑證的價格。

到司勘合的票據，淮南鹽定價〇・七兩，淮北定價〇・六兩；起紙關引的票據，淮南鹽定價〇・八兩，淮北定價〇・七兩；鹽引票據，淮南鹽定價〇・九兩，淮北定價〇・八兩。

由此，陝商沒落，晉商成為商幫龍頭，徽商則成為後起之秀。不過，陝商在兩淮、兩浙、長蘆等鹽場失敗後，轉向了四川井鹽，從而保留了在鹽業的一席之地，並最終在清朝成為四川、雲南等地的主體鹽商。

龐尚鵬改革後不過三四十年，商人久候無鹽的情況再次廣泛出現。為此，萬曆四十五年（一六一七）朝廷接受袁世振的建議，施行「綱法」，將各商所領鹽引分成十綱，編成綱冊，每年以一綱行積引（即憑積存的舊引支鹽運銷），另外九綱用新引（即由商人直接向鹽戶收購運銷）。從此官不收鹽，收買遠銷權都歸於商，並可世襲。至此，明代鹽業大型改革完畢，綱法一直運行到明末。然而，即使能臣廉吏們嘔心瀝血地去修修補補，但最終仍然擺脫不了鹽業混亂的歷史宿命，從而發生搶鹽事件。

鹽荒下的明財政智慧

□明代搶鹽風波

正統三年（一四三八），在今天的北京市密雲縣的白河發水災，密雲、順義等地發生水災並不算什麼，自古多災多難的百姓已經習慣了苦難。然而，就是這麼一個小災卻造成了一次鹽荒。人們風風火火地去買鹽，卻發現哪裡都買不到鹽了。去鹽店，鹽店老闆哭喪著臉說：「沒鹽了，真的沒鹽了。不是我不想賣，確實沒了。各地鹽場要取鹽的人排成了長隊，實在弄不了呀。沒了。」

可當人們轉身走了沒有多遠，卻有一個人露出了狡黠的笑容：「大哥，要鹽嗎？我這裡什麼鹽都有。官府的大鹽和小鹽，咱們自己弄的土鹽全都有，就看您買什麼價位的了。」

「你們那多少錢一斤？」「三分銀子。」「啊？太貴了吧，以前一般不過二錢多呀！」「呀，您可真逗，這是啥時候呀，這可是鹽荒時期呀。」見來人不言語，賣私鹽的人故作神秘道：「我告訴您，您這是托劉公公的福。要不是劉公公讓自己的姪子弄了些鹽，您呀還真吃不上！」

～・～

「唉，正經地方沒有鹽賣，那只好買私鹽了！」而就在百姓們著急之際，四大鹽場周邊的鹽商們也急急火火地利用各種手段在找鹽。

～・～

形成鹽荒的原因其實很簡單，江蘇、安徽、浙江同一時期水旱災害頻仍，南方的糧食一時接濟不上，鹽商無法運糧就無法取到鹽引無法賣鹽。更為嚴重的是，有鹽引也買不到鹽。因為，鹽首先要供給皇室、政府機構、鹽場周邊的權貴等，另外，這些人再加上鹽場內部人員也販私鹽，等等，鹽場當然不夠正經鹽商支取食鹽的了。為此，鹽價越來越高。

這一切都源於朱元璋時期。明政府為了較為穩定地開展鹽務，同樣將戶籍制度作為一種根本性的治理手段。朱元璋將一部分軍人和百姓劃歸為「灶戶」。他們在鹽場居住的同時進行生產。為了保證鹽務壟斷，不但規定了什麼人可以買，還規定了什麼人可以賣，而且劃定了哪種鹽賣給哪個地區的人消費，從而將市場進行分割，保障政府壟斷利益最大化。獲取利潤的前提是向百姓徵收鹽鈔、鹽糧。為了保證供給，明政府還測算了人口消費量。

明政府規定：軍人有家小的每月二斤食鹽，單身者每月一斤。南京衛戍區的軍隊食鹽則由戶部供給，按照洪武一朝規定，每斤食鹽是紙幣一百文（表面上看錢不少，其實各位看看第四章就能明白，官方定價在民間根本不能執行。每斤食鹽最高一百文折銀一分，但實際上，很多情況下是一錢銀子一斤）。到了永樂之後，軍餉中百分之七十是糧食，百分之三十是食鹽。但是，糧食常常不夠用，為此，或者多給鹽或者多給紙幣。我們下文會談及紙幣問題，紙幣幣值經常波動，因此，造成民間和軍隊都不願意接受，所以，一般也就是多給食鹽。

老百姓呢？規定是十五歲以上的每月二斤鹽，十至十五歲的每月一斤鹽，十歲以下的不給鹽。但是永樂二年（一四〇四），陳瑛改革比價之後，全國普遍實行成年人（十五歲以上）每月一斤，半成年人（十至十五歲）半斤。而到了老百姓那裡，則變成：市民每人每月半斤，農民每人每月二兩左右（這是明代斤兩，一斤為十六兩）。農戶的配給量顯然不夠，因此，農村地區私鹽氾濫。

農戶雖然不像軍隊那樣有自己熬製的軍鹽，但地方政權借助「小鹽」、「硝鹽」等土鹽彌補了一部分缺口，然而，由於地方官員腐敗越來越嚴重，地方土鹽的走私仍然較多，跨地區的私鹽氾濫。那個時期，銷售食鹽由政府劃分銷售區域，為的就是最大化地獲取壟斷利益。私鹽的氾濫阻礙了鹽的正常流通，最終造成了正統三年（一四三八）在今天的北京市密雲、順義等地的食鹽緊縮。

食鹽的緊缺還有一個原因，就是有些人得到鹽引後並不急於支鹽，為的就是找到一個賣高價的時機。然而，這卻使中國贏來了另一個可能振興的機會——資本市場中的債券市場，特別是政府公債的興起。

現今的美國之所以興盛，很大程度上在於國債興盛，世界的財富全都聚集到了美國。而倒退五六百年，明代的對內國債比較發達，同時金融業例如典當業、高利貸業都較同時代的歐洲國家發達。早在南宋時期，短期公債券「交子」就占到了賦稅收入的很大比重。以有據可查的南宋紹興三十二年（一一六二）到開禧三年（一二〇七）為例，就占到了賦稅收入的百分之八十二。

明初朱元璋為了解決邊關糧食問題，於洪武三年（一三七〇）六月在山西行省施行開中法。因為從山東濟南西北的陵縣、河北滄州一線運來的糧食，送到太原北部的雁門關和代州之間的太和嶺留存供給大同，路途遙遠成本較高，便分別送到大同倉、太原倉。報酬就是：每運到大同一石或太原一石三斗，就給一張淮鹽鹽引，每引可以支取二百斤鹽。到達指定地點銷售完畢後，再回到相應的發給鹽引的地方繳還鹽引。這樣做的好處就是：在完成了軍事儲備的同時，也節省了運費，減輕了政府負擔。

這種制度在洪武二十八年（一三九五）陸續地推廣到全國。由此，以政府欠債形式的鹽引制度出現了。這種鹽引既可以繼承又可以轉讓，甚至可以永久保留，只要拿著鹽引就可以取鹽。這種情況，在政治清明時期還不至於對人民生活產生重大影響。

但是，隨著吏治腐敗日甚，邊屯荒廢情況嚴重，皇族官員宦官等勢力紛紛進入私鹽領域之後問題開始出現，再加上自然災害頻發，一下子造成搶鹽風波。到了正統五年（一四四〇）元月，見到鹽業有利可圖，各色人等持鹽引紛紛進入鹽場要求支鹽，甚至洪武年間的鹽引都出現了。

這一情況被正統皇帝知道後，立刻要求按照洪武舊曆給予支鹽。但是，這一事件給予明政府一定的教訓，為此，弘治元年（一四八八）就對此規定，除了兒子可以繼承外：父母、沒有分家在一起吃住的兄弟、沒有且以後也不會改嫁的妻子（假若代支後改嫁官府要追回）、非過繼的孫子也可以繼承（代支），叔伯妾姪女兒（無論是否出嫁）都不許繼承。弘治三年（一四九〇），明政府規定鹽引有效期為三十五年。

其後，明朝政府設立了「存積」這種新名目。政府拿出每年食鹽供應量的百分之二十作為因緊急事務而開出的應急鹽引的供給，凡是取得「存積鹽引」的可以優先兌換。另外的百分之八十供應量作為「常股」。「存積」可以比「常股」優先領鹽，但問題是付出的糧食更多。其後，鹽業預算也正式建立，它就是「預行開中」制度。正德八年（一五一三），內閣要求開中兩淮正德九年鹽課二十五萬引於大同，作為招商納糧草的資本。三個月後，延綏邊鎮也預先開中了正德九年的兩淮鹽十萬引。其後，預行開中的勢力越來越多。而鹽稅預行開中的建立，則標誌著明代的預算制度開始成型。

支取過去的存積鹽以及預支日後的開中鹽，使鹽業的制度更加完善。到了嘉靖二十二年（一五四三）二月，全國性的鹽業預算也已成型。那一年，嘉靖皇帝將第二年的各邊鎮的一百四十四萬三千多引鹽作為糧草及新兵招募費用先行發放。其後，嘉靖二十三年（一五四四）正月，各邊鎮邀請商人運糧。而其後，宣府的管糧官郎中褚實建議：正月糧價正好貴，這個時候買糧不划算，反而可能會推高糧價，不如買秋糧。戶部看到建議書後非常高興，上交內閣後批准施行。為此，戶部也將開中預算的公布提前到了五月份。

即使明政府在財政預算、鹽業改革方面展現了某種聰明才智，然而，這些努力仍然無法解決走私鹽的問題。大量稅收流失的後果就是中央政府無錢處理應急事務，使得明帝國最終轟然倒塌。鹽沒有擺脫被走私的命運，另外一大商品——茶也同樣沒有逃脫。相比於鹽，茶對於政治的重要性更大，走私對於國家的傷害並不僅僅是經濟，更對國家的穩定產生了直接衝擊。這在很大程度上是因為朱元璋給茶賦予了一個神聖的使命。

第三回
茶的神聖使命：從朱元璋殺婿說起

明初，為了防禦北部蒙古人，明朝開始在東起鴨綠江西至嘉峪關一線，先後設置遼東、宣府、大同、榆林、寧夏、甘肅（張掖）、薊州、太原、固原九個軍事要鎮，史稱「九邊重鎮」。永樂時期，九邊駐軍八十六萬三千一百三十五人，軍馬三十四萬二千匹。需要屯糧、民運糧、漕糧共計四百六十九萬石，銀四十三萬兩。除此之外，還需要大量的棉花、布匹等。例如，萬曆六年（一五七八）宣府馬市梭布銷量二十萬七千多匹，山西、寧夏、陝西、固原諸鎮，梭布總銷售量在十萬匹左右。九邊官方市場所需要的梭布每年都在六十萬匹左右。

除了軍人還有軍戶，八九十萬軍人至少有四倍的隨軍家屬。如果考慮原住民及其能夠關聯到的周邊居民的話，其人口數量可以達到四五百萬（當時全國人口也不過六七千萬而已）。這麼多人在遼寧、山西、陝西、河北、甘肅等地的邊境線上，需要屯田（農具、牛馬、種子）、生活（柴米油鹽醬醋茶）、娛樂等。在這種情況下，邊鎮貿易也就自然逐漸興盛起來。

明代政府和軍隊所需要的棉布、絲織品大概在一千五百萬到兩千萬匹。其中，百分之八十以上都需要在市場上購買，再加上上文提及的食鹽，以及本節將要重點介紹的茶葉，還有鐵、糧等邊境所需的物資數量極為龐大。可以說，百姓能餓著肚子生活，但邊關將士顯然不能餓著肚子、冬天穿背心打仗。因此，朱元璋父子對邊關的生活物資極為重視。

而在這些物資中，朱元璋對於茶葉傾注了大量心血，甚至為此不惜殺掉了自己的女婿。

駙馬歐陽倫之死

□駙馬之死

洪武三十年，也就是西元一三九七年。駙馬歐陽倫領旨巡察四川、陝西的茶馬貿易。家奴周保騎著馬來到了駙馬的馬前，「駙馬爺，這次咱們可是碩果累累呀！」歐陽倫點了點頭，用馬鞭指著周保笑道：「你小子鬼點子真多呀！不過，父皇執法嚴格，如今對於私販茶葉的處罰越來越嚴格。就此一次，下次可萬萬不能如此了。」周保心說：「哼，皇上是誰？你的岳父老泰山。對別人嚴對你還能嚴嗎？你也別裝孫子，看你那小樣兒，下次你比我還得積極。」

想到此處，周保對歐陽倫笑道：「陝西布政使還真是個明白人，還派人護送咱們，您看排了八十多輛大車幫咱們拉茶葉。這回咱們可賺大發了！」

歐陽倫點了點頭，「這個人我回到朝廷一定要多為他說些好話，這樣為朝廷盡心竭力辦事的好官太少了呀！」「駙馬，過了藍田縣的稅卡我們就可以賣茶葉了！」

正在這時，一人跑到二人面前。「駙馬爺，駙馬爺，前邊藍田縣河橋司巡檢要求驗茶收稅！」「什麼！豈有此理！」歐陽倫還沒有說話，周保已經氣得滿臉通紅。「駙馬爺，我瞧瞧去！」歐陽倫並未作聲，周保知道這就是默許了。周保一提馬的韁繩，隨著來人趕到了隊伍的前面。周保自打一出生就和駙馬爺一起生活，如今已經有三十多年了，他隨著歐陽倫的成長發跡而成長發跡，見的人太多了。一看眼前的稅使長方臉，那張臉長得見棱見角，一看眉毛一看眼，就知道這傢伙是個耿直的性子。

「哎，誰是稅使呀！敢攔我們！」「這位大爺，我就是稅使。我知道你們是駙馬爺的人，但國家有法度，皇上有聖旨，我們作為稅務官，必須要秉公執法。請拿出路引來，我要驗收！」「喲呵，小子，駙馬爺你也敢攔，你活膩歪了！」說完，手中的馬鞭啪啪啪數聲響後，再看稅使的臉上出現了四條血痕，有的都流出了鮮血，足足帶走了三錢肉。但這個稅使毫不含糊，你是越打他是越橫，站在橋頭巋然不動。在他身後站立著許多吏役，這些人被嚇得個個面露驚恐，渾身顫抖。

「來人呀！給我打，給我砸！」「你們敢，稅務所是朝廷機關，你等朝廷中人還有法度嗎？」「甭管他，給我打，就打這小子，扒下他的褲子。」眾惡奴紛紛上前，剛把稅使褲子扒了，就聽一人喊了一聲：「慢，你們太無禮了！」眾人一聽是歐陽倫，這才停住了手。

歐陽倫騎著高頭大馬來到了稅使面前，衝著他一笑：「呵呵，知道我是誰吧？」「知道，知道，駙馬爺。」周保認為駙馬是懂法的，然而他錯了。歐陽倫一聽說知道，他是勃然大怒，厲聲喝道：「知道你還敢截，打，給我打，打完了扔下河！」「是！」

歐陽倫和周保以為打了就打了，他們哪裡想得到，剛到京城，他們就被朱元璋抓了起來。面對藍田方面的奏報，朱元璋眉頭緊鎖：想當年，我為貧民之時，受過多少屈辱。我曾想，如果有朝一日我大權在握，自當殺盡天下貪官污吏。二十多年來我殺了數萬官員，他們有與我並肩戰鬥的戰友，有我的晚輩。我曾想，殺了這麼多人，他們總該收斂了吧。然而，嘿嘿，萬不想我的家裡人竟然帶頭仗勢欺人，我剛剛發布了法律，他竟然敢帶頭作亂。我不殺你能服眾嗎！你別仗著你是我的愛女的丈夫就以為我不會殺你。

正在這時，太監稟報：安慶公主帶著皇外孫求見。

朱元璋面無表情地說道：朕有事情要處理，不見。

朱元璋之所以如此決然地殺掉自己的女婿，乃是因為茶不僅僅是生活必需品，而且對經濟起著很重要的作用。自鴉片戰爭，對中國的主要威脅來自海上之前，威脅中原統治的力量主要來自北部。因此，明朝在軍事防禦的同時，更採用了「花錢買太平」的邊境貿易，而邊境貿易中最重要的就是茶葉貿易。

不僅是經濟因素，更重要的是朱元璋將其看做制衡邊境少數民族的武器。茶的貿易主要是在西部邊境藏族同胞聚居地區，在北部蒙古族同胞聚居區則嚴禁茶葉貿易。這一政策的目的是為了不讓蒙藏聯合起來，也就是「以茶馭番」。在東北部、北部，明政府針對蒙古族設立了馬市，而茶市則是西部及西北部。對蒙古族是馬布帛貿易，對藏族則是茶馬貿易。

對藏族地區開展的茶馬貿易是有先後順序的。明朝為了防止西北藏族聚居區的藏民與北元聯合對抗明政府，首先在當地開展了茶馬貿易。西藏地區的茶馬貿易是在其後開展的。為了防止西藏人與北元聯合，明政府除了對其政治上示好之外，最有效的武器便是茶葉。因此，為了防止北元得到茶葉，明政府嚴禁對蒙古人進行茶葉貿易。

藏族同胞非常愛喝茶，主要是因為藏族人的食物奶油、乳酪、牛羊肉等不易消化，茶能解油膩。因此，他們對於內地的茶葉需求量極大，這條經過數百年形成的茶馬古道，不但讓藏族同胞享受了茶葉的好處，更讓西藏和雲南的交通實現了對接。

不僅僅是藏族同胞喜歡茶，全世界人民同樣對茶很喜愛。自從茶被引入人類生活，日漸成為人們的生活必需品，甚至有人為了茶而造反。

茶馬貿易的眞諦：以茶馭番

□美國人為了茶葉而打仗

美國獨立戰爭打響造反第一槍的就是「茶葉黨」（Tea Party）黨徒。一七七五年四月十八日英軍在波士頓開始鎮壓，「茶葉黨」領導人之一保羅・里維爾（Paul Revere, 1735-1818），在晚上十點騎馬狂奔向各地報信，高呼：「紅衣英軍來了，紅衣英軍來了！」。為此，他被稱為「午夜騎士」。

一七七三年，為了抗議英國國王喬治三世（George III, 1738-1820）徵收鉅額茶稅（每磅三便士），波士頓人假扮荷蘭人將英國的三艘運茶船占領，最後將三百四十二箱茶葉倒入海中。這就是著名的「茶葉黨」的由來，同時也是美國人造反的開始。而到了二〇〇九年，美國人為了反對歐巴馬（Barack Obama, 1961-）的房屋救濟貸款政策，由國家廣播公司電視節目主持人桑特利（Rick Santelli, 1953-）倡議成立了「新茶葉黨」。二〇一二年美國大選中誰能夠獲得勝利，「新茶葉黨」的支持與否竟然成了決定性力量，茶黨女領袖蜜雪兒・巴赫曼（Michele Marie Bachmann, 1956-）甚至成為共和黨內總統候選人預選最拉風的人選。

茶葉自漢代開始便進入人們的生活，到了明代，飲茶方式、茶類更加豐富。在明代以前，人們一般喝團茶。洪武二十四年（一三九一），朱元璋下令廢團茶興散茶。花茶、烏龍茶也在明代出現，從而形成了今日綠茶、紅茶、花茶、烏龍茶、普洱茶等類型。

茶葉在十五世紀末十六世紀初傳入葡萄牙，由此開始了歐洲人喝茶的歷史。一六六二年葡萄牙公主凱瑟琳（Catherine Pegge, 1635-?）在其與查理二世（Charles II, 1630-1685）的結婚盛典上，因只飲紅色液體而拒絕喝酒引起了法國間諜的注意。結果，法國間諜發現，王后喝的原來是中國茶。後金、蒙古也因為茶葉多次與明朝發生戰爭。

茶葉既然可以影響國際局勢，也就可以影響國內局勢。在國內，有一條著名的交通線，名字叫做茶馬古道。

茶馬古道有兩條。一條是滇藏道，起自雲南西部洱海一代的產茶區，經麗江、中甸、德欽、芒康、察雅到昌都、衛藏。另一條是川藏道，自雅安一帶的產茶區進入康定後分為兩條：北線從康定向北，經過道孚、爐霍、甘孜、德格、江達、昌都（川藏公路北線），進入衛藏地區；南線則從康定向南，經雅江、理塘、巴塘、芒康、左貢、昌都（川藏公路南線），進入衛藏地區。

除了兩條主幹線外，還有若干支線，例如「唐藏古道」（今天的青藏線）等。茶馬古道促進了漢藏交流，加深了兩個民族的兄弟情誼。例如一首山歌唱道：山上住的是藏人，山下住的是漢人；雖然住處各是各的，但每天生活在一起。

在貿易過程中，為了解決茶的運輸問題，也實行了「招商中茶」制度。

當然，招商運輸茶葉的這種形式只是作為附屬現象出現。這些茶或者給予鹽引等其他商品售賣權，或者有一部分可以允許在茶馬貿易中進行售賣。

對於貿易的另一方——西北藏民，朱元璋要求：三千戶每三戶出馬一匹，四千戶則每四戶出馬一匹。馬匹的進貢與賞賜同時進行，由政府定價，物物交易。在邊貿市場，無論是交易物品的種類、數量，還是交易時間、地點，乃至進行交易的對象都由明政府規定。

明初茶馬貿易的規模，我們可以從洪武四年（一三七一）戶部的上書中略窺一二：陝西諸縣茶園四十五頃，茶樹八十六萬株。四川二百三十八萬株。規定茶稅十取一。無主茶園命令軍士進行種植，茶稅十取其八。由此，茶稅所得為陝西二萬六千斤，四川一百萬斤。

第二年，朱元璋在秦州（後改為西寧茶馬司）、河州、洮州設置了茶馬司，專門負責茶馬貿易。茶馬司設有司令、司丞各一人。洪武十五年（一三八二）改設大使、副使各一人，大使為正九品、副使為從九品。與此同時，又建立茶課司進行茶葉徵收。再設批驗所對茶引（通常每個茶引可以販茶一百斤，課稅數百錢）、茶由（販茶不足一引的稱為畸零，茶由就是販賣零星茶的執照）的真假進行鑒別。

最終，朱元璋設計出了「金牌信符」，金牌居中上寫「皇帝聖旨」，該行字的下左方寫著「合當差發」，下右方寫著「不信者死」，最下邊為「下號金牌降諸番，上號藏內府以為契，三歲一遣官合符」。朱元璋還規定：只有見到持金牌信符的政府官員才可以與之進行茶馬貿易，無者則以私茶販賣論處。洪武二十六年（一三九三）朱元璋命曹國公李景隆到西涼、西寧等西北邊境頒發了四十一面金牌銅符，強行要求少數民族納馬。為了防止走私茶葉，朱元璋每月都派遣官員奔赴陝西、四川等地進行巡察。

私茶的判定以無茶由、茶引，或茶引、茶由與貨物不符為標準。對販私茶者的懲罰比對販私鹽的處罰要重，「私茶出境者斬」，對於邊境守將也是死罪。對於販私茶的規定，大概到了景泰年間開始放寬。成化以後，商人漸漸可以販茶。特別是到了弘治年間，招商中茶之後，茶商可以運最多三千斤茶（三十引），其中一千二百斤交給官方，餘茶可以進行販賣。

對私販鹽茶的處罰儘管很相似，但二者又有區別。販私鹽的主要懲處對象是明朝的官吏和漢人私鹽販賣者。對一部分少數民族地區的同胞，因為生活所需而私販少量的茶葉，不給予處罰。即使如此，處罰也是非常嚴厲的，死罪必不可少。但即使如此也抵擋不住販賣私茶所帶來的鉅額利潤的誘惑。其根本原因就在於：朱元璋的本意是將茶葉作為控制工具而不是商品，所以，採用的方式是壓低馬價抬高茶價。顯而易見，這會使少數民族地區吃虧。

這種情況不可能長期存在。因此，茶馬的比價起伏非常大。最終，洪武十六年（一三八三）八月，兵部提議：河州茶馬上馬每匹給茶四十斤、中馬三十斤，下馬二十斤。這種低廉的馬價，顯然不符合馬的實際價值，因此，馬價一路上漲。四年後的洪武二十年（一三八七）六月，馬價已經到了九百六十二斤一匹。兩年以後，繼續上漲到一千八百斤左右一匹。永樂七年（一四〇九）也達到了一千一百八十六斤左右一匹。

顯而易見，四十斤對一千八百斤這種中央與地方馬價的差別是如此懸殊。最終，政府將比價調整為上馬一匹一百二十斤，中馬七十斤，駒馬五十斤。與此同時，大力實行茶禁，以期茶禁之後茶價能夠上揚。其後，果然茶葉價格上揚，宣德十年（一四三五），八十四斤左右一匹；正統十二年（一四四七），四十三斤一匹；正德三年（一五〇八），八十七斤一匹。如果折銀的話，弘治前每斤茶折銀〇・〇二兩左右，弘治朝則上升到〇・〇五兩。

對於每日一變的兌換數字，許多人都為之發愁。有的人是為了自己的私利，有的人則是為了國家利益。楊一清這位明朝的治世能臣，在弘治年間就曾為此做過算術題。

楊一清數學政治思維

□令今人汗顏的楊一清算數

弘治十七年也就是西元一五〇四年的某一天，都察院左副都御史、督理陝西政馬茶法、茶馬互市的楊一清，伏案看著奏報，他是越看越高興，不禁提筆向皇帝陛下寫了封奏章。他說：

因為販私茶的現象嚴重，早已經陳舊的茶馬法規、貿易法則根本無法實行。此次，我用了一千五百七十餘兩銀子收購茶葉七萬八千八百二十斤，換得馬九百多匹。如果用銀直接買馬的話則至少需要七千餘兩。因為目前的茶葉價格是〇・〇二兩一斤，馬價一般為七・七八兩，每匹馬就要折茶三百八十九斤。而本次交易中，每匹馬僅折茶八十七斤左右，折算成銀的話，每匹馬僅值一・七四兩，淨利潤約六・〇四兩，淨利潤率高達

> 百分之三百四十七。所以，萬歲呀，為了國家急缺的戰馬，為了增加國家稅收，防止鉅額利潤流入奸商、走私犯手中，朝廷應該實行招商買茶制度。國家不再統購統銷，而是由商人自行買茶到指定地點銷售，照章納稅。
>
> 這次上書之後，弘治皇帝批准了戶部的建議，決定召集陝西、山西的富商們進行茶葉招商引資。其後，楊一清再次上書，再次為皇帝算了幾道數學題。他說：
>
> 招商買茶能否成功全賴定價。茶商為了利潤絕對不會抬高收購價格，這樣，只要我們控制好運輸價格，朝廷就能得利。當然，也不能為了得利，而故意讓商人賠本，這樣就沒人買茶運茶了。經過臣的測算，官商都滿意的最佳點是，每一千斤運到茶馬司給銀五十兩，其中茶價銀二十五兩、加工費和運費二十五兩。
>
> 然而，還有一個問題，如果某一兩家大型茶商買茶數量過多，就會擠占其他中小茶商的利益。這樣，政府就可能被一兩家或幾家大型茶商鉗制，從而影響國家法律施行。所以，每名茶商買茶不能超過一萬斤。
>
> 按照以前的做法，官銀一萬兩，戰馬不過一千匹（馬價上升）。按照上述方法，官銀一萬兩，可以買茶二十萬斤（茶價上升到每斤〇．〇五兩），可買馬將近三千匹，平均六十七斤茶葉換一匹馬，差價為一百三十三斤。由此，淨利潤高達百分之兩百。

明代中前期，明政府最大的心腹之患就是北方蒙古部落。到了弘治年間，蒙古部落再次崛起，邊關告急。弘治皇帝命令邊關積極備戰，然而卻忽然發現戰馬不夠了。

明初茶馬貿易每年可換來幾十萬匹馬，而此時馬匹卻少得不夠用了。為了增加戰馬，孝宗急需能人來整頓茶馬互市和苑馬寺。經過考查，兵部尚書劉大夏推薦南京太常卿楊一清為都察院左副都御史，督理陝西的茶法和馬政。弘治十五年（一五〇二），楊一清走馬上任。

楊一清發現，在邊關對茶馬貿易的管理本應是一體的，但實際卻是分頭領導。例如，馬政由太僕寺、苑馬寺負責，由巡撫兼管，茶馬司由巡茶御史主持。二者各自為政，互不配合。如此造成的結果是，茶馬司只管以茶易馬，只注意完成換馬的數量卻不重視馬的質量。苑馬寺只管將馬分配給官軍，不管馬匹能否上陣。許多戰馬買來之後，相繼病倒。為此，楊一清主張合二為一，統一管理，由巡茶御史統一管理。

與此同時，他罷了苑馬寺卿李克恭的官職，這傢伙在任三年竟然使六千四百多匹戰馬被人盜賣；還撤了靈武監正李謙，這傢伙在北京借了高利貸，為了還錢到了靈武後四處搜刮。

在罷免了七八名辦事不力的官員後，他又大舉提拔一些資歷比較淺的官員，如平涼通判張檄、涇荊州知州岳思忠等。他還把山西行太僕寺卿王琰與陝西行太僕寺卿袁宏進行對調。王琰的特點是作風凶悍，袁宏是作風穩健。顯然，對於身處改革之中的他來說，王琰比袁宏更合適在他手下工作。除此之外，對於在任上一直兢兢業業的陝西馬政官員們，楊一清則為他們請功嘉獎，例如對苑馬寺卿車霆等人。

經過一番努力，陝西馬政官場風氣為之一變。同理，對茶政楊一清也如法炮製。

然而，上述努力只是處理了表面問題，本質的問題還沒有涉及。根本問題是沒有茶沒有馬怎麼辦呢？明初開始施行的開中制已經完全失效。當時，陝西的茶稅只有二萬六千多斤，即使大規模地打擊私茶之後，也不過四萬多斤。因此，他一方面查實陝西茶園實際面積、產量、茶戶數等，進行補稅，由此增加將近兩萬斤的茶稅；另一方面則開始施行案例中提到的招商買茶制度。

因為鹽茶是商業稅中的兩大重點，在明代關於茶葉的法規和鹽是相仿的。鹽施行開中制，茶也是如此。「招商納米糧支茶引」也是官方壟斷生產、運輸、銷售的重要形式。但在邊關地區，官府壟斷是占主體，像鹽那樣商售的情況則主要在內地。

楊一清在邊關施行的招商買茶制度，解決了官方買茶中的腐敗成本、運茶中的侵奪商民利益的問題。封建社會政府的話就是一切，儘管表面上說會給商民運費，然而，實際上很多地方政府應給的錢流進了官府或個人腰包，從而讓商民運茶變成了一種強制性徭役。

在這方面，朱元璋也曾經做過一些很流氓的事情。例如，為了應對邊關安全問題，朱元璋曾經實行過「運茶支鹽」制度，然而等到邊關錢糧鹽安頓好之後，又將其廢除，致使大量商人受到傷害。直到弘治後期，楊一清才實行招商買茶制度，由商人進行運輸，完成之後給予報酬或鹽引等其他商品售賣權。從楊一清改革之後，官方運茶賣茶的比重越來越低，最低的時候只占百分之二十。當然，這是動態的比例。

楊一清之所以對茶葉如此看重，朱元璋之所以甚至不惜殺了女婿也要整頓茶葉市場，除了邊關貿易關係政權興衰的原因之外，為了保證政府稅收也是很重要的一個方面。很不幸的是，同鹽一樣，茶自明代初期開始就面臨著走私問題。因為，利潤非常大，許多人為此鋌而走險。楊一清就差點被他的手下們殺害。

私茶氾濫：圍攻楊一清

□為走私十三將領圍攻楊一清

弘治十六年（一五〇三）十一月，發生了一起驚心動魄的走私案例，它令明代為何沒有禁絕走私的原因展露無疑。那一天，楊一清面臨著自上任以來最危險的一天。總兵劉勝率領邊嚴准、劉恩、王得、馬良、施禮、丘雄、梁守、熊完、林彥彬、文信、張信、樊祥、何安等十三名將領圍攻楊一清，他們個個劍拔弩張，聲稱如果不放了姚堂紹他楊一清休想站著出去。

甘肅總兵領右軍都督府都督僉事劉勝看著楊一清，忽然衝著將領們怒吼道：「你們這幫狗東西，還不放下武器！膽敢對楊大人無禮！放下，放下！」馬良等人氣哼哼地把寶劍入鞘，劉恩則不陰不陽地對楊一清說道：「楊大人，您剛來邊關一年多，怎知兄弟們的苦。您是在江南被風花雪月嬌慣了的人，比不得我們這裡粗茶淡飯、風沙蔽日」。

文信也道：「楊大人，您要知道，于易宣、王奉都是我們出生入死的兄弟。那姚堂紹十數年來為邊關納糧納鹽作出了不少貢獻呀。」施禮道：「他們雖然私自販賣四千斤茶葉，可不過才二三百兩銀子而已。」

楊一清冷冷地看著他們，沉默著。大廳內靜得可怕，連一根繡花針掉在地上都能聽到聲響。突然，楊一清拍案而起，指著他們怒道：「現在國家面臨邊關危急，你們難道想通敵嗎！你們竟然敢對長官劍拔弩張，難道你們想反叛朝廷嗎！」

眾人一聽不禁一愣，何安最先緩過勁來，一聲怒吼，手中寶劍出鞘，用劍尖指著楊一清怒道：「楊大人，我們既不通敵更不敢叛國，就是想得些小錢改善生活。這條路您不給通，那我們也只好不敬了。在邊關殺個人算得了什麼！」

「哈哈，殺個人是算不了什麼，但是你們敢殺我嗎？」楊一清豁然站起，從桌案後面走到了何安面前。雙目直視何安，「何安呀何安，你今日若敢殺我，我問你何處可讓你安生！來人呀，把何安給我抓起來！」楊一清說罷，兩名士卒上前。何安寶劍一立：「你們誰敢！」說著眼睛看著劉勝。

楊一清走到劉勝面前，笑著看著他：「劉總兵，你敢殺我嗎？」「這，這，楊大人你說笑了。我們都是同僚，誰又能狠下心來讓同僚不得安生呢！」「哼，劉大人，你們昨日來軟的，送我錢糧。今日又來硬的，無非是讓我楊一清與你們同流合污。你們與我都安生了，那邊關安危、朝廷賦稅怎麼安生？既然劉大夏劉大人推舉我主政陝西，那我楊一清就絕不能辜負皇上、劉大人對我的恩典和提舉。你們今日來硬的，我也不怕。我現在就宣讀對他們的處罰，如果你們要殺我就請便。」

楊一清說罷，回到桌案後面，拿出一支令箭，對士卒吼道：「將這意圖謀反的十三個人全都給我拿了，關入牢中等候朝廷處罰。從今以後，凡我治下官吏，無論文武誰敢縱容走私者，全部降一級，如果膽敢參與分贓者全部罪加一等。」又轉過頭對劉勝說道：「劉大人，以我的官職沒有辦法處罰你，你和我就等待朝廷的決斷吧！三天前我已經特快專遞給皇上上奏章了！」

～・～・～・～・～・

隨著時光流逝，明政府日漸昏聵，加上北部邊關地區外患解除，一些朝堂精英開始受到貶黜，典型代表就是楊一清。楊一清從弘治十五年（一五〇二）到正德元年（一五〇六）的四年中，在弘治皇帝、兵部尚書劉大夏的支持下將陝西茶馬業搞得風風火火。例如，牧場由之前的六萬六千八百八十八頃增加到十二萬八千四百七十三頃；馬匹從二千二百八十四上升至三萬九百四十八匹（其中馬政養馬一萬一千八百七十一匹；以茶鹽等換馬一萬九千零七十七匹），在他離任之際，僅河州、西寧、洮州三個茶馬司還有存茶四十五萬多斤，陝西靈州池鹽的稅額由一萬四千三百三十七斤提高到五萬九千斤。

為此，正德元年（一五〇六）劉大夏奏請將陝西三鎮的所有軍務皆歸楊一清節制。然而，三年後的正德四年（一五〇九），楊一清在老上司劉大夏被捕入獄之後，因再次得罪劉瑾而入獄。雖經大學士李東陽救助才免於一死，但自此陝西馬政陷入衰落。雖然隆慶年間的總督王崇古也是一位治世名臣，但幾經努力馬匹仍不到八千匹。

茶葉走私在明初朱元璋時期就已經出現過。例如在茶馬貿易中，明政府發現有些無良商人以假茶欺詐、以次充好坑害少數民族同胞，極為震怒。

朱元璋的本意就是利用茶葉貿易籠絡少數民族同胞，而某些商人卻為了自己的利益將他們推向了明政府的對手一邊。起初，明政府要求商人「以德經商」，並頒布了相應的法規。

少數民族處於相對落後狀態，他們對度量衡沒有認知。明政府認識到這一點後，正德十年（一五一五）終止了以蓖中馬進行貿易。蓖大則官虧，小則商家虧損，因此每一千斤定三百三十蓖，以六斤四兩為準，其內茶三斤，蓖繩三斤。因為少數民族不懂度量衡，明政府還制定了標準的茶包裝規格，統一包裝。

後見其效果不明顯，明朝的皇帝們才開始使用嚴刑酷法。為了鉅額利潤，走私者也確實敢於踐踏一切。例如，有些商人賄賂官員以使自己在與少數民族發生貿易爭議中處於有利地位。為了牟利，他們還假扮少數民族人用劣馬換官茶。一些邊關將領、地方官員還將劣茶販賣給少數民族群眾。

因此，西部邊區百姓對茶馬貿易產生了極大抵觸情緒，北元殘餘勢力開始借機尋求聯手。為了國防安全，明政府開始大規模地禁茶，除了四川、陝西的茶可以進行茶馬貿易外，其他產區的茶葉不准進行茶馬貿易。

其他產茶區的茶農、茶商則開始以低價走私茶葉。少數民族各部落地區因為獲得了低價茶葉，自然不會積極進行官營茶馬貿易。因此，明政府換來的馬都是一些「瘦損」之馬，而且數量越來越少，即使有些地方政府將每匹馬提高到九百六十二斤茶葉都難以換到好馬。

這種情況直到萬曆二十三年（一五九五），陝西與走私茶葉興盛地區湖南的官員發生激烈衝突後才有所改觀。這一年，雙方的爭吵在皇帝那裡得到了最終裁決，湖南方面獲得了勝利，湖南茶葉得以擠入官營貿易。然而，安徽、浙江、河南等產區仍然不在邊關貿易之列，這些地區的茶葉貿易自然仍通過走私渠道進行。

邊境貿易的兩大產品茶鹽介紹完了，我們再展開地圖一看，中國的陸上鄰居還有朝鮮、印度、巴基斯坦、阿富汗等國。他們同樣是邊境貿易的主體，然而，當時，印度和巴基斯坦還是一個國家，因為長期內亂，國內分裂嚴重。中國與印度的貿易並不發達，而與朝鮮的邊境貿易卻極為發達。朝鮮在永樂皇帝時期，開始成為明朝最親密的鄰居。

陸路各國貿易：以與明朝最親近的鄰居朝鮮為例

～・～・～・～

□朝鮮使臣的節目表演

明崇禎年間，一次，明朝官員宴請朝鮮李氏王朝的使臣，接待官員請來了歌妓助興。酒過三巡菜過五味，朝鮮使臣笑道：「感謝大明對我等的熱情款待。人們常說，來而

～・～・～・～

不往非禮也，我們也要表演一些節目。」說罷，朝鮮使臣一指身旁的一個小孩兒，笑道：「此次朝貢，我帶著我的兒子也來到貴國，就由他來奉獻一個小節目吧。」

中國禮部官員一看，這個孩子不過七八歲，不禁非常好奇，「他會什麼呢？」朝鮮使臣笑道：「我們朝鮮與中國素來友好，大明皇帝待我國不薄。每年皇帝生日的『聖節』、太子生日的『千秋節』，不但為我國成年人記得，就是黃口孺子也可以倒背如流！」

「哦？果真如此？那就請令公子說一說。」朝鮮使臣用手點指，孩子張開了小嘴，高聲說道：「太祖皇爺九一八，太宗皇上四一七，仁宗皇上七二三，宣宗皇上二月九，英宗陛下雙十一，代宗皇上八月三，憲宗皇上十一二，孝宗陛下七月三，武宗皇上九二四，世宗皇上八一十，穆宗陛下一月二十三，神宗皇上八月一十七，光宗陛下八月一十一，熹宗皇上一一四，當今陛下一二二四。」

十年後，清軍入關，禮部的一位官員逃到了朝鮮，當年的那位朝鮮使臣把他請入家中。只見，屋中放著一塊靈牌，上書：大明毅宗陛下。

禮部官員跪爬著來到靈位前，痛哭失聲。

「陛下殉國的消息兩月後才傳至我國，上到我主下到普通官員都心痛異常。我等實在想不出，大明為何會亡國，看來，多是你等誤國害君呀！」

那位禮部官員聽聞，泣血而暈倒在地。自此，便有了一個奇怪的現象，每逢崇禎的忌日，朝鮮國王都要暗中為之祭奠，更有甚者還將崇禎的年號一直暗中使用。當大部分中國臣民已經忘記了大明的時候，在朝鮮卻有一大批人仍在想著明朝。

～・～　～・～

中國與朝鮮的關係，有人曾經以「血濃於水」來形容，這一點也不過分。早在商朝，紂王的叔叔箕子便在亡國之後來到了朝鮮，對這個地方進行了文化改造，史稱「箕子朝鮮」。儘管兩國在歷史上曾經發生過摩擦，但正如親兄弟都難免動手一樣，這種情況很正常。在絕大部分時期，兩國的關係都非常密切。明朝也不例外。明朝剛剛建立，朱元璋便在洪武元年（一三六八）十二月，派遣符寶郎偰斯出使高麗。

他第二年四月來到高麗，送給國王王顓綾羅綢緞四十匹。一個月後偰斯要回國，國王王顓送他鞍馬、衣服不要，宰相送他人參、藥材不要，最後，王顓命文臣寫詩贈送，偰斯真正做到了朱元璋「不拿一針一線」的要求。高麗王王顓同意停止使用「至正」年號，斷絕與蒙元的政治聯繫，並奉表來朝。八月朱元璋正式冊封王顓為高麗王並賜金印、誥文，並賜《大統曆》一本、錦繡絨鍛十匹，賜給太妃和王妃金鍛、色緞、線羅各四匹，賜給積極主張斷絕與蒙元的關係同明朝建立關係的高麗相國辛旽、侍中李春富、李仁任色緞、線羅、紗各四匹。

為了讓朝鮮徹底脫離北元姻親關係的羈絆，對於朝鮮的朝貢禮品，朱元璋經常說：只要土特產就行了，禮輕情意重嘛。我們自古都是好鄰居好夥伴，不用這麼破費。後來，對高麗的貢品只接受一些土特產，其餘金銀寶物、貴重布匹和動物毛皮等一律不要。

朝中貿易主要有四種類型：朝貢貿易、和買貿易、使臣貿易和民間貿易。前三者都具有官方貿易的特徵，民間貿易由於中朝兩國相似的貿易政策，逐步轉變為邊境的民間走私貿易和邊境的民間互市貿易。

朝貢貿易一年三次，分別是皇帝的生日「聖節」、太子的生日「千秋節」，以及每年的農曆正月初一的「正旦節」。一年三貢成為明朝藩屬國中的絕對特例，一直存在於整個明朝統治時期。高麗入貢的具體路線是：從開京出發，經朝鮮半島西海岸中部的禮成江口，渡黃海，抵達長江口的太倉，進入南京。

朱元璋對高麗官商貿易極為照顧，高麗商人只要持有明朝頒發的路引或文印，就可以來往於明朝的任何可以經商的地方。請注意是任何地方。與中國的態度相反，高麗王卻只對官方貿易積極運作，對於民間貿易則採取了排斥態度。

但由於蒙元勢力猶存，而且其與朝鮮又有姻親關係，所以，洪武一朝中國與高麗的關係起起伏伏，朝貢貿易也是開開關關。直到洪武二十年（一三八七）蒙元在東北的勢力被徹底清除之後，中國和高麗的關係才開始向友好方向發展。

洪武二十五年（一三九二）七月，李成桂自立為王，高麗進入李氏朝鮮階段。但因為雙方互信度非常低，中朝之間仍然沒有建立正式邦交。與此同時，朝鮮相繼發生兩次內亂。先是李成桂在兩個兒子被殺後將王位禪讓給次子李芳果。一年半後的一四〇〇年（建文二年）一月，李芳果的四弟和五弟在都城開京發動巷戰。一個月後李芳果失敗，十個月後禪讓給五弟李芳遠。

後是朱棣發動「靖難之役」，建文四年（一四〇二）十月，朱棣即位改元之後便派人出使朝鮮。朝鮮隨即派人前來朝賀。因此，第二年四月便給朝鮮王頒發了新的誥命和印章。十月再次派遣宦官、翰林到朝鮮頒授國王冕服、各類冠服等，並附了一份豐厚的禮物。

朱棣推翻自己的姪子後，大多數藩屬國並不認同，或者認為朱允炆會捲土重來，因此朝賀永樂登基非常不積極。李氏朝鮮作為唯一一個恭賀的藩屬國，朱棣對其好感肯定會急速上升。因此，中朝貿易進入高潮也在情理之中。

朝鮮的貢物在永樂朝主要是金銀、馬匹、人參以及紙張。因為朝鮮的造紙技術較高，明朝政府經常要求朝鮮貢獻紙張。例如永樂四年（一四〇六）進獻了純白厚紙三千張，次年又貢獻純白紙八千張。永樂六年（一四〇八）正月朝鮮王向全國發布造紙令，五月和十一月分別貢獻純白紙一萬張、純白厚紙六千張。永樂時期，朝鮮進貢的紙張超過十萬張。

朱棣遷都到北京後，從陸路到中國的首都就非常方便了，因此，朝鮮使臣開始走陸路。從朝鮮義州到遼東都司的遼東八驛站，朝鮮使臣渡過鴨綠江後經湯站、開州、龍鳳、連山、甜水、頭館抵達遼東城（遼東八站後來因為女真人與朝鮮的邊貿糾紛逐漸改為：遼陽、甜水、連山、通遠堡、鎮東堡、鳳凰城、湯站、九連城）；從遼東到山海關有十七站，它們是：鞍山驛、海州衛、牛家莊驛、沙嶺驛、高平驛、盤山驛、廣寧驛、閭陽驛、十三山驛、凌河驛、杏山驛、連山驛、曹莊驛、東關驛、沙河驛、高嶺驛、山海關；由山海關到北京有十個驛站，它們是：山海關、榆關（深河）、撫寧縣、永平府、沙河（七家嶺）、豐潤縣、玉田縣、薊州、三河縣、通州。

在永樂朝，朝鮮進貢的次數明顯增加。除了三個定期朝貢外，李氏朝鮮還以謝恩使、奏請使、進香陳慰使、進賀使、進獻使、押送使等名義進入中國朝貢。在這些貢獻中，最為特別的就是進獻處女和宦官（火者）。本來，明朝想繼承元朝與高麗通婚的傳統，繼續利用聯姻保持兩國和睦。然而，朝鮮太宗李芳遠為了避免內政被干涉（元朝與高麗的聯姻讓他記憶猶新），不主張聯姻。為了打消明朝對李氏朝鮮的懷疑，李芳遠提出用貢獻處女的方式聯姻。這些處女基本上都是朝鮮官員的女兒。永樂一朝，共貢獻十多名處女和近兩百名宦官。這些人在永樂朝除了病死之外，絕大部分都死在了「宮闈之亂」中。

除了朝貢貿易外，還有一種以物易物的官方貿易稱為「和買」。明政府首先確定戰馬和耕牛的需求數量和價格後，皇帝派遣使者通知朝方，其後朝鮮方面將這些運往遼東，明政府付款交割。洪武年間和買就已經出現，但明朝和高麗關係並不穩固，高麗在明元間搖擺不定，洪武七年（一三七四）雙方發生衝突斷絕關係，洪武二十年（一三八七）後，高麗和以後的朝鮮與明朝的和買才漸漸走上正軌。到建文帝時期，兩國交換戰馬不到兩萬匹。永樂一朝則進入高潮，每次和買戰馬都在一萬匹以上，有時甚至達到了五六萬匹。然而，如此巨大的數量，讓明朝沒有資金（布絹）一次付清。直到宣德二年（一四二七）五月，永樂十九年（一四二一）、永樂二十一年（一四二三）買的兩萬匹馬，所應付的大布四萬匹、大絹六萬匹才在戶部的提醒下如數補齊。

除了上述兩種貿易外，就是使臣貿易了。使臣履行完國家職責外，有的人則攜帶各類商品進行倒賣。明代使臣中朝廷官員因大多屬於儒家子弟，此類情況較少發生，但永樂時期，大批宦官被派往朝鮮後，這種情況發生了改變。同樣，朝鮮使臣也進行著官方貿易、私家貿易和違禁貿易三種貿易。對於私家貿易，明朝歷代帝王往往採取睜一隻眼閉一隻眼的態度，朱元璋還三次下旨不要阻攔這種貿易。這種情況，其他國家在與明朝的貿易中都是絕對沒有的。

自此以後，中朝友好情誼越來越深厚。最終，可以說親如一家。明代使臣甚至將對皇帝、大臣的一些看法與朝鮮君臣私下談論。例如太監尹鳳就對朝鮮世宗李祹言及宣宗皇帝喜歡走鷹逐犬好遊戲、皇太子亦輕佻。雙方的關係已經達到任何勢力都無法破壞的程度。

第二章

帝國軟肋

謠傳了三百年的「閉關鎖國」

明帝國的經濟政策中海上貿易政策最為失敗，失敗得令人痛心疾首。因為，當時中國的造船技術、海軍實力全球第一，如果明帝國繼承元帝國的海外貿易政策，顯然中國的歷史甚至世界歷史都會改寫。但歷史事實卻是：朱元璋採取了「閉關鎖國」政策。

歷來，許多論者都對朱元璋提出了尖銳批評。然而，本書卻對朱元璋在當時所採取的政策表示理解甚至支持。以此推之，四百多年後的乾隆拒絕馬戛爾尼（George Lord Macartney, 1737-1806），本人也認為是正確的。因為，以當時西方國家的所作所為看，任何一個愛護百姓的統治者都將對其表示反感。

明代海外貿易政策有三大表徵、三大不足。三大表徵上，「禁海」與「朝貢貿易」作為明帝國對外貿易的兩大基石成為政府層面的特徵，它們與民間走私乃至海盜經濟的興盛成為三大永不變化的表徵。

之所以出現三大表徵，其根本原因在於對於海路貿易的不重視，以及由此對海外邦交國政策產生重大偏差——「花錢買太平」與「綏靖」。對於這兩點，之前許多人都將板子打在了朱元璋的屁股上，其實未必正確。

明帝國在海外貿易方面的主要錯誤應該由其後代和歷史傳承來承擔。其一，中國的海外貿易在歷史上，大多是「朝貢貿易」，這也是本書對「鄭和下西洋」的歷史地位表示尊重，但對其歷史意義表示不屑的原因；其二，自南宋起因為民生問題而導致的海上走私、海盜等問題，在明朝呈爆炸式發展。在這種情況下，朱元璋之後的統治者不能從民生角度看問題，一味執行「祖宗法制」造成了海路走私比陸路更嚴重、更危險的狀況。

明帝國海外貿易的第三個巨大不足，就是對於「國家海盜」的興盛不能採取有力措施。當時，歐洲各國在軍事、經濟、科技、文化等多方面，基本都不如中國實力雄厚。然而，在某些技術上卻比中國優秀，例如軍事技術。由此造成西方國家利用「海盜」手段，逐步蠶食中國的各種利益。明帝國並沒有採取有力的反制措施，從而將中國的海外貿易通道拱手讓給了西方國家，從而使自己在未來的白銀輸入中處於很不利的位置。

同樣，如果說陸路走私使得明政府財政收入中的一大部分流入各種強勢人手中的話，海上的走私卻促成了民間商人勢力的急劇壯大，從而使他們可以利用雄厚的資本迅速漂白。這些走私勢力又與當地士紳合作開始向政治、軍事、經濟多領域滲透，以至到了明末，明帝國的最後保護者竟然是海盜家族出身的鄭芝龍父子。

本章之所以不惜筆墨，重點描述中國與歐洲四強的歷史，其原因就在於：正是在上述思想（重面子輕裡子、花錢買太平、不擅於保護和表達自己的利益、初始正確的政策不能根據變化進行適宜的修改）下，晚明的皇帝們主動放棄了海外貿易主動權，從而為後世（包括當今的我們）帶來了無窮盡的煩惱。

第一回

鄭和到了美洲又如何

因為有了一個鄭和下西洋，引得自清朝末年開始長達一個半世紀的唏噓。人們都在暢想，如果鄭和再進一步，那中國將多麼偉大！

進入二十一世紀後，人們在外人的幫助下摸到了這種猜想的真實脈搏。許多人認為：鄭和才是首先到達美洲的人。然而，鄭和到過美洲又怎樣？歷史仍然是「禁海」繼續成為國策。因為，鄭和的下西洋在本質上不過是「賠本賺吆喝」的朝貢貿易而已。

謠言抑或眞實：劉大夏火燒航海圖

～・～

□火燒航海圖

～・～

鄭和下西洋是幾乎所有上過學的人都知道的歷史事件，然而，在明代對於這件事情的功過則存在非常大的爭議。至少在四百來年的歷史評價上，官方以及當時的知識分子主體上是對鄭和持批評意見的。

話說成化十三年（一四七七），憲宗皇帝希望重新下西洋，因此便命內廷宦官傳令兵部，要求將當年鄭和的航海圖等資料取來。這個消息一出，可急壞了一人。此人就是車駕郎中劉大夏。

劉大夏暗自沉吟：三寶太監是一位好人，據說此公剛正廉潔，對國家忠心耿耿，對皇上的忠誠日月可鑒。但他好大喜功地下西洋，勞民傷財，下西洋使上萬將士為之殞命。運回來的東西呢，都是一些奢侈品，對百姓生活沒有任何好處。唉，我該怎麼辦？如果當今皇上也好大喜功，這可如何是好？

沉思良久之後，劉大夏用拳頭狠狠地捶打著桌面，「罷罷罷，我決不能讓皇上得到航海圖。」想到此處，劉大夏來到了檔案庫。因為他身居車駕郎中又主管檔案，所以，很快就找到了航海圖。趁人不備，他把航海圖藏到了身上。之後，回到了兵部大堂。兵部尚書項忠接到聖旨後急忙去檔案庫尋找，結果當然是不見蹤影。

憲宗皇帝見航海圖找不到了只能作罷。後世的一些官員、知識分子根據這個歷史事件進行了演繹，傳出了劉大夏火燒航海圖的故事。

因為劉大夏「燒」了鄭和的航海圖，近幾年對劉的批評在網路上甚至到了人身攻擊的地步。其實，仔細看看劉大夏的生平，我們可以心平氣和一些。劉大夏是一個好官，在今天看來屬於典型的思想守舊，好人辦壞事兒。作為後人心平氣和地對其評價是應當的，而且照某些人所說的，如果鄭和繼續下去，那將……其實，這純屬臆測。就算鄭和發現了美洲又能怎樣？結果還是一樣，中國仍然不會有「歐式地理大發現」。為了給劉大夏這位明代的治世能臣一個訴說的機會，我們不妨簡單介紹一下劉大夏這個人。

劉大夏是湖南華容人，與王恕、馬文升合稱「弘治三君子」。其實，劉大夏是否燒了航海圖難以證明，但藏匿起來確屬無疑。因為，早在成化元年（一四六五）越南（安南）入侵老撾，宦官汪直便建議趁機攻擊越南。憲宗立刻要求兵部交出永樂年間征戰安南時的地圖，兵部職方司主事劉大夏便將圖冊藏了起來，結果致使管理圖冊的官員遭到毒打。劉大夏對兵部尚書余子俊說：「打死一個小吏不過是一條命罷了，如果安南戰事一開，死的人可就不止是千人萬人了！」

劉大夏一生最值得大書特書的就是，弘治六年（一四九三）黃河決口，作為都察院右副都御史的劉大夏前往山東、河南治水，經過兩年的奮戰，兩省水患終於解除。三年之後，劉大夏積勞成疾回到了湖南。在鄉間他將俸祿都周濟給了本地百姓，人稱「東山先生」。

劉大夏居官四十多年，為官清廉，其子孫後代皆非常清廉。更為難能可貴的是，劉大夏為人非常和善，即使祖田被人霸占都不言不語、息事寧人。正德元年（一五〇六）三月，劉大夏見明武帝昏庸無比，連續上疏請求歸隱。兩年後因為受宦官劉開誣陷，劉大夏被捕入獄。幸好，三個月後劉瑾被殺。正德十一年（一五一六）五月，八十一歲的劉大夏病逝。

由此可見，即使劉大夏真的燒了航海圖，諸位後人也沒必要對其進行人格侮辱和醜化。而且，還有一些觀點認為：劉大夏只是藏起了航海圖，等事情平息後又放回了原處。航海圖最終被銷毀的原因，一是明朝滅亡檔案丟失；二是清朝為了禁海，乾隆皇帝下令燒了航海圖。至於航海圖被誰燒的，我們實在沒有鐵定的證據。

就算鄭和航海圖沒有被燒、被藏，明帝國仍然無法實現「歐式地理大發現」。首先，憲宗皇帝尋找航海圖去海外的目的，還不如永樂皇帝宏大、富有戰略眼光。他最主要的目的不是為了經濟，而僅僅是顯示自己的治國能力而已。其次，鄭和下西洋的歷史意義不在於有些人認為的那樣：擴大海外貿易，從而讓中國儘早進入資本主義，避免明代滅亡的命運，甚至不會出現晚清之後的民族大恥辱。鄭和下西洋的歷史意義在於：「中式地理大發現」所蘊涵的和平理念，與「歐式地理大發現」的血腥的對比是那麼的強烈。

中國人不可能實現歐式地理大發現

～・～・～

□殺死麥哲倫的民族英雄

一五二一年四月二十七日（正德十六年三月二十一日。也有的說是四月二十一日）

～・～・～

，帶著六十多名侵略軍士兵登上今天菲律賓馬克坦島（Mactan）的一位白人——老麥，沒有想到自己作為一名高傲的貴族，並以殺死「異教徒」讓世界上所有人都皈依為他所信仰的宗教為己任的人，這一天成為他的末日。

「酋長，你們應該懂得你們的信仰是邪教，應該歸信我們！」「胡說，你是誰！」「我是來拯救你們的使者，我們將把你們從黑暗中拯救出來！」「不用，我們一直都生活在光明之中。」「這麼說，你們是不想了。那我將強迫你們信仰！否則，你們就將被視為異教徒，將被徹底消滅！」「我們從來不怕威脅，為了自己的信仰可以失去生命！」

「開火！」老麥大叫一聲，躲到了一邊。在他身後的六十多名士兵開了火。頃刻間，數名當地土著居民被槍殺。那位酋長飛身躍起，一手抓住樹枝，從侍衛手中接過了大刀，厲聲說道：「殺死他們！」說罷直撲老麥。標槍呼嘯而至，侵略者相繼倒下。老麥這時站起身，拔出了身上的佩劍，左手叉腰，他想用優美的歐洲擊劍動作來迎戰眼前這個高大的皮膚黝黑的「土老帽」。

在他的心中，他是高傲的貴族，而對面的人卻是一個不懂得進化的「蠢人」，他認為他的劍可以刺穿對方的胸膛。然而，他錯了。當他的劍刺向對方胸膛的時候，那人健壯的身軀非常輕鬆地躲開了。左手的盾牌噹的一聲擋住劍，右手的刀猛然砍向了老麥。老麥嚇得縮頸藏頭，還未等他明白過來，壯漢的腳已經踹在了他的臉上。正當他想站穩腳跟並舉劍刺去的時候，他的胸口一陣劇痛，壯漢的刀尖已經刺進了他的胸膛。

老麥的身子慢慢倒下，他沒有想到自己四十一年的人生，竟然會結束在異國他鄉。

這個人死後，有人說他是位偉大的人，有人說他是惡魔；有人說他是對物質進步、科學進步、歷史進步產生巨大推動力的人，有的人卻說他是給當時乃至四個世紀的當地人帶去無窮痛苦的侵略者。他就這樣被殺死了！有的人為此沉痛悼念，並形容為慘死、犧牲；有的人卻為之歡呼，有的人將殺死他的拉普拉普（Lapu-Lapu, 1491-1542）視為民族英雄乃至亞洲的英雄，因為他是第一個殺死殖民領袖的亞洲人。

～・～・～・～・～・～・～・～・～・～・

非常不幸的是，我的道德觀將會讓我形容那個時刻的辭彙不是「偉大的航海家在不甘中慢慢死去」，而是「當拉普拉普那正義的刀刺進了侵略者麥哲倫（Fernando de Magallanes, 1480-1521）的胸膛時，當罪惡的血液噴濺而出時，正義的時刻終於來臨。一切愛好和平的人都應該歡呼這個偉大時刻的來臨！」

～・～・～・～・～・～・～・～・～・～・

還有另一種記載更加血腥。他首先被人用長矛刺中拿劍的右臂。之後，侵略軍用盾牌圍住他想殺出重圍，這時一位勇士揮刀上前一陣猛打猛殺，最終砍傷了麥哲倫的左腿。其他侵略者倉皇而逃，完成了所謂的偉大航行，而留在島上的貴族麥哲倫則被刺成了篩子後，最終扔進了大海。

中國乃至絕大部分歷史學家對於以哥倫布（Cristoforo Colombo, 1451-1506）、麥哲倫、達・伽馬（Vasco da Gama, 1469-1524）為代表的「歐式地理大發現」（以鄭和為代表的「地理大發現」我稱之為「中式地理大發現」）敬佩之至。然而，世人也應看到，「歐式地理大發現」打開了潘朵拉的盒子，放出了種族滅絕、種族歧視的惡魔。

在整個人類歷史上，唯有中國在各個文明古國中對外侵略最少，對世界和平貢獻最大。世界應該感謝中國，如果十四五世紀的中國人和當時的葡萄牙人或西班牙人一樣，如果鄭和帶去的不是和平而是刀劍，那麼，整個世界都將是一片火海。當時的歐洲乃至世界沒有任何一股力量可以阻擋明帝國的刀劍。

鄭和帶給人類的是和平。如果世界上有人敢說中國人好戰，那麼他就是別有用心。因為，我們中國在最強大的十幾個世紀裡，從來沒有主動到別人家裡去砸壞人家的鍋、搶奪別人的妻女、殺害別人的親人。

當一四九七年（弘治十年）達・伽馬正在大海中迷失方向的時候，阿拉伯航海家馬吉德（Ahmad Ibn Majid, 1421-1500）帶領他走出了死亡圈，因此，他才能夠到達印度。第一次印度之行他還沒有露出殖民者的本性。然而，當一五〇二年（弘治十五年）再次來到印度的時候，他露出了他們國家貴族習以為常的海盜本色。在海上他不但殺害幫助他的當地國王，還垂涎阿拉伯商船的財寶，將船上幾百名乘客包括婦女兒童全部燒死，就連隨行的葡萄牙船員都評價他的這種行為是「殘暴和最無人性的手段」。

而哥倫布呢，他的最大貢獻就是讓歐洲人發現了一塊兒新大陸而已，可對於那塊土地上的原住民，整個歐洲都有原罪。因此，對「歐式地理大發現」絕不能抬高，否則會造成「物質高於一切」的負面思維氾濫。

中國人絕不可能實現「歐式地理大發現」，鄭和所代表的「中式地理大發現」與前者有著本質的不同。

在許多喜好歷史的人的頭腦中，都縈繞著一個疑問：假如鄭和的航海事業能夠繼續下去；假如鄭和的船隊遇到西方的船隊並將其徹底打敗；假如再給明朝幾十年的時間，晚明昌達的商品經濟……所有的假如都代表著中國人內心的一種憤恨。

這種憤恨源於在一八四〇年（清道光二十年）後我們經受了一百多年的屈辱。而在此之前的十七個世紀裡，我們在四分之三的時間裡都是世界第一。我們難以忍受這種突然而至的屈辱以及被學生們欺負的現實。

英國的那位退役海軍軍官孟席斯（Gavin Menzies, 1937-，《一四二一：中國發現世界》作者）又告訴我們：鄭和其實是真正的「地理大發現」的開創者。它貫通了亞洲、歐洲、非洲、南北美洲五大洲的市場。

鄭和發現了美洲同樣不用驚奇，因為，早有商朝時中國人就到達過美洲的說法。

～・～・～

□攸侯喜發現美洲大陸的傳說

～・～・～

西元前一〇四六年一月二十日，武王趁著殷朝主力對外征戰之際，突然聯合八百諸侯進攻朝歌。牧野一戰，紂王臨時拼湊的軍隊被姜子牙率領的反商軍打敗。紂王自焚，天下易主。消息在半個多月後傳出，事情已定、王駕已死，各路勤王大軍紛紛止步等待武王下一步作為。人心已動。

然而，諸侯中卻有兩位不願承認周武王為新的王。他們是攸侯喜和摩虞侯。二人聽說紂王已死、朝歌已破之後，集中了部下和眷屬，以及潰敗的商朝軍隊、商人共計二十五萬人東渡大海，漂向了未知的世界。

他們去了哪裡？無人知曉。又是外國人先給咱們指明了方向。一七六一年法國漢學家德·歧尼（Joseph de Guignes, 1721-1800）發表了〈中國人沿美洲海岸航行及居住亞洲極東部的幾個民族的研究〉，正式提出，中國人早在三千多年前就已經到了美洲。其後，英國翻譯家麥都司（Walter Henry Medhurst, 1786-1857）在一八四六年提出假說，殷人渡海逃亡，途中遇到暴風，被吹到美洲。

其後，一九一三年興公、魏聲、陳漢章、朱謙之等人相繼支持外國人的觀點。羅振玉、王國維、郭沫若、董作賓等史學巨擘在研究甲骨文的過程中，越來越相信商人的一部分敗退到了美洲，而大部分商人則敗退到了商人的發祥地河北、遼東一代。

攸侯喜率軍民二十五萬人失蹤之後，中美洲猶加敦半島（Peninsula of Yucatan）與起了奧爾梅克（Olmec）文明，而這一文明與殷商文明極為相似。攸侯喜之所以跑到美洲，其原因可能就在於從山東半島坐船想回遼東，那是商人的根據地，可巧路遇大風，

～最終迷失方向漂到了美洲。～

鄭和的「中式地理大發現」代表中國人的思維方式。無論中國人以後是否重視海洋經濟，以中國人的本性根本無法實現「歐式地理大發現」。

現在，我們就簡單回顧一下「歐式地理大發現」實現的歷程。

在「歐式地理大發現」之前，東西方商路主要有三條：

第一條：中國——中亞——裡海——黑海——小亞細亞——西歐

第二條：中國——波斯灣——兩河流域——地中海——敘利亞——西歐

第三條：紅海轉陸路到埃及的亞歷山大——兩河流域——波斯灣——中國

明朝時，紅海這條路被阿拉伯商人控制，地中海則被威尼斯、熱那亞商人壟斷，中亞黑海則被蒙古人壟斷。十五世紀奧圖曼土耳其帝國開始影響地中海貿易，歐洲人對三條商路都逐漸失去了控制權。與此同時，在歐洲從王者享用到日常商品交易對黃金的需求量大增。但此時，歐洲的金礦產量逐漸減少。關於歐洲人對於黃金的需求，哥倫布曾在日記中說：「誰有了它，誰就能得到想要的一切。」

而這時，「地球是圓的」的地理學說日漸得到承認，航海技術大進步特別是中國的羅盤在十三世紀傳入歐洲，萬事俱備只欠有人敢於冒險了。一四一五年（永樂十三年）葡萄牙人攻占了非洲的休達（Ceuta）城後，一四一九年（永樂十七年）占領了馬德拉群島（Madeira），一四三二年（宣德七年）占領亞速爾群島（Azores），一四四五年（正統十年）占領佛得角（Cape Verde），七〇年代占領幾內亞（Guinea），一四八七年（成化二十三年）到達好望角（Cape of Good Hope，其實鄭和半個世紀前就已經到達了好望角）。由此，開始了地理大發現。

一四九二年（弘治五年）哥倫布率領三隻船和九十多個水手，由西班牙的巴羅斯港（Puerto Barros）出發，在一四九三年（弘治六年）到達古巴和海地。之後，哥倫布又到了巴拿馬。因為哥倫布以為到的是印度，所以稱其為「印第安」。達・伽馬率領四隻船和一百多個水手，於一四九七年七月（弘治十年六月）離開里斯本（Lisboa），一四九八年五月（弘治十一年五月）到達印度西南的卡利卡特（Calicut）。此行，得到的香料、寶石、象牙等物品載回歐洲獲利六十多倍。其後，葡萄牙人立刻再次派出十三隻船遠航，但被風暴吹到了南美巴西，於是他們占領巴西。一五〇二年（弘治十五年）達・伽馬率領二十多艘船和數千名士兵，占領了非洲東海岸莫三鼻給（今莫桑比克國的莫桑比克市）、蘇法拉（今莫桑比克國的見拉）等地，又以海盜的行為洗劫印度、阿拉伯船隻。一五〇九年（正德四年）葡萄牙人擊敗了由土耳其、阿拉伯、印度組成的聯合艦隊，由此壟斷了東方貿易。

一五一九年九月（正德十四年九月）麥哲倫率領五隻船和二百五十多個水手從西班牙出發，一五二一年三月（正德十六年三月）到達菲律賓。其後麥哲倫被殺，剩餘船隻經過印度洋繞過非洲於一五二二年九月（正德十六年八月）回到西班牙。

在葡萄牙和西班牙開闢海上航線的同時，英國和荷蘭也在進行同樣的事情。一四九七年（弘治十年）亨利七世（Henry VII, 1457-1509）命令卡波特（John Cabot, 1450-1499）開闢新航線，結果到達了北美洲。其後，於一五五三年（嘉靖三十二年）向北航行準備開往印度，但威洛比爵士（Sir Hugh Willoughby, ?-1554）最終被凍死在俄羅斯。其後，荷蘭人也向北航行準備從北冰洋前往中國和印度。

葡萄牙與西班牙在「地理大發現」中的衝突越來越激烈，最終，兩國先在一四九四年（弘治七年）劃定了「教皇子午線」；其後，又在一五二九年（嘉靖八年）於薩拉戈撒（Zaragoza）對世界進行了第一次瓜分；此後，相繼侵略了印度尼西亞、馬來亞等國家，進而與中國發生衝突。但葡萄牙人屢次戰敗，不得已與中國合作，在澳門充當起了中國地方政府的鄉鎮級行政管理人員，負責中國與歐美日貿易的仲介事務。

與中國的相對幸運相比，非洲和美洲人民則身處水深火熱之中。在之後的十五至十七世紀中，歐洲人採取各種殘酷手段對世界人民進行掠奪。以今天的紐西蘭為例，當年英國人對當地的土著居民說是租借，當雙方簽訂合同時，英文版本寫的卻是「賣與」。而在非洲，僅葡萄牙人就在十五世紀末到十六世紀末的一百年裡，掠奪走黃金二十七萬六千公斤。

自一四四二年（正统七年）開始，葡萄牙人將非洲當地人賣到歐洲為奴。一五〇一年（弘治十四年）西班牙人也開始販賣黑奴，從而形成了長達幾個世紀的奴隸貿易，僅在海上病餓而死的非洲人就有數百萬。葡萄牙人、西班牙人之所以向美洲大規模地販運奴隸，除了驚人的利潤（幾個杜卡特〔ducat，一譯作「達克特」〕買一個黑人到美洲後可以賣到幾百杜卡特）外，還有一個原因就是美洲印第安人被大規模屠殺後所造成的人口銳減。西班牙人占領中美洲、南美洲後，在短短的七八十年內就屠殺了一千二百萬到一千五百萬印第安人，在古巴、牙買加等國僅用了二十多年就殺光了所有印第安人，海地、墨西哥、秘魯等國家的印第安人被屠殺了九成左右。葡萄牙人占領的巴西也同樣如此。

然而，中國會這樣嗎？顯然中國不會這樣，「中式地理大發現」如果真的發生的話，會是與當地人民和平相處、友好通商。然而，當他們發現這個地方對鄭和的戰略性任務沒有任何幫助後，他們就不會再光顧這個地方。比如，鄭和船隊到達印度南部進行了友好通商後，鄭和的使命完成了，中國人留給當地人的是一個「美麗的傳說」。

正如侵華的排頭兵葡萄牙人、第一任赴中國使臣皮雷斯（Tome Pires, 約1465-1524）所說：中國不以掠奪他國為榮，而它無疑是一個重要的樂善不倦的且非常富饒的國家。由於中國人非常懦弱，易於被制服，所以馬六甲總督無需動用許多軍隊，用征服馬六甲的十艘船，即可將中國沿海置於我們的控制之下。

也許有人說，「歐式貿易」的原罪問題已經被談得夠多了，這是小節問題。然而，我們不禁要問：歐式貿易伴隨著數千萬人被屠殺以及上億人被奴役，可以說，太平洋從來沒有太平過，大西洋也是海底冤魂出沒，歐式貿易的價值何在？

以鄭和為代表的「中式地理大發現」在貿易上是一種「朝貢貿易」。外國敬獻，中國賞賜，而使臣夾帶的「私貨」也主要被達官顯貴們買走。儘管明朝後期使臣夾帶「私貨」的現象越來越多，民間富商們也開始購入外國商品，但這種貿易基本上是純「進口」，對政府的財政收入是一個巨大的考驗。

隨著國力、主要關注對象的變化，朝貢貿易自然會起起伏伏。因此，「中式地理大發現」即使成立，鄭和就算到了美洲甚至澳洲乃至歐洲，無疑是多了幾十個朝貢國而已。而中國在這種貿易中永遠是「最大的利益的虧損者」，在這種貿易中，中國只是對外給予。

在儒家思想影響下，在其他海外國家尚不足以威脅明朝安全的情況下，在北有強敵需要廣泛國際合作的形勢下，在傳統明君觀念的影響下，鄭和以及朱棣都不可能對當時的各國進行殖民侵略，至於美洲，乃至歐洲、北非，即使中國船隊到達這些地區，也仍然是以「和平使者」的面目出現，中國人是愛好和平甚至是有些貪戀和平的民族，中國無法實現「歐式地理大發現」，因此也就不會像十五世紀到二十世紀的歐洲那樣，靠剝奪別人的生命、掠奪別人的財富來換取自己的興盛。

那麼，鄭和下西洋的目的是什麼？如果不是殖民侵略，會是什麼？尋找建文帝？建立海外貿易？現在，我們就來探討一下鄭和下西洋的真實目的。

鄭和下西洋的眞實意圖

□馬三寶的故事

明洪武十四年（一三八一）朱元璋命潁川侯傅友德、永昌侯藍玉、西平侯沐英領三十萬大軍，聯合奢香夫人等當地土司武裝，進攻北元殘部梁王和大理段氏。洪武十五年（一三八二）的某一天，在何代村傅友德的前軍突然受到襲擊，為首的竟然是一位沒有成年的孩子。只見他騎著高頭大馬，手中一桿槍左撥右刺異常勇猛。在他身後還有許多少年。

傅友德聽到這個消息後，非常吃驚。「這些人是什麼人？」傅友德問身旁的一名降將。「應該是馬家軍吧，唉，但馬家軍已經全軍覆沒了，現在都是一些孤兒寡婦呀！」「馬家軍？哦，明白了！你去看看這支隊伍有多少人。」「是。」降將領命而去，三十多分鐘後回到了大帳。

「我看見了，確實是馬家軍。領頭的那個孩子叫馬和馬三寶！他爹馬哈在一個月前被我們殺死了。他有一個哥哥、四個妹妹，看樣子他是領人報仇的。大概有三四百人吧。」「什麼！三四百人竟然與我二十萬大軍對陣！哈哈，我倒要看看這個娃娃什麼樣子……」

建文四年（一四〇二），朱棣領大軍與自己的姪兒爭奪皇位的戰爭正在如火如荼地進行著。一支神秘部隊從後面迂迴包抄而來，突然間殺向了正在騎馬助陣的朱棣，朱棣顯然沒有準備。正在慌亂之際，突然間一枝箭射來，朱棣正巧側頭觀看敵情躲過了一劫，箭射在王冠上。嚇得朱棣大叫一聲，戰馬長嘶，猛然躍起把朱棣掀翻在地。「哎呀！」這時朱允炆的隊伍衝了上來，一人舉刀便砍。

正在這時，突然斜刺裡殺出一人，斷喝一聲：「休傷我主！」人到馬到槍也到，「噗」的一聲將來人扎死。

兩年後的永樂二年（一四〇四），已然稱帝的朱棣在南京的後宮召見那位救主的戰將。「馬和，朕念你救主之功，且多建奇功，想賞賜你點兒什麼？」那人連忙回道：「萬歲恩情，奴永世不能報答。怎敢奢求，只求萬歲千秋萬歲，永保健康。」「從今天起，我想賜你姓『鄭』，你樂意嗎？」「臣願意。」「鄭和，二十二年前你戰敗被俘，按照舊例將你閹割為奴，你不記恨我們嗎？」

「萬歲，既然您說是舊例，我還恨什麼。自從我到了您的麾下，如今已有二十一年。二十多年，您待我不薄。我只願來世做一個完人！」朱棣點了點頭，「我對你是信任的，要你負責宮中的膳食以及宮殿營造，就是對你最後的考驗。如果是別人接到這個活兒，定然是中飽私囊，而你卻分文不取，公正廉潔。朕有一個龐大的計劃要交你去完成，你願意去做嗎？它很危險，但很刺激。」

鄭和一聽，連忙說道：「萬歲，何事？臣不怕危險，只求為陛下分憂。」

「朕要你為朕領兵出海，去完成一項任務。」

「臣願聞其詳。」

鄭和就在那一晚，領受了「下西洋」這一戰略性任務。以前（包括現在）許多人，都認為鄭和下西洋的使命是為了尋找玉璽和建文帝的下落。其實，仔細考慮一下就可以知道，這一點頂多是原因之一，甚至連主要原因都夠不上。

首先，建文帝即使活著也是一隻政治上的死老虎，不會對朱棣構成致命威脅。是活老虎的時候朱允炆都不是朱棣的對手，更何況是失敗後的死老虎。其次，玉璽儘管重要但有沒有玉璽只是關係到面子的問題，對於朱棣的統治地位也無太大影響。

曾有人異想天開地說，朱棣怕建文帝在某個地方拿著玉璽這麼一蓋，之後就率領千軍萬馬殺回來。如果玉璽真有這麼大的號召力，那麼，朱允炆就根本沒有必要逃往海外了。海外諸國更不會丟棄一個強大的國家而去幫助一個逃亡的君主。

朱棣之所以派遣鄭和下西洋，其原因除了提高個人威望之外，主要是出於國家安全和財政的考慮。當時，蒙元勢力仍然有著巨大威脅，其勢力範圍不比明初朱家父子的勢力範圍小。北到俄羅斯東到高麗（朝鮮）西到阿富汗南到印度的廣大範圍內，蒙元都還具有影響力。當時最強大的蒙古國家是帖木兒帝國。

帖木兒在位期間（一三七〇～一四〇五）不但對同屬蒙古帝國的伊爾汗國、欽察汗國發動進攻，而且在一三八〇年攻占了伊朗、阿富汗；一三九三年占領了南高加索；一三九八年入侵印度占領了德里（其後撤軍）；一四〇二年與當時風頭正勁，吞併了東南歐的巴爾幹地區，戰敗德國、塞爾維亞、保加利亞多國聯軍的土耳其奧圖曼帝國激戰，最終生擒奧圖曼帝國的蘇丹。可以說，蒙元的各種勢力在中國北部、西北部極為強大，在東北、西南也具有較為強大的影響力，明朝處於被半包圍的狀態，整個陸路被切斷了。而東部以及東南沿海則沒有實力強大的敵人。綜合以上因素，可以說朱棣派遣鄭和下西洋，主要是為了實現以下戰略目的。

第一，向各國展示實力，警示各國勿與建文帝餘部、蒙元合作。明初的海軍非常強大，當時整個歐洲的戰船合起來都不如明朝海軍的實力。永樂時期擁有大約兩千多艘可以用於戰爭的各類船隻，具備投入數萬乃至十幾萬軍隊攻伐的實力。因此，向這些國家展示海軍的實力，顯然是想讓各國看到明帝國的強大，警告各國不要與明帝國的敵人為伍。

第二，與各國交好，給予其更大的好處，使之不與建文帝餘部、蒙元合作。用現代辭彙表示就是「花錢買和平」。你要什麼？我給你。他進貢一分錢，我們還他一塊錢。由此，我們才會看到每次鄭和返航都會有一些國王、王子隨船前來入貢，最後紮根於中國。你既然全都有了，打仗的衝動自然就少了。

第三，與其他國家合作共抗蒙元。永樂帝撥給鄭和的將近三萬精銳之師，對付海盜綽綽有餘。如此大規模的軍隊，完全是為戰爭準備的。鄭和第一次下西洋就屬於這種目的。永樂二年（一四〇四）實力強大的帖木兒兵分兩路，一路東進攻打明朝，一路南下攻打印度北部。戰爭剛剛打響，明帝國就迅速作出反應。永樂三年（一四〇五）鄭和下西洋便來到印度南部，在印度南部徘徊很久之後才繼續南下。這就涉及從西南部出擊攻打蒙古，策應印度對抗蒙元的問題。因為從陸路進入印度北部與蒙元對抗所需的時間、成本並不比海路少。

從軍事角度看，如果一支奇兵突然出現在敵人面前，對其心理震懾顯然更大。陸路進兵被敵人偵察得知的可能性很高，而海路的不確定性則增加了軍事行動的突然性。當時蒙古軍隊攻占了印度北部之後，並沒有長期駐守。鄭和在印度南部的行動，相對起到了嚇阻作用。

第四，構建新的國際秩序。元朝被明打敗之後，由蒙古建立的統一秩序被打破，亟須一個國家替代蒙古在亞洲的地位，再加上明成祖朱棣要體現其即位的正當性等因素，明亟須展開公關活動。

第五，配合陸路軍事行動。例如，永樂初年，安南進攻老撾、廣西和雲南等地，永樂三年（一四〇五），朱棣開始進行戰爭準備，在警告無效的情況下於永樂四年（一四〇六）七月，命令成國公朱能、西平侯沐成、新城侯張輔等率軍攻擊安南。可巧的是，鄭和第一次下西洋的時候，其船隊就曾經在永樂四年正月到六月在越南海域徘徊。結果呢，安南的南方軍隊一直未敢撤兵。鄭和率軍進入占城後，安南更是提心吊膽，南部軍隊一直嚴密監視鄭和的軍隊。可以說鄭和的船隊對於明政府僅用了九個月就活捉了安南偽國王、偽太子起到了重要作用。

第六，防止海盜勢力與倭寇合流。鄭和的目的之一是剿殺陳祖義海盜集團，並於首次下西洋就達到了這一目的。這個多達五千餘人的海上武裝集團曾令各國頭疼，但在鄭和的船隊面前不堪一擊：燒毀戰船十艘，俘獲戰船七艘，生擒陳祖義等匪首三人並帶回京城殺了頭。這樣，既消滅了海盜，又震懾了倭寇，還在南洋各國贏得了威望。

基於上述六大原因，鄭和開始了下西洋的壯舉。但是，以鄭和下西洋為代表的「朝貢貿易」對於明朝經濟並無多大作用。我們現在就來談談明代的朝貢貿易。當時與中國有朝貢關係的國家的主要貢品有：

朝鮮：金銀器皿、白棉綢、貂皮、人參、白棉紙、種馬。

琉球（今日本沖繩）：馬、刀、象牙、瑪瑙、丁香、蘇木、胡椒、硫黃、磨刀石。

安南（今越南）：金銀器皿、犀角、象牙、熏衣香、沉香、速香、木香、墨線香。

占城（今越南中南部）：象牙、犀角、孔雀、熏衣香、烏木、蘇木、各類布巾。

日本：馬、刀劍、各種用品、蘇木、硫黃。

暹羅（今泰國）：象牙、犀角、孔雀、寶石、珊瑚、各種香料、胡椒等。

對其他如真臘（今柬埔寨）、爪哇（今印尼爪哇島）、三佛齊（今馬來西亞）、蘇門答喇（今馬來西亞的蘇門答臘島）、滿剌加（今馬來西亞的馬六甲）、撒馬兒罕（今烏茲別克）、魯迷（今土耳其）、天方（今沙烏地阿拉伯的麥加）、渤泥（今汶萊）、彭亨（今馬來西亞彭亨州）、百花（今東南亞某地）、西洋瑣里（今東南亞某地）、覽邦、淡巴（今菲律賓某地）、蘇祿（今菲律賓蘇祿群島）、古里（今印度科澤科德，又名卡利卡特）、娑羅（今婆羅洲，又名加里曼丹島）、阿魯（今剛果共和國阿魯市）、小葛蘭（今斯里蘭卡西北某地）、榜葛剌（今印度東部）、錫蘭山（今斯里蘭卡）等國家的回賜物品價值大多高於進貢物品。

以上諸國的貢品分為「正貢」和「附帶貨物」。後者往往是前者的十幾倍到幾十倍。附帶貨物在弘治之前基本都由明政府給定價格購買。弘治朝之後，則一半購入，一半進入官方指定市場進行銷售。

當然，購買不全是花錢而是作價之後用中國產品折抵，當然也有回賜銅錢的情況，例如永樂四年（一四〇六）朱棣就回賜日本國王、王妃一萬五千貫銅錢，給每次朝貢的正副使節、居座、通事等每人分別賞賜銅錢一萬文、八千文、五千文。

明政府除了將一部分貢品賞賜給官員外，還將其作為薪俸發給大臣。之前，有些人經常提及這些物品有許多是日常生活用品，言外之意是百姓可以得到。但筆者認為，至少在明朝前期百姓乃至民間富商們是無法得到這些番貨的。

在回賜物品、指定價格中，為了彰顯天朝的博愛，往往將價格提高許多，是民間貿易價格的幾倍到上百倍。在這些朝貢國中，明政府對於朝鮮、暹羅、馬六甲、琉球四國非常好。除了朝鮮以外，明政府對其他國家頒發的朝貢憑證勘合比較嚴格而且頒發較少，朝鮮除一年三貢之外，還有不少貢奉理由。對琉球、暹羅、馬六甲三國的貢奉物品，在作價上高出其他國家許多。例如胡椒市價每斤三貫，琉球則是三十貫、暹羅二十五貫、馬六甲二十貫；烏木每斤五百文，暹羅和馬六甲的竟然是四十貫。如此等等，不一而足。

中國與各國的朝貢貿易，極大促進了朝貢國的經濟發展。例如日本，許多日本學者在談到這一問題時，往往會說：沒有銅錢就難以指望我國經濟的順利發展。而反觀中國，除了樹立「天朝上國」的威儀之外，只有大量貨幣流出。

明代的銅錢有相當一部分是宋代銅錢，本國鑄造的銅錢本來就不夠，卻仍然大量賞賜給各國。再加上價格奇高，各國爭相向中國朝貢，甚至不惜大打出手。這並非是真心出於對中國的尊敬，而實實在在是利益所致。當能夠博取利益的時候關係就近，反之則遠。這就是「花錢買太平」政策最大的不足。因此，鄭和的下西洋壯舉，雖然歷史意義重大，但在經濟上卻是弊大於利。

第二回

明帝國的短視1：海上貿易興盛與衰敗

以鄭和下西洋為代表的「朝貢貿易」就是如此，給他人做嫁衣是其最終歸宿。它的主要目的是政治的和軍事的而非經濟的，因此，它對民眾生活的影響相對較少，僅僅是副產品而已。

與「朝貢貿易」如影隨形的海外貿易政策就是「民間海禁」。這一問題，成為現代許多人批評朱元璋的主要口實。其實，將問題全都歸咎於朱元璋個人，既簡單化又不能找到問題的根本原因。

朱元璋的「海禁」有其不得已的一面，甚至有其正確的一面。問題就在於，日後的皇帝們特別是中後期的皇帝們，在享受、腐敗方面敢於違抗「祖制」卻對「海禁」不敢進行改革。而有些皇帝例如嘉靖等卻在嚴重問題出現後，將問題的根源鎖定在了「海禁鬆弛」上，從而更加嚴格執行「海禁」，導致倭寇瘋狂侵擾東南沿海數十年。

朱元璋禁海的八大原因

□鄱陽湖大戰

西元一三六三年，元至正二十三年。鄱陽湖上，火光沖天、殺聲陣陣，兵士的吼叫聲震天動地，刀光劍影下燃燒的戰船紛紛沉沒。朱元璋站在戰船上冷笑著透著驕傲，陳友諒則滿臉憤怒透著無盡的傷感。當年，龐統獻連環計，曹操八十萬大軍在赤壁灰飛煙滅。現如今，陳友諒領兵六十萬對敵朱元璋二十萬。萬不想，巨大的戰船被困在湖內，進退不能。火箭嗖嗖地飛，陳友諒的心則冰冷冰冷的。

陳友諒抹了一把鼻涕和眼淚，對手下眾將說道：「今我戰敗，日後恐不能再生。爾等勿念我，速速逃命吧。今日看來趙普勝說得是對的，是我過於疑心。爾等替我照顧好他的後人。」眾將無不涕淚橫流。陳友諒繼續言道：「我等造船技術優良，樓櫓可高十餘丈，放眼天下，無人能夠比肩，日後爾等興盛也全倚賴於它，不可忘記！」

眾人點頭，就在這時，忽然，一枝冷箭射來，一代梟雄「哎呀」一聲倒在了甲板上。

至正二十七年（一三六七），朱元璋揮兵平江。東吳王張士誠率眾死守城池。也許有人說，張士誠心無大志，但有一點可以肯定他也是個英雄。張士誠手握殘劍，手裡提著一隻肚子餓得癟癟的老鼠。「各位兄弟，張某起兵抗元十四載，不想今日竟死在朱元璋手中。平日張某胸無大志，只求讓生我養我的這塊土地上的百姓安寧。今日糧已盡、草已無，戰馬皆為肚中之物，只能以老鼠充飢！各位，若有離我張士誠者，我絕不阻攔！」

眾人振臂高呼：「誓死捍衛吳王！」張士誠將長劍一揮，「今日起，一宅一家是為戰場，人無分老弱是為戰士。」一場慘烈的城市保衛戰正式開始。不久後，張士誠被朱元璋捉住，有的說他自縊身亡，有的說被朱元璋用弓弦絞死，有的說被朱元璋命人亂棍打死，有的說城破自焚。

元至正二十八年（一三六八）正月，也就是明洪武元年正月，朱元璋在應天（南京）登基之後開始北伐。四月占領開封，八月攻克元首都大都（今北京），元順帝逃往漠北。洪武四年（一三七一）平定四川，十四年（一三八一）攻占雲南，二十年（一三八七）收復遼東。隨著朱元璋的實力愈加強大，他的煩心事也越來越多。其中之一就是原屬於陳友諒、張士誠管轄的地區仍有許多人在懷念他們。特別是張士誠，這位靠著十八條扁擔起家的「東南王」雖然進取心不強，一心偏安東南，但確實對當地百姓非常和善，輕傜薄賦，死後每年的陰曆七月三十日，江浙等地老百姓都借著為地藏菩薩燒香的名義來紀念他。

因此，東南地區許多百姓對這位新的統治者依然比較反感。朱元璋從維護自己統治地位的角度出發，對該地區百姓進行嚴密監控。江浙閩粵地區瀕臨大海，造船業極度發達，民間就可以建造寬三四丈的私人船隻，而巨賈富翁們甚至可以建造規模能與陳友諒戰船比肩的貨船。

當年陳友諒的戰船長達十五丈，寬達兩丈，高達三丈。幾十年後的朱棣時期，中國的戰船長四十四丈四尺，寬十八丈，折合現今長度為一五一・一八米，寬六一・六米。這些都是靠江浙地區高度發達的造船技術建造起來的。

對於大海，朱元璋是陌生的。陌生自然會有三種表現：一是懼怕，不敢下海；二是疑惑，探究下海；三是蔑視，懶得下海。朱元璋就屬於前兩種情況。他為了防止江浙等地區百姓與「海外勢力」勾結，便下了「禁海令」，由此，便有了著名的「片板不許下海」的命令。

因為篇幅限制，朱元璋禁海以及對海外諸國持「軟弱」態度的原因，我們不作詳細闡述了，綜合起來有以下幾個原因。

第一，防止陳友諒、張士誠、陳友定海上殘餘勢力與倭寇、蒙元聯合攻擊明朝。據史料記載，這些殘餘勢力東與倭寇聯合，西南則與東南亞諸國的一些勢力聯合，直到永樂年間，這些殘餘的反明勢力仍然大規模地存在。永樂皇帝還為此專門下旨：只要這些人回鄉就可以赦免罪責。

第二，不對官方禁海，希望壟斷海外貿易利潤，增加軍費。

第三，明初百廢待興，國家缺少糧食，為了保證糧食供應、軍需，朱元璋舉全國之力興辦農業，對於非農業自然要予以限制。否則農業不興將影響政權的穩定。

第四，對於海外諸國心存蔑視。這是歷代帝王的通病，天朝上國的思想延續了整個中國封建社會，在他們眼中海外諸國都有求於中國。

第五，倭寇和國家海盜的騷擾。因為蒙古對日作戰、室町幕府孱弱等原因，日本處於分裂狀態，倭寇自元代開始就侵擾中國。為了防範倭寇而禁海。明朝中後期一些帝王之所以支持「海禁」，並不能排除「歐式貿易」中的負面因素：種族屠殺以及奴隸貿易。很難想像葡萄牙人、西班牙人、荷蘭人、英國人在美洲、非洲、亞洲等地的所作所為，在中國就不會出現。「歐式貿易」的「原罪問題」被人集體忽略了。

第六，根據隋唐伐高麗、元朝伐日本的前車之鑒，對於對外戰爭有著一種恐懼。因此，對海外諸國持懷柔政策。

第七，明初商品經濟不發達，每年不過二十萬兩（當時是以糧食作為稅收，一石糧折一兩銀）的稅收，對於明政府來說沒有大規模的海外貿易的衝動。然而，明初統治者忽略了這一點，即明初商稅的不發達是戰爭所致並非商品經濟實力不濟。歷史上宋代的商稅收入達千萬兩，南宋甚至達到了數千萬兩的規模，元代也有五百萬兩左右。可見，朱元璋在這點上是糊塗的。

在明朝二百多年的統治中，官方的海外貿易占GDP的比重一直都非常小。例如，官方統計的海外貿易稅收在萬曆二年（一五七四）是最多的，為二萬九千兩白銀，而該年度財政總收入為四百萬兩白銀，所占比例不過百分之零點七。黃仁宇教授將明代的稅賦劃分為田賦、鹽課和雜色收入，而雜色收入包括國際貿易稅收（即「番舶抽分」）。

隆慶四年至萬曆十八年（一五七〇～一五九〇），明朝的國際貿易稅收僅為七萬兩白銀，僅占雜色收入三百七十八萬兩白銀的百分之一點八六；如果將田賦、鹽課等計算在內，則明代國際貿易稅收的比重就會更低，僅為百分之零點二二。

第八，限制走私。因為從唐代開始，隨著海外貿易的發展，東南沿海地區的走私現象就很嚴重。走私的主要商品就是鹽，為了保證民眾對鹽的需求，朱元璋開始對鹽業走私進行打擊。還有一點請注意，張士誠、方國珍兩人都是靠販私鹽起家的。

在實行海禁的同時，朱元璋以及歷代明帝王對於「朝貢貿易」極為支持。究其原因，一是為了彰顯繼承元朝的法理；二是為了掌控海外貿易。為了管理海外貿易，早在至正二十七年（一三六七）十二月，朱元璋便在江蘇太倉的黃渡鎮設立了市舶司。其後，因為陳友諒、張士誠的一些殘餘勢力經常假冒商船襲擾朱元璋的軍隊，朱元璋也深感其地與南京過於接近不利於安全，所以在兩年多以後的洪武三年（一三七〇）二月便撤銷了市舶司。

因為，朱元璋很害怕他的那些雖然被擊潰但沒有被消滅的敵人出海逃遁，等待時機捲土重來，便在洪武四年（一三七一）詔令「瀕海民不得私自出海」，他修建了沿海地區的海防工事、搜民為兵，實施了嚴密的巡檢制度和鼓勵告發私人秘密出海的首告制度等，甚至連出海捕魚也被禁止。

與此同時，也禁止外國私商前來進行商貿活動，從而拉開了明朝二百多年海禁的序幕。其後，全盤吸收明朝治國政策的清朝繼續如法炮製，終至十九世紀下半葉開始，國家接連遭辱。儘管後來成祖朱棣在位時曾命三寶太監鄭和七下西洋，但那是官方為了彰顯國威的一種「面子工程」，而對民間仍舊禁海。為此，朱棣還嚴令「原有海船者，悉改為平頭船，所在有司，防其出入」。

然而，東南沿海的百姓要生存，人們對於海禁的抵觸情緒非常大。而閩浙粵等省的地方政府，因為身處一線對於百姓疾苦也很瞭解。朱元璋制定禁海政策之後，其效果並非朱元璋想的那樣好。

朱棣即位之後，雖然沒有廢除海禁，但基本上和歷代君王一樣睜一隻眼閉一隻眼。皇帝如此，地方官員就更加如此了。因此，在永樂到正德之間，海禁政策執行力度並不強，民間走私越來越頻繁，這在帶動經濟發展方面確實起到了很大作用。然而，走私畢竟使得國家財政流失。當商品經濟越來越發達，商稅比重越來越大的時候，皇帝陛下的眼睛終於盯上了它。

明初，對外政策有兩大基石，一是對民間禁海，也就是禁止海外貿易。其實陸上民間與外國通商同樣是禁止的。二是以朝貢貿易為核心的對外貿易。

盯上海外貿易商稅的也是正德皇帝。這個傢伙荒淫無度，眼中只有一個字「玩」，從而爆發了明代中期以前最大規模的劉六、劉七農民起義。因為，正德皇帝好玩兒貪享樂，而內帑的錢在三宮六院呈幾何級數增長的太監宮女等用度下顯然不夠，正德皇帝便開始打起了貿易稅的主意，開始在主管朝貢貿易的市舶司徵稅，而且是正常的朝貢貿易中的商品和使臣帶來的個人商品一併徵稅。

正德打的旗號是「抽分」，抽分起源於洪武一朝。但洪武時期的抽分則不是稅。按照規定：朝貢使臣攜帶的私物（其實就是走私）中的十分之六由政府購買，其餘四分可以進行貿易。正德三年（一五〇八）政府行為的抽分開始，從而對朝貢使團帶的私貨開始徵稅，稅率為百分之二十。正德四年（一五〇九）變為百分之三十。其後正德十二年（一五一七）定制為百分之二十。

這其實就是鼓勵民間發展海外貿易。明代對於朝貢使節夾帶私貨的規定很模糊，而且對人數規定也很模糊，所以，許多私人海外貿易商便加入朝貢使團的隊伍，國家徵稅等於承認了他們的合法性。因此，正德的行為雖然使得朝貢貿易開始衰落，但民間走私行為也日漸減少。

廣東作為東南沿海的重要省份，其官員對於民間海外貿易的支持幾乎成為全省上下的共識。可以說，凡是支持禁海的大臣在廣東都無法立足。在福建也是如此。當然，事無絕對，廣東、福建官場也有支持海禁的官員。他們理由多是：奸民數千私帶兵器勾引外夷危害地方。

而且這一時期非常重要的情況就是，廣東等省對於海商的稅收是由地方政府的機構布政司管轄，而不是由中央也就是皇帝親自派太監掌管的市舶司管理。可以說，這時關閉了的民間貿易的閘門已經開啓，中國歷史的進程即將加速度前進。

然而，這一大好形勢的發展卻因為一位鄰居的殘忍行為戛然而止，事情變壞了！

「最不安分的鄰居」的一次不安分帶來了世界格局的改變

□幾萬大軍百萬百姓擋不住三百多日本武士

西元一五二三年也就是嘉靖二年六月，日本人宗設謙道率朝貢外貿代表團領三艘貨船來到了寧波。不久，日本人鸞岡瑞佐在寧波人宋素卿（原名宋縞，浙江鄞縣人）的陪同下也領著一撥外貿代表團到了寧波。因為，兩位日本人的上司一個是左京兆大夫，一個是右京兆大夫，在日本就是死對頭，到了中國之後，雙方仍然非要鬥出個你死我活。寧波市舶太監賴恩宴請了兩個代表團，可他萬萬沒有想到一個小小的座次問題竟引來了一個大事件。那天……

氣呼呼的宗設謙道來到了宴會廳之後，猛然間看到鸞岡瑞佐竟然坐在了上座，宗設勃然大怒，指著他的鼻子罵道：「你憑什麼坐上座，要知道我是第九次貿易團的正使，你是什麼東西，憑什麼坐在上座，給我滾下來！」瑞佐冷冷一笑，「你不要這麼猖狂，這是在中國不是在日本。你的，要聽從中國官員的命令！」「巴嘎，你這個混蛋東西！」宗設拔出日本刀就要上前。太監賴恩一看，臉色一沉：「慢！太放肆了。這是在中國，不是在日本，放下你的刀！」「放下，放下！」周圍的中國官員們齊聲怒吼。宗設放下了日本刀，在宴會上臉色陰沉著、悶著一肚子氣吃了頓令人尷尬的飯。

然而，更令人想不到的是，第二天，宗設竟然殺死了瑞佐及數十名隨從，焚燒了貨船。其原因就是，他知道了事情的一切。宗設先來到寧波，按理應該是他的貨先驗，可宋素卿賄賂了賴恩，後到的瑞佐竟然先驗了貨。而這對於帶有政治使命的宗設來說，簡直無法忍受。那個時候的日本正處於動亂時期，大大小小的諸侯並出，誰先與中國進行官方的貿易，那麼無異於中國政府承認了他可以代表日本。因此，宗設顯然沒有完成大內氏家族給他的任務。惱羞成怒的宗設率領三艘貨船及三百多武士登陸追殺宋素卿。

沿途燒殺搶掠，從寧波一直追到紹興。令人奇怪的是，明朝政府竟然反應異常遲鈍，而且官兵戰鬥力異常低下，百戶胡源、備倭都指揮劉錦、千戶張鏜相繼戰死。指揮使袁班、百戶劉思等成了俘虜。這夥日本人在逃回日本途中，因為大風將一部分人吹到了朝鮮。

接到中國命令的朝鮮守軍生擒了二十人獻給了中國，這才算讓老大中國贏回了一些面子。事後，給事中夏言認為一切都是海外貿易惹的禍。最終，福建、浙江的兩處海外貿易窗口——市舶司被裁撤，僅留下了廣東一處。對於事件主要責任人賴恩沒有絲毫處罰，宋素卿則因揭發宗設謙道反而有功。事後，御史熊蘭等彈劾宋素卿，才使得宋素卿被關入監獄，其後神秘地死亡。

這件事史稱「爭貢之役」。

朝鮮和日本，都是我們的鄰居。但自從唐朝之後，二者對中國的態度開始改變。朝鮮仍然在大部分時間內是中國最好的鄰居，而日本則成為最不安分的鄰居，時不時地想「兵發北京」，占領中國。

自唐朝末年到明朝初期的四個半世紀裡，日本與中國基本上沒有像樣的邦交來往。朱元璋時期，為了安撫日本，將日本放入了十五個「不征之國」名單中。而洪武十三年（一三八〇）發生的胡惟庸案，則使朱元璋認為日本有賊心，因此對日朝貢貿易越來越疏遠。明成祖繼位後，中日朝貢貿易才開始正常化。

絲綢到了明代成為對外貿易中的重要物資，例如對日貿易的「朝貢」中，明回賜給日本的物品中絲絹羅布占了很大比重。到了明代中後期，絲織貿易更是占據很大比重。

在諸多朝貢國家中，日本也是最為特別的一個。主要是因為日本處於分裂狀態，各種分裂勢力都爭相朝貢，使得日本朝貢團比較雜亂。按規矩辦事的人有，強悍違法的人也有。在永樂到正德的一百來年的時間裡，日本使團在中國發生的械鬥還是比較多的。

特別是有些使節本身就是將領，做事不按常理出牌而是只講究武力解決。但即使如此，因為各種原因，明政府一般都不予以追究。因此，日本朝貢貿易使團越來越猖狂、大膽無禮，最終造成嘉靖二年（一五二三）的「爭貢之役」。

從上面的例子我們至少可以看出三大問題。

第一，明朝政府仍然沒有改掉中國人好面子的壞毛病。日本貿易代表團在中國領土上橫行，竟然沒有進行有力回擊，仍然把他們視做所謂的「客人」，礙於他們的外交使團的頭銜放任其胡作非為。

第二，明朝腐敗橫行，已經嚴重威脅到了軍力。三百多異國武士，橫行三百里，萬千中國軍隊竟然束手無策。如果在海上我們還可以理解，但這卻是在陸地上。這個嚴重的問題，竟然沒有得到皇帝、兵部以及各類官員的高度關注。

除了軍力還有貪污問題。宋素卿行賄市舶司，正德五年（一五一〇）他便行賄劉瑾千兩黃金，正德竟然賜給他「飛魚服」。此事的直接導火索就是市舶司先行驗貨，並更改座位排定。中國理虧在先的直接原因就是市舶司受賄。

第三，明朝的朝貢貿易除了「賠本賺吆喝」外，另一個問題就是慣壞了一些國家，讓一些國家看到中國政府為了面子，可以不要「裡子」。例如，事後禮部官員的報告裡說：宋素卿的貿易憑證（勘合）是弘治時期頒發的本該收回，貿易憑證應憑正德年間的勘合，但宋素卿說正德勘合已被宗設奪走。但依臣看，這個人假話連篇，以後不能再讓他來了，把他放回國查看是否有勘合，讓日本自行決定如何處罰。至於允不允許日本再來朝貢，那等以後再說吧。

對於這一點不要說一般大臣，就是嘉靖看了也非常不滿意，命令刑部再議，兩年後得出結論：叛國罪，殺。

「爭貢之役」造成了極大的危害。中國生擒日本二十多名亡命之徒竟然一要靠老天爺，二要靠友邦朝鮮。這種戰果無論什麼時代看來，都是極為丟面子的。嘉靖皇帝為此龍顏大怒，可以說，任何一個人都會為此生氣。但跟誰生氣則不一樣，正確的做法是對自己生氣，加強軍事訓練，檢討自己的外交政策。但嘉靖卻把所有的氣都發在了日本中央政府身上。可憐的日本中央政府很倒楣，它對於日本各地基本沒有約束力，將軍能夠說話算數的地方頂多就是屁股下面的凳子。

看日本政府沒有將罪魁禍首宗設問罪（中國曾在嘉靖四年〔一五二五〕六月托琉球朝貢代表團去日本宣旨），嘉靖皇帝便禁止日本朝貢使團來華。而這一事件對於反海禁派的打擊最大，海禁派更加理直氣壯。給事中夏言一語定乾坤，嘉靖看罷他的奏章，立刻下令：嚴格執行太祖的海禁政策！

夏言在奏章中說：區區百十餘人，寧波、紹興兩郡軍民何止百萬，竟然讓倭寇在中華肆虐、荼毒生靈、占領城池、搶奪軍械庫、火燒官府、殺害官員。地方官員們一個個事先不能防禦，事發不能剿滅，毫無章法、坐視戰機貽誤。真是國家大恥辱呀，大恥辱呀！

怎麼辦？既然倭患起於貿易、發生在市舶司，那麼就廢除市舶司、禁止貿易。這件事情過了十七年後的嘉靖十八年（一五三九）閏七月，日本使團才再次來華。這次嘉靖帝嚴令地方政府枕戈待旦，不過日本也因為十七年前的事情嘗到了苦頭。所以，這次使團來華非常友好。第二年嘉靖就頒發了勘合並告訴日本：爾等十年一朝貢的舊例，你們可要嚴格遵守。

嘉靖此舉被許多人認為是不對的。然而，筆者卻認為這是嘉靖皇帝在觀察日本的反應。果不其然，五年後日本代表團就來朝貢了。嘉靖嚴令軍隊圍堵將他們轟回了日本。萬不想八年都等了，日本又提前一年前來進貢，而且船數、人數都不符規矩。日本之所以等不及，可能是因為內戰缺少物資所致。

這時，浙江巡撫朱紈看日本使團實在可憐，便替日本使團說好話。他說，按規矩確實應該等嘉靖二十七年（一五四八）六月來華，他們竟然在二十六年（一五四七）十一月就來了，而且也確實違規多派了幾百人，但如果把他們再趕回去似乎不近情理。我看呀，不如對規定內的一百人給賞之外，那多出的四百人也給予賞賜吧，這樣可以體現天朝的寬宏大量。

這次中日雙方都不滿意，在嘉靖看來日本秉性未改，不宜再與之交往；在日本看來，對日嚴格執行十年一朝貢的規定，顯然是不平等政策。你看朝鮮一年三貢之外，還可以以各種理由來朝貢，太不平等了。我們要教訓中國，可是用什麼教訓呢？

倭寇！

其後，倭寇犯境、海上搶劫中國商船、搶劫他國朝貢船隻的事情日漸增多。也許日本的行為對中國的傷害太深，嘉靖皇帝和一般朝臣可能會想：我們待你們不薄呀，你們竟然這樣對我們。看來，對這些番夷國家不能太信任了。所以，嘉靖皇帝對於所有朝貢國家都開始嚴格執行太祖時期規定的入貢時間、人數等政策。這一政策造成許多與中國原本關係很好的國家日漸疏遠中國。例如，真臘（柬埔寨）在整個嘉靖時期一次都沒有來。其實，人家不來理由很簡單，如果按照一百多年前的規矩執行的話，任何好處都沒有，誰願意來。所以，嘉靖時期中國的友好國家迅速減少。

與此同時，因為葡萄牙、西班牙等國對於東南亞原中國藩屬國的侵略日漸增多，一些關於葡萄牙等國販賣人口的消息也逐漸增多。嘉靖皇帝對禁海政策的正確性越來越深信不疑。而且，在與倭寇、葡萄牙和西班牙等國的數次戰爭中，所有人都發現：經過一百多年的發展，國防建設不是越來越好而是越來越壞。因此，嘉靖皇帝決定在堅決禁海的同時要嚴整東南沿海軍務。

在政府層面的朝貢貿易如此，對民間禁海的政策則日趨嚴厲。嘉靖三年（一五二四）、四年（一五二五）、八年（一五二九）、十二年（一五三三），先後四次頒布禁海令。

第一次基本內容是：福建濱海居民凡是貢船沒有報關者，私販蘇木、胡椒千斤以上者重處。四川、雲南、貴州、陝西等省也如此。對於私造雙桅海船者、把船賣給外國人者、私販武器出境者全部絞死。

第二次基本內容是：漳州、泉州等府的一些百姓假借商販為名私造雙桅大船，在海上私自通商。兵部聽著，你們要令浙江、福建兩省的巡按官員嚴查。這些船不論是否載有外國貨，都以通番罪論處，全都給我充軍發往邊關服役。官吏百姓包庇縱容者全都發往西南煙瘴之地。

第三次基本內容是：浙江巡按要嚴查浙江地區沿海居民假冒仲介組織（牙行）囤積外國貨。那些地方豪強富商地主只要違規建造雙桅大船，全都給我拆毀。

第四次基本內容是：兵部要傳檄浙江、福建、廣東、廣西文武官員，一切違禁大船不論何人建造全部毀掉。從今以後，沿海軍民凡是與走私犯、海盜交結者，他們的鄰居不舉報的全部有罪，施行連坐制。

至此，嘉靖海禁進入到最嚴厲的時期。而後世對於嘉靖此舉持廣泛批評態度，甚至為此將一位治軍名將、抗倭英雄推向了歷史審判臺。這就給今天的我們一個深刻的教訓：要麼嚴格執行錯誤的政策，本來在朱紈的打擊下，倭寇包括西方國家的「國家海盜」都已經受到了重大打擊，葡萄牙甚至為此全面倒向晚明政府，只要再堅持下去問題就可以基本解決了。嘉靖卻在所謂的權力制衡下拋棄了朱紈，由此造成「提督之死」。要麼就以民生為重，改變錯誤的政策。二者必居其一，絕不能搖擺不定，否則，最終貽誤改革的最佳時機，失去改正錯誤的最好機會。

「提督之死」與「禁海派」和「弛禁派」之爭

□提督之死

嘉靖二十七年，也就是西元一五四八年五月，提督朱紈舉六萬海軍，率領三百艘戰船、八十條舢板，由都指揮使盧鏜為先鋒，進攻浙江省雙嶼島。此時的雙嶼島上聚集著當時世界上最為強大的海盜集團，它們有：倭寇、中國海盜、數次戰敗於中國艦隊的葡萄牙海盜、其他歐洲和東南亞國家海盜。在小小的雙嶼島上駐紮著一萬二千名葡萄牙及其殖民地海盜，其他海盜也有萬餘。它們擁有各式戰船兩百多艘。關於雙嶼島海盜勢力下節將重點介紹。

朱紈奉嘉靖之命剿滅海盜，並制定了沿海官兵保甲制度，命官民混編嚴防死守，不得使海盜船靠近大陸，大陸船隻不得出海，沒收並搗毀民間一切雙桅船。朱紈認為：海盜船在海上長期漂泊自然會疲乏至極，這時，對其進行進攻必然取勝。

這一政策無疑起到了很好的作用，許多海盜都因為疲憊不堪聚於雙嶼島。然而，這麼多海盜在一起自然會產生衝突，例如雙嶼島的葡萄牙海盜勢力管理相對嚴格，可中國和日本的海盜就非常散漫，雙方也產生摩擦，但總體上仍然能夠合作。朱紈在派出大量細作的同時，還準備了大量的火炮、硫黃、爆竹、破船、油脂等，等待大風的光臨。六萬大軍將雙嶼島緊緊圍困，在數月時間裡嚴防死守。

最終時機來臨，六萬中國海軍借助風勢，展開火攻，以大炮作掩護進行登陸作戰，很快就消滅了中國和日本的海盜聯合體，擊毀海盜船幾十艘。其後，對雙嶼島上的主體勢力葡萄牙海盜進行攻擊，雙方在海上、陸上同時進行戰鬥。最終，擊毀葡萄牙大船三十五艘、帆船四十二艘，擊斃八百多名葡萄牙人，以及上萬名葡萄牙殖民地海盜。

這就是著名的雙嶼島之戰。然而第二年，指揮這場戰鬥的提督朱紈卻在獄中服毒自盡。臨死前，朱紈悲憤地說：我既貧且病，而且脾氣倔強，決不肯跟奸佞對簿公堂。我是死定了！即使皇上不要我死，福建、浙江的那些參與海上走私的人也必將置我於死地。橫豎是死，我寧可自行了斷，也不願死在他人之手。

歷來對朱紈之死都有一些爭論，這種爭論的實質就是海禁與反海禁的爭論。當然，站在今人的角度反海禁無疑是正確的。但是，當仔細觀察歷史考慮古人的觀點時，海禁也並非沒有正確的地方。今人對朱紈的批評在反海禁派的基礎上進行了系統化處理，再加上有些人很有特色的辛辣筆法，把本應該心平氣和的講述變成了沒有必要的對古人的諷刺、揶揄。

朱紈之死有其更深刻的原因。朱紈的提拔者是夏言。夏言遭嚴嵩陷害被殺後，作為夏言的親信之一，朱紈被殺早在預料之中。朱紈之死，完全是「禁海派」與「弛禁派」鬥爭的結果。

在當時，對於海禁問題有以下一些觀點。

一、閉關絕貢。張罡、歸有光認為，不能為了區區微利，而造成百姓生靈塗炭。如今海寇之所以嚴重，全是互市的原因。當年鄭和下西洋就有違祖制，引得那些亡命之徒勾引外夷，釀成百年之禍。

二、朝貢貿易的同時，進行積極的海禁。持此觀點的主要代表是錢薇和朱紈、唐順之，他們的主張是蕩平走私窩點後，重新建立市舶，派遣高官監督，完全推行舊制。

三、海禁禦倭。胡宗憲和屠仲律認為：倭寇數萬人之所以能夠長驅直入，完全在於國人之中的漢奸接濟並為之嚮導。這和北疆敵人可以襲擾邊關，其有漢奸相助是一個道理。因此，必須要嚴行稽查。

對船不能實行國初「寸板不得入海」的政策，這樣會使沿海邊民生計全無。所以，雙桅尖底船要改為平底單桅，並對之做好記號，時常查驗。

對貨物，嚴查之。捕魚船上的物品除了捕魚之具和水米之外，如果有其他東西則予以沒收。每處關卡都要有責任人，出了問題可以追究到個人。

四、寬海禁，開放民間海外貿易。持此觀點的最有名的就是福建巡撫譚綸，其他人則有郭造卿、王言、王世懋、唐樞、鄭曉等。

他們認為：細民以海為業，正如嬰兒靠母乳為生一樣。老百姓越窮越容易為盜，因此，禁也無用。每到捕黃魚的時候，聚船數千都是犯法的，但誰又忍心禁止他們去捕魚呢？與其這樣，還不如鬆海禁。這樣不但可以收取稅務增加軍餉開支，而且保證了百姓生計。

朱紈被殺後，通倭的海盜利益代言人獲得空前勝利。海盜勢力再次大起，明廷沒有辦法，最終派遣胡宗憲再次剿倭。盧鏜、俞大猷開始整頓海防，然而，因為朱紈事件的影響，盧鏜作為當事人也有些縮手縮腳。嘉靖三十二年（一五五三）閏三月，王直率領倭寇，領百餘艘戰船，在臺灣到淮北的廣大海域內進行搶掠，就連南京都受到威脅。

嘉靖皇帝在悔恨中，命南京兵部尚書張經，以都察院右副都御史總督南直隸、浙江、山東、兩廣、福建等處軍務的身分處理倭寇事宜。但沒有多久，張經在獲得「王江涇大捷」後，反被嚴嵩迫害處死。

其後，嚴嵩文靠胡宗憲，武靠戚繼光、俞大猷，先後誘殺了王直、徐海等。直到嘉靖四十五年（一五六六）倭寇之患才漸漸平息。隨著倭寇侵擾高潮的退去，行將就木的嘉靖皇帝也似乎明白了問題所在，因此「海禁鬆弛」的時代再次來臨。

隆慶開放：明代的有爲之君

□嘉靖臨終前幹的好事

在對走私、海盜的強力鎮壓的過程中，許多有識之士明白了問題的所在，在隆慶年間海禁政策終於有了鬆動。其實，早在這之前的嘉靖四十三年（一五六四），一份奏章上面的觀點就引起了嘉靖皇帝的注意：自倭寇犯我東南沿海之後，臣等雖奮力剿滅但成效不彰。其原因就在於，海邊居住的百姓不出海就沒辦法生存，海外的國家如果沒有中國的絲綿帛錦等產品幾乎無以立國。我們守衛邊疆越嚴，他們對中國產品的渴望就越甚。私下交易由此便產生了，如果私下交易不能實現，那麼就只好搶了。古人曾說，掃除壞的東西就如同掩埋鼠穴，需要留一個，如果都堵死了，那麼處處都會被咬壞。

嘉靖皇帝放下奏章之後，思考良久。他知道譚綸說的確實有道理，處處防等於處處沒有防。然而，他卻不敢主張開放禁海。嘉靖皇帝知道自己的名聲不好，二十四年前一群宮女差點兒要了自己的命，而如今全天下的百姓幾乎都在盼著自己死。即使這項政策是正確的，在他手中開始恐怕仍然會引來眾人的不滿。因此，倒不如留給自己的繼承者讓他來解決，以博取萬世好名。

三年後，這位雖然極有政治手腕卻無治國才能的嘉靖皇帝死了，民間歡呼雀躍。繼位的隆慶皇帝也就是後來的穆宗皇帝朱載坖登上了歷史舞臺，儘管他在位僅僅六年，卻博得了後世的好感，他的一系列治國新政，被後人稱為「隆慶新政」。在福建官員的建議下，隆慶決定在月港設立海澄縣，施行「開放海禁」政策。他不僅讓海疆獲得了安寧，在他的支持下，「隆慶議和」後的北部邊疆也獲得了安寧。

在嘉靖年間，明帝國的走私經濟形成了四大基地：澳門、福建海滄、浙江雙嶼、福建月港。之所以選擇月港，那是因為嘉靖三十六年（一五五七）包括倭寇在內的各方走私者以及海盜勢力曾經大鬧月港，月港是當時中國最大的走私基地。沒有辦法，福建巡撫譚綸只好招撫這些海盜，並在月港設海防同知，將靖海館變更為海防館。到了萬曆四年（一五七六）月港開放海禁之後，月港的收入大增。

月港開放實際上是將走私變成合法，它有三大好處：防止給國家尊嚴帶來傷害；將走私流失的稅收予以收回，充實國庫；防止內陸商品大批流向國外。

凡是想出海的商人，必須首先要在自己的戶口所在地開具證明信，即「保結」，主要內容是這個人是商人，是好人，要去進行海外貿易；然後向所在地省市政府（道府）提出申請，得到批准後由海防機構發給船引，即通行證。當然，這也是官方的紙面上的操作程序，實際上，只要有牙商（仲介商人）、洋行（專門經營海外貿易的機構）出面作保，就可以申請到船引。船引需要填寫限定器械、貨物、姓名、年貌、戶籍、住址、向往處所、回銷限期（也就是多長時間內必須回來）等內容。船引需要海防官、府道備案，回國後雙方還要對照查驗是否按照船引行事。

緊隨其後就要繳納營業稅，即當時被稱做「引稅」。起初規定一張船引納銀三兩，之後上升到六兩。

政府還對出海船隻數量進行限制，起初每年船引總計五十張，萬曆三年（一五七五）增加到一百張。

對外貿對象國也進行了限制。規定除日本以外，可以前往東、西洋，以婆羅國（今天的汶萊）為界，以東為東洋，以西為西洋。

月港開放只針對漳州、泉州兩地的商民，其他地區的海外貿易仍然被禁止。即使明朝政府如此限制對外貿易，小小的月港在稅收方面卻突飛猛進。

月港開放，名曰開放，實質上仍然是禁海，福建巡撫許孚遠曾一語道破其中的天機：「於通之之中，寓禁之之法。」簡單地說，就是將無法控制和消滅的走私轉化為可以控制的公開政策。此政策使走私貿易在幾十年間得到了控制。然而，因為月港開放只針對漳州、泉州兩地的商民，大部分人仍無海外貿易的權利，海盜、走私問題也就不能完全解決。最終到了明代末年，明朝的政權竟要靠海盜來保衛。海盜問題自古就存在，但明代後期則日趨複雜化。之前的海盜主要是中國人，元代才出現了倭寇問題，而明代末期隨著歐洲強國的相繼東來使這一問題複雜化。面對複雜的問題，明政府還是抱著「花錢買太平」的政策，希望用貿易來制衡全新的敵人。其結果就是造成邦交國大量減少，中國首次將海外貿易主導權讓給了別人。

第三回 明帝國的短視2：邦交國政策的嚴重缺失

明帝國在海洋經濟上沒有吸取宋代以來四百多年的經驗，對海洋經濟的重要性視而不見。在邦交國政策上，明政府過於看重歷史失敗教訓，開列了一張「永不征伐」國家的名單、嚴重束縛了自己的手腳，而當藩屬國出現紛爭時，一味靠說服、靠花錢買和平，使得在國際關係中處於被動地位。而就在這被動中，中國喪失了海外貿易的主動權。

□琉球王的榻上遺言

～・～・～・～・～

萬曆四十四年（一六一六）某一天，在一間富麗堂皇的宮殿內，一位老態龍鍾的男人躺在床榻上。此人看上去病得不輕，一個勁兒地咳嗽。「七年前，倭寇占我領土，孤忍辱偷生到今天。當年太祖助我國繁榮，深望天朝大明助我復國。不知為何，天朝至今

～・～・～・～・～

都不肯發兵。我琉球與大明修好已有四個多甲子，大明雖不救我，但我也要感恩。今日，倭寇又有偷襲大明之陰謀，我既然知道了就不能不稟告天朝。蔡廛爾今日趕赴天朝，定將此信息告知皇上，多多準備！」

在病榻前，但見蔡廛兩眼落淚，接連叩首回稟：我主放心，今日一去就是死我也將此信帶給天朝聖主。太祖洪武二十五年（一三九二），我家祖先來到此地，至今已有四個多甲子，然故國今日逢難，我也當誓死效忠。

病榻上的君王聞聽，擺了擺手道：你今日回去就不用再回來了，今日倭寇已占據琉球，國已不成國了。

蔡廛跪爬著來到病榻前，雙手扶住君王的手，哭泣道：我主此言差矣！我蔡氏一門來琉球二百二十四年了，大明雖然是我的故土，但琉球是生我養我的地方。我怎能貪圖故國榮華，而忘記琉球！

「唉！國破家亡你回來作甚。」「我主安歇吧，我去了。」蔡廛見君王沒有回覆便起身離去。他經過艱難險阻，躲過特務追殺，終於來到了中國，迅速將倭寇準備進攻中國的消息上報給地方政府。對此，《明實錄》記載說：琉球國王中山尚寧遣蔡廛來言，邇聞倭寇各島造戰船五百餘隻，欲取雞籠山，恐其流突中國，危害閩海。

琉球的喪失，對中國的國防安全、經濟貿易造成極大危害。原來，早在萬曆三十七年（一六〇九）三月八日，在日本鹿兒島地區的薩摩藩島津家的家臣樺山久高，率領三千兵卒，分乘一百艘戰船進攻琉球國的奄美大島。成功登陸後，又於二十二日攻占德島，二十四日攻占沖用良部島，二十六日攻占琉球島北部的運天港，其後攻占歸仁城，進逼首都首里城。琉球國國王尚寧出走。四月五日占據首里城十多天後撤兵，雙方簽訂停戰協定，奄美群島被割讓給了薩摩。

第二年，尚寧王被脅迫與薩摩藩的島津忠恒一前往江戶拜見了德川家康，其後又在江戶謁見了德川秀忠，自此成為日本的藩屬國。

萬曆四十八年（一六二〇）九月十九日，在位三十二年的尚寧王在不斷地期盼與失望中抑鬱而終。可以說，中國坐視琉球丟失既有實力的不足，更有對外政策的失誤，是過於信奉「花錢買太平」這一方式造成的危害。在各藩屬國中，除了朝鮮之外，中國和琉球的關係最近。二者的關係，還要從洪武五年（一三七二）開始說起。

明洪武五年（一三七二）正月，朱元璋命楊載出使琉球。琉球國在南宋時就已經成為獨立國家，到了明代已經立國二百餘年。楊載到達琉球國後，琉球國國王非常高興，並隨後派遣兄弟泰期等前來朝貢。朱元璋賞賜《大統曆》及各種寶物。察度於元代至正十年（一三五〇）登基，中國開始與琉球有了關係。其後元代滅亡，琉球始終未來朝貢。

朱元璋自從立下「皇明祖訓」後，就對鄰國施以優惠政策，並對朝鮮、日本、大琉球、小琉球、安南、真臘、暹羅、占城、蘇門答臘、西洋、爪哇、彭亨、白花、三佛齊、渤泥等十五國作出「不征」的承諾，讓各國解除了戒備與擔憂，也換來他們不再與元朝餘部合力攻明的承諾。然而，就是這條祖訓，使得明代歷代帝王被束縛了手腳。自此，明朝以厚賜的形式將朝貢貿易做到了極致。

除此以外，購買這些國家朝貢船隻帶來的貨物價格都在其他朝貢國之上。例如胡椒市價一斤為三貫，朝貢品為二十貫或二十五貫，而琉球的則為三十貫。由於琉球造船業極不發達，為此，朱元璋又將海船作為賞賜，例如，洪武十八年（一三八五）便賜中山王海舟一艘。琉球的山南王和山北王各遣使臣來中國後，也賜山南王海船一艘，其後再賜山北王海船一艘。為了更快地發展琉球的經濟，明洪武二十五年（一三九二）將福建沿海地區的「閩人三十六姓」移居到了琉球。這些人來到琉球後，有知識的人授官為大夫、長史，懂海戰者授官為通事，掌管軍事。

僅以琉球蔡姓閩人來說，授官紫金大夫者一人、正議大夫九人、長史三十三人、通事一百零三人、伙長二人。

為了防止倭寇和各類反明勢力的騷擾，朱元璋於洪武四年（一三七一）、洪武十四年（一三八一）兩次頒發禁海令。凡民間與各國通商者除了殺頭之外，全家都要充軍邊關。其後，永樂皇帝也執行了此類政策。

宣德五年（一四三〇）後，明政府再也無力舉行大規模的航海貿易。鄭和下西洋之後，明與琉球的貿易進入鼎盛階段。因此，以琉球為中轉站，中國與東南亞諸國開始進行貿易。琉球先買各國產品，之後朝貢給中國，中國給予賞賜。琉球朝貢物品主要為：硫黃、馬匹、蘇木、胡椒等。從公開的政府咨文來看，琉球船隻因為較小其數量較多，其貨物大多在十萬斤，但其中不包括蘇木的數量。中國在冊封琉球的過程中，也領各類商品到達琉球。福建作為對琉球的主要貿易地，全省經濟都獲得了一定發展。與此同時，福建百姓還可以從對琉球的貿易中獲得盈利，參加赴琉球使團的各百姓也可以得到酬金。

例如嘉靖四十年（一五六一）隨郭汝霖使團出使琉球的福建役吏、伙長陳大韶、許嚴等六人，每人得酬勞銀六兩五分；吳宗達等十六名舵工，每人得酬銀六兩五分；大桅、二桅班手、頭碇、二碇、護針、總甲、水梢、行匠、道士、戲子、門書、皂隸、馬夫、廚夫等五百人，每人得酬銀五兩三錢五分。在此情況下，不但政府獲得了一定利益，民間也得到了好處。

然而，就是這樣的國家，明帝國仍然沒有對其重視，坐視日本將其作為殖民地。晚清同樣沒有吸取教訓，再次坐視不管，琉球最終成為日本的領土。

不僅僅是琉球，東南亞的許多明朝藩屬國，在明代不主張海上用兵的政策下，紛紛成為他國的殖民地。在十六世紀，明帝國的海軍與葡萄牙、西班牙等國的差距並不大，而且，歐洲列強遠離本土且殖民地統治不穩，其新建的物資供應體系運轉不暢。無論從何種角度看，明帝國仍然可以擊退侵略，但明帝國卻沒有這樣做。

琉球被日本占領前一百多年，馬六甲這個對於中國海外貿易非常重要的國家便被葡萄牙占領了，同樣明帝國再次自動放棄了盟友。自永樂元年（一四〇三）十月，朱棣派尹慶出使馬六甲開始，明朝便與馬六甲通好百餘年。起先，馬六甲國國王拜里米蘇拉（Parameswara, 1344-1414）

為了抗拒北部的暹羅，積極與明朝合作，在與尹慶交談之後便派遣使者回訪明朝。使者於永樂三年（一四〇五）九月到達當時的首都南京，明成祖詔封拜里米蘇拉為馬六甲國王。此後，馬六甲先後在永樂五年（一四〇七）、七年（一四〇九）、十年（一四一二）、十一年（一四一三）先後跟隨鄭和的船隊，四次派遣使者前往明朝朝貢。永樂九年（一四一一）拜里米蘇拉更是率領王妃、王子、臣下等五百四十多人跟隨鄭和來到南京。馬六甲與中國的關係進入蜜月期。

永樂十二年（一四一四）拜里米蘇拉病逝，其子梅格（Megat Iskandar Shah, ?-1424）即位。梅格隨父親來過中國，為了對抗暹羅，在其十一年的統治中先後六次遣使入貢。在此期間，明朝借助馬六甲開始與東南亞各國開展貿易。永樂二十二年（一四二四），梅格之子沙（Sri Muharaja, 1388-1444）即位，在其二十二年的統治中，先後六次派遣使者，兩次親赴明朝朝貢。在其即位的同年三月，便親赴北京。

朱棣之後各國國王都沒有來華，馬六甲蘇丹是唯一一位來華的君王。宣德皇帝對此極為高興，兩國關係發展到了高潮。其後馬六甲陷入內亂，與中國的關係日漸疏遠。直到景泰六年（一四五五）馬六甲著名宰相敦・霹靂（Tun Perak, ?-1498）上任後，中國和馬六甲的關係才逐步恢復。弘治十一年（一四九八）霹靂宰相病逝，執掌馬六甲朝政四十二年的他去世後，馬六甲開始沒落，後因「亞劉事件」兩國關係中斷。亞劉原本是江西萬安人，本名蕭明舉，畏罪逃往馬六甲，官居通事，主要負責中馬朝貢貿易。

但亞劉這個人惡習不改，正德三年（一五〇八）十二月來華後，竟然賄賂明朝官員偽造了任命印符，前往渤海國索要寶物，後與副使端亞智等分贓不均，亞劉竟勾結海盜彭萬春等人將副使等二十一人全部殺死。案發後，亞劉等人被判處凌遲、斬首等。

正當兩國為此事談判之際，葡萄牙於正德六年（一五一一）進攻馬六甲，馬六甲蘇丹馬末沙（Sultan Mahmud Shah, ?-1528）逃往國外。在十七年的時間裡，他數次請求中國政府幫助復國，但因為各種原因都未成功，最終在憤恨中死去。

馬六甲、馬尼拉、琉球等重要貿易中轉站的丟失，證明明政府沒有採取正確的處置方式。

現在，我們來看看明朝中後期的對外政策吧。

第四回
明帝國的短視3：沒有對「國家海盜」進行強有力的反擊

當歐洲國家以及日本蠶食、侵占大明的邦交國的時候，明政府沒有主動維護自己的利益。這種狀況直到琉球、馬六甲被傀儡化以及被侵占之後變得更加嚴重。可以說，明中期以前，作為當時世界上經濟、政治、科技、文化的「第一強國」，並沒有維護自己的利益。「懷柔」的海上政策，得到的不是和平而是更進一步的侵略，使得對海洋經濟自唐代以來，第一次失去了主導權。清代後期大批邦交國丟失的情況，在明代就已經出現。朋友對於一個人的重要性我們都能明白，對於一個國家同樣如此。這是明代給予中國最大的教訓。我們不索取不正當的利益，但是也不允許別人侵犯我們的正當利益。

明末中朝並肩作戰擊潰豐臣秀吉的侵略軍就是一例。明末對葡萄牙、荷蘭侵略者的堅決抵抗證明，只有勇於維護自身利益，才能得到世人的尊敬。

葡萄牙的興盛之路

□葡萄牙國王的命令

一五〇八年二月十三日，葡萄牙國王唐・曼努埃爾一世（Dom Manuel I, 1469-1521）正在看著一封信，那是迪奧戈・德・塞格拉（Diogo Lopes de Sequeira, 1465-1530）將軍給他來的信。信上將軍說已經快到中國了，請問下一步該如何處理。曼努埃爾一世站起了身踱著步，用低低的聲音說著：自從一四六〇年我們占領了塞拉利昂（Sierra Leone）之後，我們那顆尋找中國和印度的心跳動得更加厲害了。《馬可・波羅遊記》（*The Travels of Marco Polo*）中記載的帝國是那麼富有強大。但書中記述的情形距今天已經二百多年了，他們還是那麼強大且富有嗎？如果他們只是富有那就好辦了，但如果他們既強大又富有，我們該怎麼辦？哦，這可是件麻煩事兒。我必須要知道中國人現在的情況，越多越好。

想到這裡，曼努埃爾一世回到了王座上，提起筆給塞格拉下達了如下指令：

要弄清中國人的情況。他們來自哪裡？距離有多遠？到馬六甲貿易的間隔時間有多長？攜帶什麼商品？每年來往商船的數目和船的規模如何？是否在當年返回？他們在馬

～・～・～・～・～

六甲或者其他地方是否設有商館和公司？他們是否很富有？性格怎麼樣？有沒有槍和大炮？身穿什麼服裝？身材高矮如何？此外，他們是基督徒還是異教徒？他們的國家是否強大？有幾位國王？國內有沒有摩爾人（Moors）和其他不遵行其法律及不信仰其宗教的民族？如果他們不信仰基督教，他們信仰和崇拜什麼？風俗如何？國家規模以及與什麼國家接壤相鄰？

～・～・～・～・～

歐洲在秦帝國時期就與中國有了間接關係，經過十五個世紀的歲月，中歐之間仍然要靠仲介來發生聯繫。這不能不說是一種悲哀，但更悲哀的是它以戰爭為開端。

在葡萄牙進行的海洋擴張中，國王若奧一世（Joao I, 1357-1433）的三兒子恩里克王子（Infante D. Henrique, 1394-1460，即「亨利王子」）起到了很大作用。他在葡萄牙南部阿爾加維（Algarve）的聖文森特角（Cape St. Vincent）開辦了航海學校，並組織了多次航海活動，世人稱之為「航海王子」。

一四二〇年葡萄牙侵占了馬德拉群島，一四四六年又侵占了非洲幾內亞地區，一四五五年侵占了塞內加爾地區，一四六〇年侵占了塞拉利昂。其後，他們的目光轉向了東方。

其實，早在一四二八年，恩里克王子就從兄長佩德羅王子（Infante of Portugal Pedro, 1392-1449）手中得到了《馬可・波羅游記》，由此，對中國和印度產生了無限的遐想。其實，在歐洲貴族的頭腦裡，中國人並不陌生。古代西方稱中國為「塞里斯」（拉丁文：Sinae、Serica、Seres

），這一稱謂在西元前六世紀或七世紀亞里斯特雅士（Aristeas of Procounesus）所著的《阿里瑪斯比亞》（*Arimaspea*）的〈獨目篇〉中就已經出現。西元前四一六年到西元前三九八年間，在波斯宮廷供職的希臘人克泰夏斯（Ctesias）是第一位記述見到了中國人的西方人。

當時間到了十五世紀末的時候，歐洲各國為了戰爭、稅收、掠奪人口以供軍需，他們開始主動支持海盜搶掠，對於航海也非常支持。最終，葡萄牙找到了一個叫達・伽馬（Vasco da Gama, 1469-1524）的人，他希望去找尋中國和印度。達・伽馬於一四九七年七月八日率領船隊從里斯本特茹河（Rio Tejo）海灣出發。他的船隊由四艘船組成，共有水手和士兵約一百五十人。船隊經過加那利群島（Islas Canarias）、佛得角群島，駛過好望角，到達非洲東海岸的聖布拉斯灣（San Blas）。隨後進入印度洋，又經過蒙巴薩（Mombasa）、馬林迪（Malindi，古稱「麻林地」），終於到達了印度。

自此，葡萄牙的侵略矛頭指向了亞洲。一五一〇年，葡萄牙占據了印度西海岸的果阿（Goa，卡利卡特）。一五一一年，又攻占了馬來半島的馬六甲（明朝稱做滿剌加）。馬六甲地處咽喉要道，是鄭和航海的必經之地，明朝朝貢體系中的重要一環。因此，攻占馬六甲以後，葡萄牙已打開通向中國的大門，中葡兩國的直接接觸已是指日可待。

中葡之戰：打出來的尊嚴

□葡萄牙人學下跪

在廣州光孝寺內，有五個高鼻子藍眼睛，長得又白又高的葡萄牙人站在一個中國人面前。這個人會馬六甲語，名字叫亞三。他是被廣東地方當局指派的翻譯人員。亞三看著他們高聲說道：「今天，你們來到天朝上國進貢，首先要學會我們中國人的規矩！」

「什麼規矩？」其中一個看上去是這五個人的領頭人問道。

「得下跪，知道嗎？見了皇上你要跪下來，不能直視，不准抬頭。各位既然想與中國交好，就要記住一句古話『客隨主便』，剛才我看了，你們的腿確實挺硬，那就看我的，先跪左腿，這麼跪！」亞三說著很利索地跪了下來。看他這個樣子，葡萄牙大使皮雷斯（Tome Pires, 約1465-1524）面帶怒色，想：「我葡萄牙近幾十年來占國無數，從來沒有給人下跪過。怎麼辦？不跪顯然不行，我這次來的使命就是和中國通好，近距離地觀察中國的中央層面。依我看中國地方官員，他們不堪一擊。而且中國人溫順不好戰，很容易被打敗。現在最關鍵的就是看他們的國王是個什麼樣的人，中央政府是什麼樣的政府。所以，我必須跪。」

想到這裡，皮雷斯僵直的身體，跪了下去。站在門口的廣東僉事海道顧應祥看到這，點了點頭。「大人，這些佛郎機國人終於會跪左腿了。」「嗯，是呀，廣東向來以海外貿易為重要財政收入。只要是外來使臣，我們從來不加阻攔。可是，這些人確實是夠嗆呀，連下跪都不會。劉通事為此還被責打了二十軍棍，說他沒有教會他們禮數。經過我的建議，總督都御史陳大人、三堂總鎮寧公公、總兵武定侯郭侯爺這才同意他們來光孝寺習禮。看來收效很大呀。」

這些葡萄牙人是一五一五年奉國王曼努埃爾一世、葡萄牙駐印度總督的命令來華的，一五一六年八月到達馬六甲，一五一七年八月十五日到達廣州，歷時兩年多。因此，葡萄牙方面非常著急。然而，他們不知道此刻廣東地方當局正在為是否讓他們去北京激烈地爭論著。

原來，葡萄牙一五一一年占據馬六甲，切斷了中國對外貿易的通道。馬六甲蘇丹曾派叔父那宋·穆達里阿（Nacem Mudaliar）來華求援，因為明政府不肯發兵，失望之中死於歸途。其後，馬六甲國王又派其子端·穆罕默德（Tuan Mohammed）來華。明政府則要求暹羅等國發兵援救。儘管中國並未發兵，但朝廷上下已經形成統一意見：對葡萄牙進行經濟制裁。

既然正在對它進行經濟制裁，讓皇帝見葡萄牙人肯定不合適。因此，雙方激烈地爭論著，爭了足足有一年半還是沒有結果。然而，皮雷斯在一年半的時間裡已經將廣東當局官場看得一清二楚，並與廣東百姓廣泛接觸，竟然得出了錯誤的結論：因為中國人不好戰，十艘戰船就可以占領中國。

最終，皮雷斯在亞三的幫助下賄賂寧城之後前往北京，那一天正好是一五二〇年一

〜・〜月二十三日，五月份到達南京的時候，正好發生朱宸濠叛亂，明武宗南巡的歷史鬧劇正式開演了。皮雷斯等人決定賄賂江彬以求見到皇帝。〜・〜

當時，葡萄牙給予的禮物有：珊瑚樹、各色鎖袱、金盔甲、玻璃、撒哈剌等，三刃劍一把，還有一把鐵軟劍。因為沒有該國的記載，朝廷也沒有相應的國書原件，無法檢查是否是真的使團，所以禮部的意見是給些錢打發他們回去吧。江彬以葡萄牙語很好玩兒為理由，說服了正對語言十分感興趣的明武宗。可事情剛剛有所轉機，一五二一年一月武宗就突然暴亡，第二天禮部就將葡萄牙以及其他國家的使臣打發走了。

更為嚴重的是，在皮雷斯使團前往北京的同時，在廣東屯門的葡萄牙小型艦隊的成員，因毆打中國收稅官員（因為他們私自通商）、搶奪良民為奴等不法行為，與地方政府發生了衝突。加上明武宗死後，江彬陰謀政變的消息傳出，皇太后和內閣大學士楊廷和等迅速出牌除去了江彬。而葡萄牙使團是靠著江彬的勢力才得以被接見，因此他們在一五二一年五月被驅逐。

就在這時，葡萄牙艦隊因為拒不執行明朝政府要求其離開的命令，被中國軍隊團團包圍。經過短時間的衝突後，葡萄牙艦隊倉皇逃去。恰巧，皮雷斯的使團剛剛回到廣州，立刻遭到了拘押，並最終被砍了頭。

在使團被扣押期間，葡萄牙軍方與明政府進行協商。中方給予的條件是：葡萄牙歸還馬六甲。最終雙方於一五二二年八月四日爆發了「屯門之戰」。

□中葡首戰

嘉靖元年也就是西元一五二二年八月，葡萄牙國王若奧三世（Joao III, 1502-1557）命令駐印度總督對中國宣戰。宣戰的原因是中國政府扣押了葡萄牙赴中國的大使。當葡萄牙軍隊在中國海上有異常調動，開始按照戰鬥序列進行編排演練的時候，明政府派往廣東的按察使汪鋐便命手下將士作好戰鬥準備。

雙方戰鬥開始，汪鋐命令守城將士嚴守不出，待敵艦靠近時再行炮擊。然而，令汪鋐想不到的事情發生了。葡萄牙艦隊在距離屯門很遠的距離竟然開炮，城頭上的明軍頓時一陣慌亂，汪鋐驚詫於葡萄牙武器的先進。這時，守軍也開始大炮還擊。汪鋐大喊一聲：不許放，還沒有進入射程。躲起來，快！

這時，葡萄牙艦隊更近了，汪鋐躲在城牆垛子後面，看著葡萄牙艦隊耀武揚威地前進著。突然，他大喝一聲：「開炮！開炮！給我狠狠地打！」屯門守軍開始奮力反擊。葡方艦隊見屯門守軍異常英勇，並非大使皮雷斯所說的不堪一擊，疑惑中也下令撤退，準備重新擬定攻擊戰術。見葡萄牙艦隊撤離，汪鋐也率領手下戰將回到了臨時司令部。

「各位，剛才我們看到了佛郎機（葡萄牙）火炮的厲害，請問各位有什麼克敵之法？」眾人一陣沉默，這時，一人說道：「大人，火炮雖然比我們的大炮厲害。但是，敵寡我眾，我軍必勝！」「你說的對，但是用更多戰士的性命來換取勝利，我覺得是對指揮官智慧的侮辱。我想還應該有更好的方法。」這時，一人又道：「中國歷代戰爭中都有火攻，我看我們也可以火攻。借助風雨有利天氣，突然發動進攻火燒佛郎機（葡萄牙）戰船！」

汪鋐點了點頭，「各位將軍說得都很好。當年，佛郎機國（葡萄牙）占領馬六甲的時候，那裡有許多中國人。雖然，他們背叛國家去他國為生（直到晚清這種歧視華僑的觀念仍然存在於統治者思維中），但畢竟根在中國，我看能否赦免他們的罪責，讓他們為我們做內應？佛郎機（葡萄牙）人遠渡重洋來到中國，其糧草接濟自然不行，我軍只要將其圍困，時間久了他們自然會投降。今夜，廣東所有戰艦一起出發，圍攻佛郎機（葡萄牙）！」

「是，就按大人的計劃執行！」

入夜，汪鋐命兩百艘各式船隻趁著夜色突然將葡萄牙艦隊包圍。由此，長達一年的合圍正式開始。在這一年中，汪鋐用各種方式與葡萄牙船上的中國人取得聯繫，這些人開始陸陸續續地將葡萄牙火炮的圖紙、構造方式、射程等關鍵指標傳送出來。汪鋐立刻讓軍匠進行研究，對中國火炮進行了升級改造。

與此同時，汪鋐又命令收購民間的一些破舊船隻，購買柴草、硫黃、油脂等備著日後火攻之用。時機終於來了，汪鋐令中國軍隊對葡萄牙艦隊發動了最後總攻。最終，葡

〜葡牙艦隊徹底失敗。〜

這次戰役，明軍積累了對葡萄牙作戰的經驗。之後，明廷命令中國人不准與葡萄牙人接觸，中國軍隊一旦遇上懸掛葡萄牙國旗的船隻，就立刻將其擊毀。其後，爆發中葡「西草灣之戰」，明廷派出指揮柯榮、百戶王應恩抵抗。此戰，中國軍隊生擒了別都盧（Pedro Homem）、疏世利等四十二人，斬首三十五人，捕獲戰船兩隻。中方則有百戶應恩等陣亡。

經此一戰，明政府對於外番的朝貢貿易進行了大規模的收縮。明確要求：非入貢即不許互市。久而久之，即使原本與中國友好的國家的貿易也被耽誤。為此，嘉靖八年（一五二九）廣東巡撫林富奏請鬆弛海禁。他說：佛郎機（葡萄牙）本來就沒有和中國建交，驅逐他們禁止與之交易是正常的。然而，《祖訓》、《會典》上所記錄的國家都是對中國友好的國家，如果把它們也禁絕了，這簡直就是因噎廢食。

葡萄牙見正規作戰無法取勝，便開始與倭寇合流做起了海盜生意。在國內走私集團的帶領下，葡萄牙人開始在福建的海滄、月港，浙江的雙嶼等地與倭寇及國內走私集團合流。嘉靖五年（一五二六）福建人鄧獠越獄後，便開始勾結葡萄牙人前往雙嶼，其後鄧氏兄弟也加入這一集團。

在雙嶼島上，葡萄牙有一千二百多名殖民軍以及屬國的一千八百多名士兵。彼時，葡萄牙人的貿易總額大多在三百萬葡萄牙元以上。在雙嶼島上，葡萄牙還建立了自己的殖民政府。由一名稽核、一名主管殯葬和收養孤兒的官員、幾名警察、一名市政廳書記員、四名公證員等組成。另外，還建造了兩所醫院、一座慈善堂。

嘉靖二十二年（一五四三），葡萄牙人在王直（五峰船主）的率領下前往日本，正式與倭寇合流。令人吃驚的是，葡萄牙人占領雙嶼島這件事情，中央政府竟然長期不知道。究其原因，主要是一些沿海居民因為海禁難以生存，更無錢繳納稅款。十六世紀以後，中國的稅款大多以白銀結算。而中國人最缺的就是白銀，因為葡萄牙與日本交好，日本又是產銀大國，所以，葡萄牙人得到了大量的日本白銀。而當地官吏也因為受賄，便上下聯手隱瞞了這件事。

隨著葡萄牙人的勢力愈加強大，殖民者的本性愈加顯露。某些葡萄牙人開始姦淫婦女、搶奪人口，最終消息傳到了皇帝耳中。皇帝立刻命令福建水師將國內外的所有商人全部驅逐出寧波，並任命朱紈為提督剿匪，最終將海盜、走私犯趕出了雙嶼島。

被朱紈打怕了的葡萄牙學乖了：作爲鄉級地方官的葡萄牙人

～・～・～・～・～

□給葡萄牙國王的一封信

在朱紈搗毀雙嶼島，並進行了走馬溪之戰後，葡萄牙人已經不敢再在福建、浙江活動。他們被朱紈打怕了，葡萄牙艦隊再次回到廣州，希望通過官方渠道重新開啓通商事宜。一五五三年到一五五四年經過數次談判，蘇薩（Leonel de Sousa）認為可以正式向

～・～・～・～・～

葡萄牙國王提出建議了。

他寫道：國王陛下，為了與中國人交往我們應該遵從他們國家的法律。因為過去的不愉快，為了改變中國人過往對於葡萄牙人的印象，應以葡萄牙國名替換掉佛郎機國名。雙方必須要實行和平貿易。廣東的海軍上將給我們確定的繳稅額度是百分之二十。經過我的據理力爭，海軍上將終於同意收取百分之十的關稅。另外，我提醒您，上一次中葡交往失敗的原因，錯誤不在於中國方面，而是我們自己根本沒有注意到等級，顯得我們非常的無禮。因此，屢次求見皇帝不准。這次我的運氣太好了，希望您千萬不要錯過這次機會。照章納稅、和平貿易、換個國名吧。

葡萄牙國王批准之後，廣東地方政府開始與葡萄牙方面接觸，但一直是在私下運作，中央政府並不知情，後來中央政府官員知道後也並沒有告訴皇帝。直到嘉靖四十三年（一五六四）這件事情才被嘉靖知曉，為此，龐尚鵬上〈陳末議以保海隅萬世治安疏〉詳細講述了廣東地方政府與葡萄牙人談判的經歷，特別是澳門問題。

奏疏道：自從朱紈將葡萄牙人趕出浙江之後，葡萄牙人就重回廣東。葡萄牙在中國的貿易據點在嘉靖三十六年（一五五七）開始轉移到了澳門。

為什麼地方官員不上報呢？為何允許葡萄牙人常駐呢？

奏疏解釋道：當時的守澳官官衙設在香山縣，其上是「領番夷市舶」的海道副使。在軍事上的設置是香山守禦千戶所，它歸屬於廣海衛。其時，「守澳官」為王綽，是嘉

～・～・～・～・～・

靖朝的武舉人，襲祖職為宣武將軍。其後升為昭武將軍，鎮守澳門。因為，葡萄牙人願意照章納稅通商並且合法經營，王綽便同意葡萄牙人居澳門，並上奏上司海道副使汪柏，其後汪柏同意葡萄牙人來華貿易以及在澳門停留。王綽為了防止葡萄牙人鬧事兒，便在葡萄牙人所居之地的旁邊設立軍營一所。朝夕進行軍事演練，以武力威懾。見葡萄牙人確實沒有違法亂紀之舉，便同意他們常駐澳門。但需要一切聽從香山縣的指令，葡萄牙官吏成為我大明地方夷官。

～・～・～・～・～・

龐尚鵬專門向皇帝講述了澳門問題的來龍去脈後，朝中官員便開始議論如何對待葡萄牙人。一種以廣東官府為代表的地方官集團，他們主張給予葡萄牙人居留權。一種以俞大猷為代表的軍方勢力，他們主張驅除葡萄牙人。可這時的葡萄牙人竟然煞有介事地選起了澳門地方行政長官。但是，因為被朱紈打得慘敗的記憶過於深刻，同時也意識到中國的強大，更重要的是，葡萄牙在與西班牙、荷蘭、英國的競爭中，已經處在下風，所以，葡萄牙人為了自己的利益必須要和中國站在一起。

為了討好明政府，私自選出來的澳門地方行政長官佩雷拉（Diogo Pereira），於一五六四年（嘉靖四十三年）主動請求協助明朝政府軍鎮壓潮州的柘林兵變。因為常年剿倭，政府和軍隊貪污盛行，軍士們挨餓受凍卻沒有軍餉、軍糧，以至於兵士們怨聲載道，終於釀成兵變。兵士們進攻廣州，要求政府補軍餉發糧食。佩雷拉迅速派人找到提督侍郎兼右僉都御史吳桂芳，以接受葡萄牙使團進京和准許天主教入華為條件，幫助官軍剿滅兵變。

俞大猷同意接受這一建議，並派人前往澳門進行具體商談。一五六四年九月二十七日葡萄牙方面作出決定：出兵馳援，刻不容緩！

為此，俞大猷答應重賞葡萄牙援軍，並對其商品免商業稅一年。佩雷拉和葡萄牙駐日本航線掌管梅洛（Luis de Mello）各組兩支艦隊協助明政府軍。然而，其後俞大猷並未按約定給予葡萄牙人賞賜，反而力勸吳桂芳借此進攻澳門，驅逐所有葡萄牙人。吳桂芳並未同意，但在俞大猷的催促下，在澳門周邊地區加大軍事力量部署。而這時，對澳門的政策在中央層面已經確定：准許通商貿易的同時嚴禁私通。

與此同時，萬曆初年的地租銀政策開始廣泛施行。為了保障地方財政收入，地方官員達成了共識，將澳門出租給葡方。每年給付租金五百兩，其後租金一度升到每年一萬兩，之所以這樣就是因為商業貿易的發達。這種交付租金的做法一直持續到道光二十九年（一八四九），葡萄牙方面見到中國很孱弱便放棄了「地方政府」這一角色，並拒絕繳納租金。

在租借期內，廣東地方政府仍然對澳門進行有效行政統治。地方官員為防止出現事端，被中央以「通番」查處，對葡萄牙人的居住地帶進行了嚴格限制，並重兵看護。

萬曆十年（一五八二）新任兩廣總督張居正的親信陳瑞則在接受了大量賄賂之下，默許了這件事。

萬曆十一年（一五八三）陳瑞將葡萄牙在澳門的地方行政官員授銜為「夷目」，將葡萄牙官員納入中國地方官員序列。每年十一月冬至前後，香山縣派人前往澳門徵稅。

萬曆三十六年（一六〇八）香山縣知縣蔡善繼制定了《制澳十則》，萬曆四十二年（一六一四）海道副使俞安性、香山知縣但啓元勒石發布了《海道禁約》，二者成為葡萄牙人在澳門必須遵守的地方法規。澳門的軍事、法律等都由中國地方官員管理，在澳門的葡萄牙人犯罪也由香山縣處罰。

可以說，澳門在明代仍然由中國管轄，只不過是由葡萄牙人作為中國鄉級地方官員進行管理。但是，到了鴉片戰爭之後，世界各國都想趁中國衰落之際弄些好處。葡萄牙人也不例外，在十九世紀五〇年代以後，葡萄牙人所組建的政府機構就不再作為中國鄉級政權存在了。

可以說，在明代晚期，葡萄牙人自從被朱紈打怕了之後，就開始了與中國政府的密切合作甚至還協助中國政府對抗歐洲三強的侵略。

～・～・～・～

中國與歐洲三強的戰戰和和

□沈有容憑舌嚇退荷蘭兵

當葡萄牙人在中國逐漸安分守己之後，歐洲的其他國家則相繼派艦隊來到中國。先是西班牙海軍偶爾與中國海軍交鋒，不利之後便遠遁而去。其後是荷蘭和英國。荷蘭從

～・～・～・～

西班牙獨立出去之後，迅速發展為海上強國。因此，荷蘭人以絕對的自信，想用武力強迫中國與自己通商。一六〇三年（萬曆三十一年）荷蘭共和國將軍（那時荷蘭尚未徹底脫離西班牙，但已於一五八一年即萬曆五年成立了包括今天的荷蘭、比利時、盧森堡在內的尼德蘭聯合共和國，為便於讀者閱讀以荷蘭稱呼）命令荷蘭艦隊前往中國，該艦隊由十二艘艦船組成，以哈根（Steven van der Hagen）為司令、艾特森（John van Aertsen）為使節，攜帶著國會和奧倫治親王（Prince of Orange）的信函前往中國。但因各種原因艦隊未能成行，次年七月韋麻郎（Wijbrand van Warwijck）奉命前往中國。

葡萄牙人一聽說荷蘭人來了，立刻意識到必須要讓荷蘭人無功而返。中國向來對海外貿易不太感興趣，因此，拒絕了荷蘭人。韋麻郎勃然大怒，率領艦隊占領了澎湖。沈有容為艦隊指揮官，率領五十艘戰艦迎戰荷蘭艦隊。

「大人，這些人特別厲害，他們的大炮可狠了！」「我們既然能戰敗北部敵人又能戰敗東方敵人，如今西方來的敵人我們同樣可以打敗。不要長敵人的威風，滅咱們的志氣。就算是死也要戰死沙場！」

就在這時，韋麻郎也正在商量對策。「沈有容這個人怎麼樣？有作戰經驗嗎？」「他作戰經驗非常豐富。二十年前蒙古進兵，當時，沈有容聽說這件事情後竟然帶領二十八名家丁迎敵呀，結果二十九人對三千敵兵，自己竟然沒有損失一人！」

「啊，一比一百！不過，他那是陸戰，我們是海戰。」韋麻郎聽了中國海盜使者介紹之後並沒有在意。

「日本人曾進攻朝鮮，中朝聯軍大敗日軍，沈有容也立下戰功！」「那場戰役我知道，算是海戰。看來這個沈有容還真是有兩把刷子，我們要重視呀！不過，你們中國人的武器比我們差遠了！」「這恐怕未必吧，自從葡萄牙與中國交好後，葡萄牙將火炮技術傳授給了中國。今日的中國在武器上與你們相差並不大。」

「這倒是個麻煩。不過，你們中國官員特別愛財，給他一些錢他就會允許我們在此居住。」「您錯了，沈有容是個油鹽不進的人，您趁早打消了這個主意吧。」「哼，我不信！」

當韋麻郎與沈有容見面之後，韋麻郎便拿出了他的「殺手鐗」——一千兩銀子。哪知，沈有容厲聲怒斥道：「我沈有容不是那樣的人，區區一千兩銀子算什麼，抵得上我中國的尊嚴嗎！你們速速離去，否則，我必率兵痛殺你等於海上。當年，我殺倭寇於海上海水盡赤，我不忍心你們步倭寇後塵。我們中國人有一句話，叫做聽人勸吃飽飯，你們可別把腦袋混丟了！」

韋麻郎聽罷，愣愣地看著沈有容。不久之後，荷蘭艦隊撤出了臺灣。

一四九二年（弘治五年）哥倫布攜帶著西班牙國王的國書前往中國，不想卻來到了美洲。直到一五七五年（萬曆三年）西班牙人才來到中國。一五六五年（嘉靖四十四年）西班牙遠征軍侵占了菲律賓的宿霧（Cebu），一五七一年（隆慶五年）占據了馬尼拉（Manila），一五七四年（萬曆二年）首次與中國人交戰。

那一年，著名的海盜集團首領林鳳因為受到明政府的圍剿，實在沒有辦法便率領戰船六十二艘，士兵四千人，婦女一千五百人進攻呂宋島（Luzon Island），與西班牙人展開激戰。最終西班牙人失利退守馮嘉施蘭（Pangasinan），林鳳宣布在此建國。

其後，西班牙總督為了消滅林鳳，決定聯合中國一起出擊。因此，他會見了福建巡撫劉堯誨的使者把總王望高。之後，派出兩名教士作為使節。消滅了林鳳後，西班牙經過數次外交努力都沒達到通商的目的。本來，西班牙也是想入侵中國，但因為與葡萄牙、荷蘭先後發生衝突，無暇東顧，侵略計劃一直沒有施行。如果按照時間順序下面應該講荷蘭，但因為荷蘭與中國的戰爭較多，我們先介紹一下英國的情況。

儘管十七世紀初的英國，國力正處於上升階段，但與當時的荷蘭相比仍處下風。為了儘快同中國進行貿易，英王查理一世（Charles I, 1600-1649）任命威德爾上尉（John Weddell, 1583-1642）率領六艘艦船前往中國。一六三六年（崇禎九年）四月十四日從倫敦出發，一六三七年（崇禎十年）六月二十七日船隊停靠在澳門南部的十字門外。在澳門的葡萄牙人為了保護自身利益拒不執行果阿總督命令，並派出船隻阻攔英國船隻進行貿易。英國船隻只好前往廣州，希求中國政府同意經商。八月八日到達虎門外後，與中國軍隊發生衝突，攻占了虎門炮臺。為了逼迫廣東地方當局同意經商，英國船隊繼續前行，並沿途搶奪，結果引來廣東軍方強烈不滿，準備對其發動進攻。

威德爾見此情況，請求葡萄牙人從中斡旋，後在承諾賠償二千八百兩白銀並保證不再侵犯中國主權的情況下，於十二月二十九日回國。

十六世紀末，荷蘭從西班牙獨立之後，便在萬曆二十三年（一五九五）來到了東方占據爪哇並建立商館。中國人對這些人非常陌生。萬曆年間的《廣東通志》曾說：紅毛鬼不知何國，萬曆二十九年（一六〇一）冬，二三大舶頓至濠境之口。其人衣紅，眉髮連鬚，皆赤足……

其後，廣東地方政府因為他們沒有國書拒絕通商。萬曆三十年（一六〇二）荷蘭組建了「荷蘭東印度聯合公司」。東印度公司不光擁有從好望角到麥哲倫海峽整個印度洋和太平洋的貿易壟斷權，而且擁有在這廣大地域獨立地建立統治、徵兵、宣戰、締結和約乃至鑄造貨幣的權力、沒收其獨占區域內任何外國船隻的權力，也即可以自由攻擊在印度洋和太平洋航行的非荷蘭藉船隻。因此，荷蘭憑此海盜行為所獲利潤相當於公司原始資本的百分之五十六。

次年，爆發了案例中所說的中荷之戰。相繼有「澳門之戰」、「澎湖之戰」、「南澳之戰」。澳門之戰在一六〇六年（萬曆三十四年）六月二十四日打響，中方擊斃荷方一百三十六人，其中有四名艦長，俘獲四十多人。七月十一日戰敗的荷蘭人攻占澎湖，從而開始了長達十七年的海盜生涯。在十七年間有上千艘中國船隻被劫掠，上萬人被折磨致死，有幾萬人被掠為奴隸。一六二四年（天啟四年）正月新任福建巡撫南居益向荷蘭人占據的澎湖發動進攻，最終，殺敵八人，俘獲五十二人，擊毀戰艦一艘。

這時，中國海域的各種海盜勢力都出現了：中國本土海盜、倭寇、歐洲四國以及四國在亞洲殖民地的海盜。在整個明朝，中國本土海盜勢力共有三次高潮時期，他們幾乎全都是「亦商亦盜」的混合體。

第五回

明帝國的短視4：不重民生終致三大海盜集團相繼興盛

明朝海盜勢力的強大，是中國歷史上非常少見的。明帝國給予我們今天最大的教訓是，在沿海居民強烈的民生要求下，統治者並沒有按照人民的呼聲去做，沒有去大力發展海外貿易，反而嚴禁沿海居民下海營生。由此，造成民間走私經濟極為猖獗。隨著商業的興盛，走私集團的勢力越來越強大，發展成為武裝走私集團。朱元璋到死恐怕都不會想到，自己痛恨的走私集團最終竟成了明朝的最後一根救命稻草。

有明一代，共有三次走私高潮，形成了三大走私集團。

順天王與佛山二十二老

□方國珍造反

元延祐元年（一三一四）江蘇太倉有個瘋乞丐，此人身穿紅衣、髒兮兮的頭髮糊在腦袋上，光著大腳丫子，手持一隻大水瓢。每隔一段時間，他就在大街上發瘋，一邊跑一邊大喊：「牛來了，牛來了！」人們看著他無不覺得好笑。趁人不備，他在富戶和一些店鋪的門上牆上寫上個「火」字。

瘋乞丐每次發瘋之後，海盜牛大眼便從海上來進攻太倉。凡是被標記了「火」的地方就被洗劫。久而久之，人們便明白了原來瘋乞丐是牛大眼的眼線。

四十年後，人們便以「滿城都是火」的民謠記述這件事情。後來，這種方法被一個叫方國珍的人所繼承。

方國珍是浙江臺州黃岩縣洋山澳人，其父方伯奇育有五子，方國珍排行老三。因為是陳氏的佃農，他們一家經常受到陳氏的欺辱。方伯奇去世後，方國珍開始聯合漁戶抵抗海盜侵襲，至正八年（一三四八）海盜蔡亂頭行賄官府，陳氏說方國珍勾通海盜。

方國珍一怒之下，與漁民一起占據楊嶼島，並編造「楊嶼青，出海精」的民謠準備起義。隨著方國珍勢力的增強，元廷屢次發兵試圖剿滅。其後，元末農民大起義爆發。至正十一年（一三五一）之後，韓山童、劉福通在安徽阜陽，芝麻李在徐州，彭瑩玉、徐壽輝在湖北蘄春等地先後起義。元末農民大起義以海上開始，直到各路英雄海上逃亡

︶為止。

朱元璋聯合方國珍剿殺張士誠之後，又在洪武二年（一三六九）剿滅了方國珍。然而，方國珍占據的浙江東部三郡溫州、臺州、慶元則在方國珍統治下十數載。當地百姓對方國珍也極為尊敬。這也是朱元璋懼怕的原因。

海盜其實早已有之，只要是濱海地區，到了貧富兩極分化的時候自然會有搶奪事件發生。東漢末年，海盜開始進入史籍。例如，漢安帝永初年間的張伯路、順帝陽嘉初年的海盜曾旌、靈帝時期的杭州胡玉、獻帝時期的長江口薛州等。

宋元時期，海盜活動越來越頻繁，到了明代中後期進入鼎盛階段。明朝最早的海盜就是廣東的李夫人。

朱元璋在進行北伐的同時，也開始對各地海盜進行剿滅。然而，海盜並不為所動，反而進行積極反抗。洪武四年（一三七一）五月，廣州海盜李夫人、徐仙姑、鍾福全等舉兵海上。洪武六年（一三七三）張汝厚、林福起兵。前者被官軍擊敗，後者被占城國國王奉明朝之命出兵擊敗。

隨著朱元璋的海禁政策日漸嚴厲，海盜作亂也愈發嚴重。洪武十四年（一三八一）潮州梅縣萬安都人隆起組建海盜武裝。二十年（一三八七）周三在程鄉縣組織武裝。

永樂年間，最令人吃驚的就是欽州海盜阮瑤。阮瑤戰敗後，其部屬繼續對抗明朝政府軍，直到康熙二十九年（一六九〇）才被剿滅，在這長達二百八十多年的時間裡，欽州海盜一直都是廣東地方官的心腹之患。

自此以後，海盜的規模都較小。直到正統景泰年間，從廣州海盜黃蕭養開始，海盜的規模才日漸壯大。

□第一代「海盜之王」順天王

黃蕭養出身於佃農，因為田地之爭傷了人命。結果遇到大赦被放了出來，因為無以生計便做了海盜。被抓之後剛要被斬，卻越獄成功。

黃蕭養在獄中認識了一位獄友，是個江西商人。二人密謀越獄讓人藏利斧於飯桶之中。一四四九年（正統十四年）三月八日，二人砍斷腳鐐，率領囚徒衝入軍器局，奪取了刀槍劍戟和盔甲等，攻擊府衙不成便乘船出海。官軍乘三艘戰船追擊，五月十三日，黃蕭養率囚犯在赤岡海口伏擊成功。

黃蕭養占據潘村造反，二十天內就有萬餘人前來參加。自六月開始，接連進攻各縣城。九月份黃蕭養出動船隻五百餘艘、數萬人圍攻廣州城。廣東都指揮使王清前來救援，但因為沙角尾水淺戰船擱淺。黃蕭養迅速出擊，活捉王清。王清拒絕喊話讓守城官兵投降，被黃蕭養怒殺。

其後，黃蕭養自號「順天王」，建元東陽，擁戰船兩千艘，部眾十餘萬。景泰元年

（一四五〇）春，黃蕭養親領大軍對戰略要地佛山堡發動進攻。但因為佛山「二十二老」（梁廣、霍伯倉、冼灝通等）歃血為盟，組織鄉民武裝對抗，其後，退伍軍人曹澄與鄉紳二李（李福全、李善祥）、簡彥文、倫逸安等組織民團抵抗，黃蕭養大敗。

之後，黃蕭養領兵船一千七百多艘，兵卒十餘萬進攻佛山。廣東軍方馳援佛山，由都指揮使李昇率領。黃蕭養詐敗而逃，到小港埋伏。官兵、民團在追捕中因海水退潮兵船擱淺被黃蕭養打敗。都指揮使李昇、大將何貴、「二十二老」之一的霍仲孺被殺。

明英宗迅速派遣軍隊進攻黃蕭養：都督董興、總兵都指揮同知姚麟、兵部侍郎孟鑒、僉都御史楊信民率兩廣軍隊全力進剿；南京總兵兼布政使葛稽、廣西參將范并等領各地兵卒開赴廣州；楊信民領廣東巡撫一職，駐紮廣州後三番散發數萬張「勸降書」。四月十七日雙方大戰，黃蕭養被俘後被殺。

就在黃蕭養與官軍鏖戰之時，周義良、溫觀彩越獄成功後也開始造反，新會縣海盜黃三等聚眾生變。他們接受了黃蕭養的冊封，於黃蕭養與官軍大戰的同時，領兵三萬餘人、戰船千餘艘，進攻新會。黃蕭養兵敗後，黃三等人繼續與明軍周旋，同時聯繫福建海盜共抗明廷。

從正統十二年（一四四七）開始，漳州海盜陳萬寧、張秉彝、陳寬讓、嚴復、嚴啓盛等也相繼進攻福建、廣東各地。此時，海盜團體又與閩北山區的鄧茂七農民起義合流。

但這些海盜勢力僅僅是一省之患，直到海盜勢力與倭寇合流之後，才成了真正的大患。

徽商—海盜集團的崛起：倭寇的主人王直

□教師鑿墓碑

二〇〇五年一月三十一日夜，月光下錛鑿斧鋸閃著道道寒光。有兩個人快速地行進著，來到了一座墓碑前，上寫「王氏祖墓」，二人的目光中透著果敢與堅定。他們也不說話，來到墓前端詳著上面的碑文，凡是帶有特定詞句的內容，全部用斧頭鑿去，一座華貴而又莊重的墓碑就這樣被他們破壞了。然而，更令人吃驚的是，二人的身分竟是大學教師。他們之所以如此暴怒，是因為有人將地下這個民族敗類視做英雄，為他樹碑立傳。

什麼人死後竟然受到如此唾棄？其實，這個人已經死了四百五十二年了，他的名字叫「王直」（也有人稱其為汪直），是明朝最有名的走私犯，甚至擁有上萬人的武裝隊伍。可以說，他是明帝國走私經濟的典型代表。

爭貢之役後，嘉靖皇帝對海禁政策的執行力度越來越大，大批東南沿海的百姓被逼到了死亡的邊緣。江浙地區原本是明朝政府主要關注的走私地區，而閩粵地區在當時因為被視作「化外」之地，被有意無意地忽略了。因此，閩粵地區走私氾濫，特別是福建地區。該地丘陵、山地占全省總面積的百分之九十以上，多山少田，農業經濟根本無法養活和平時期迅速發展起來的人口。為此，該地區逐漸成為明帝國走私最為猖狂的地區，最典型的是漳州、廈門等地。

本來，政府存在的價值就在於讓百姓安居樂業、生活富足。明帝國建立已有百年歷史，從法理和民心向背上，已經沒有了任何擔心。然而，囿於傳統儒家思想的「祖制」觀念，並沒有順應民意開放海禁。本來正常的海外貿易，竟成了非法行為。當時的福建地區的百姓也就背上了惡名「居民多貸番且善盜」。

在正統（一四三六～一四四九）、景泰（一四五〇～一四五六）年間，漳州、廈門等地的走私經濟便成為當地的主體經濟。明代的禁海政策始自朱元璋，而朱元璋的諸多言論在其死後，也被載入《大明律》中。法律存在的價值就在於讓民眾獲得好的生活有保障，然而，此時的法律卻成了惡法。因為有禁海令，官員們自然要進行執法工作，甚至粗暴執法。因為官員的粗暴執法，已經富裕了的一些百姓便進行抵抗。這個時候，我們需要注意一個不被經常提及的問題——戶籍制度。

戶籍制度在明朝被嚴格地執行著。海外貿易從業者不能進行人口流動，從而無法去其他地區進行商貿活動，而從事海外貿易賺錢的速度又是其他經濟活動難以相比的。由此，富裕起來的海外貿易群體自然要為自己的利益進行抗爭。

反抗者無論如何都會受到殘酷的鎮壓。為了與強大的政府對抗，他們急需一位領導人。而這個人就是朱元璋的同鄉王直。

王直是安徽歙縣人，早年開始經商（與同鄉徐惟學等人販賣私鹽），因違法逃到浙江、福建、廣東進行走私。嘉靖十九年（一五四〇），從走私中嘗到甜頭的王直，竟然打起了明帝國嚴禁出口到日本的硝黃、硝石等物品的主意，從此王直的勢力就擴大到了西洋諸國。

後來王直到了雙嶼島為許棟做管庫。朱紈攻下雙嶼島後許棟逃亡，王直被眾人推舉為首領，後前往日本當中國貿易的經紀人。其後王直幫助官府剿滅海盜盧七、陳思盼等，威望大增，徐海、葉麻、毛海峰、徐惟學等公推王直為「海上盟主」。

本來，王直以為以自己的功勞，官府會改變對他的態度，甚至「鬆弛海禁」，允許通番互市。然而，正當他與朝廷會商之時，參將俞大猷卻率軍前來攻擊。王直帶著滿腔憤恨衝出包圍逃到了日本。

在這件事情中，明政府的做法確實欠妥。本來，王直可以像後來的鄭芝龍那樣被招安，成為一支可用的武裝。但明廷卻以為「擒賊先擒王」殺了王直之後，就可以一勞永逸地解決其餘海盜，殊不知海盜各個幫派之間的爭鬥並不比海盜與官府的鬥爭和緩多少。即使是王直的手下，同是徽商——海盜集團的一員徐海也是和他面和心不合。

但這並不能成為王直後來的所作所為可以被原諒的原因。逃到日本的王直，自立為王，自稱「淨海王」，出行模仿皇帝。嘉靖三十一年（一五五二）他開始糾集倭寇侵擾東南沿海。他以日本為基地，搶劫商船、攻擊大陸沿海地區，倭寇的許多行動都受其指使。東南沿海的倭寇之患之所以長期不能得到解決，其中就有這個原因。王直由一名官府的反抗者蛻變成了十惡不赦的民族敗類。王直與被其雇傭的倭寇在閩浙粵三省沿海地區，大肆搶掠，無惡不作，成為明政府的心腹之患。

嘉靖皇帝命胡宗憲總督軍務，在囚徒蔣洲的建議下，胡宗憲將王直的母親、妻兒拘捕，家產田地沒收。其後，蔣洲被封為市舶提舉正使前往日本說服王直回國。嘉靖三十四年（一五五五）九月，蔣洲從浙江桃花渡出發，兩個月後到達日本的五島。在會談中，蔣洲說胡宗憲誇獎王直為「偉人」。嘉靖三十五年（一五五六）王直派人與胡宗憲商談。王直的要求有三個：解除海禁，開市通商；至少被官封都督；釋放一家老小。

胡宗憲表面上答應一切條件，但告訴王直須上報朝廷批准。同時命令戚繼光、張四維伏兵海陸要津。王直被騙，於嘉靖三十六年（一五五七）十一月登陸商談，先被軟禁後被送入獄中，於兩年後的十二月二十五日被處死。王直被殺，妻子成為家奴，其家族成員、部眾萬人被殺。

對於胡宗憲的做法，明朝著名科學家、名臣徐光啓不以為然，他認為：王直從未親自率人來犯領土。國家一召喚他就回來了，如果給他一官半職，讓他招撫海寇，那麼東南就會安定了。明帝國的最高行政執行機構——三司（平行的三個最高權力機構，係掌管軍事的都指揮使司、掌管行政的承公布政使司、掌管司法的提刑按察使司）會議，對王直是這樣評價的：「王直始以射利之心，違明禁而下海，繼忘中華之義，入番國以為奸。勾引倭寇，比年攻劫，海宇震動，東南繹騷。上有干乎國策，下遺毒於生靈。惡貫滔天，神人共怒。」

倭寇在明代二百多年的時間裡之所以難以消除，其中就有中國人為虎作倀的原因。當時的明朝人就說：「王忤瘋（王直）、徐必欺（徐海）、毛醢瘋（毛海峰）之徒，皆我華人。」更有甚者，軍方也開始與王直來往，例如把總張四維（與首輔張四維無關）。

王直死後，他的徽商─海盜集團的二把手徐海也被胡宗憲剿滅，徽商─海盜集團自此沒落。直到半個世紀後，又一位海盜首領出現了，他的名字叫鄭芝龍。

閩商─海盜集團的崛起：鄭芝龍的海上帝國

・〜・〜・〜・〜・〜・〜・〜

□崇禎發布的戰爭動員令

一六三三年（崇禎六年）九月二十二日，崇禎皇帝憤怒地一拍龍案：「你等勿要再說，紅夷殺我百姓、占我領土，作為一國之君我必須奮起反擊。我們已經對他們很容忍了！」就在這時，一位白髮蒼蒼的老臣跪下說道：「萬歲，外夷來華無外乎通商，只要開通互市，紅夷必然不再為害天下！」

「老學士此言差矣，我天朝不能允許這樣的人與我們通商，這樣有損天顏！」一位大臣反駁著。

・〜・〜・〜・〜・〜・〜・〜

「你等不必再說了。我已經決定了，是否互市打了以後再說。如果一打我們就開互市那還得了。一個個對我中國毫無尊敬之心，看我們似綿羊般好欺。如果不教訓他們，天朝威嚴何在！今後，敵未被擊潰之前，凡言互市者是為賊，殺！你等聽真！」「遵旨！」

十月一日福建巡撫鄒維璉將福建文武召到了巡撫衙門，「各位同僚，我主萬歲已經下達命令與紅夷決戰。」海道大人一聽站起來剛要說話，鄒維璉擺了擺手，「日後任何人不許再談論互市，文武官員必須拚死殺敵，有違此令者，殺！」「遵令！」「鄭芝龍、高應岳、張永產、王尚忠、吳震元、陳夢珠，爾等各自備戰、備糧，準備戰船，十天後我將前往漳州督師！」「遵令！」

十月十二日鄒維璉來到漳州督戰，以鄭芝龍為先鋒，高應岳為左翼，張永產為右翼，王尚忠為游兵，吳震元、陳夢珠則負責記功散賞。「鄭大人，敵方現在如何？」鄭芝龍上前抱拳拱手：「回大人，紅夷聯合海盜劉香共戰船百餘艘、甲士四萬餘人，陳兵海澄縣外海。根據多年戰鬥經驗，我認為他們將從海澄縣登陸。」「嗯。我們商量的結果也是如此，數十年來東南沿海不安，倭寇、葡萄牙人先後來犯，如今又來了紅夷。我們現在共有戰艦五十艘，小火船一百多艘。我準備與爾等一同並肩戰鬥。我將前往海澄縣親自督戰！」「大人此去，必讓前軍將士感受大人之虎威，敵軍必敗，大明必勝！」「鄭大人，還賴各位將軍奮勇殺敵，萬歲正看著咱們呢，百姓正在指望著這一戰。如若戰敗，我等將以死謝天下！」

十五日鄒維璉來到海澄之後，立刻召開作戰會議。「各位將軍，紅夷勾結敗類劉香為害中國。當年，倭寇之所以攪亂東南數十年全因敗類相交。相較於紅夷，劉香部乃是烏合之眾，他們與政府軍交戰素來善用游擊。其軍力薄弱，我們以先攻擊劉香部為主！」

「鄒大人言之有理，我想我們先以一部分兵力鉗制紅夷，同時以大部軍隊攻擊劉香。劉香見我等主攻紅夷，必疏於防範，此時主攻必然順利！」

「嗯，鄭大人所言極是。」

二十二日夜雙方戰鬥打響，荷蘭方預計明政府先攻擊劉香部，劉香也認為必主攻自己，嚴正以待之際突然聽說明軍主攻荷蘭人。一聽到這個消息劉香樂了，「哈哈，這回可賺大發了。」「大哥，這話怎講？」「你們去看看，鄭芝龍這傢伙在什麼地方，我們主要攻擊他，如果明軍失敗，我們就消滅了我最痛恨的敵人。如果明軍勝利了，我們大不了跑就是了！」

然而，正當劉香洋洋得意之時，鄭芝龍的大炮突然向他開火。頃刻間，劉香的五十艘戰艦全部被擊毀。之後，明軍再以主力轉攻荷蘭戰艦。荷蘭人慘敗。

「傳令鄭芝龍，必須擊殺劉香，對於這種人就是走到天涯海角也要殺了他！幾十年來，我國之所以屢有敗陣，皆因漢奸為之。對於劉香此類漢奸，必擊殺之。」「遵令！

」鄭芝龍率艦隊追擊劉香殘部數月之久，一敗劉香於石尾、再破於定海、三殺於廣河、四打於白鴿、五擊於大擔、六戰於錢澳。最終，走投無路的劉香自焚。

此一戰打得荷蘭六年沒敢大規模進犯。一六三九年（崇禎十二年）荷蘭再次派遣九艘戰艦進攻中國，鄭芝龍率部迎戰，派人游水，將盛滿火藥的竹筒燃放投到荷蘭戰艦上，焚毀了五艘戰艦。自一六二二年（天啟二年）中荷澳門之戰後，近二十年間衝突不斷，荷蘭最終戰敗。其後，荷蘭乘中國東北邊關吃緊、農民起義朝廷無力東顧之機，偷偷地竊取了臺灣。

在與荷蘭二十多年的戰爭中，最大的受益者就是鄭芝龍。鄭芝龍最終掌握了東亞的制海權，任何國家的船隻在此通過必須購買鄭芝龍的令旗，否則就會遭到海盜洗劫。而荷蘭占領的臺灣最終也被鄭成功收復。

鄭芝龍集團身兼商人、海盜、官軍三種身分。鄭芝龍出生於福建南安縣石井鄉，字日甲，號飛虹，小名一官。福建土地稀少，不適於農耕，因此，自古就是經商特別是海上貿易的重要地區。東南沿海數百年的海盜現象，也使得許多人視海盜為一種職業。

鄭家兄弟五人鄭芝龍排行老大，年紀稍長後他便帶著弟弟鄭芝虎、鄭芝豹前往舅舅黃程家。黃程在澳門經商，從事海外貿易，鄭芝龍做黃程的幫手。

因為澳門葡萄牙人很多，為了交往方便，鄭芝龍成了天主教徒，一般外國人稱其為尼古拉·

一官。在做了幾年黃程的幫手和荷蘭人的葡萄牙文翻譯之後，在十八歲那年鄭芝龍前往日本發展。在那認識了華人領袖李旦和顏思齊，並與日本政要有了很深的關係。

顏思齊孔武有力，早年因為打死人逃亡日本，其後從裁縫起家逐步富裕並開始進行中日間的走私活動。鄭芝龍、楊天生、陳衷紀、陳德等二十七人尊奉顏思齊為首領，他們用十三艘船用於走私經商。後來陳德、陳衷紀建議：先攻占臺灣，然後侵略四方，之後占領日本，徐圖中國。

一六二五年（天啟五年）顏思齊亡故，鄭芝龍成為首領。隨後，鄭芝龍率領十艘船進攻金門、廈門，其後四處侵擾。後來希望歸順朝廷，但俞大猷之子、總督俞咨皐不予首肯，親領大軍與鄭芝龍交戰，最終，慘敗後被朝廷問罪。

鄭芝龍之所以如此強悍，主要是他與倭寇、歐洲海盜以及中國其他海盜不同之處在於，他屬於「起義」性質，他專門打出了「劫富濟貧」這種農民起義式的口號，經常接濟貧苦百姓，因此，頗得民心。在許多窮人眼中，他是靠山。

崇禎元年（一六二八），崇禎採取剿撫並重的方式處置東南沿海的海盜集團。鄭芝龍接受了朝廷任命成為游擊將軍，其後成為副將。借助官家地位，鄭芝龍迅速將其他海盜勢力聚集在自己的身邊。

早在沒有接受招安前，鄭芝龍就擁有數百艘船隻和十萬兵卒，被招安之後，勢力越來越大成為了「海上盟主」。其後，鄭芝龍幫助官軍擊敗荷蘭侵略軍，剿滅李魁奇、楊祿、楊策、褚綵老、鍾斌、劉香等海盜集團。在此期間，鄭芝龍的兩個兄弟鄭芝虎、鄭芝鵠相繼戰死。

鄭芝龍的官職也升為總兵官、前軍都督府帶俸右都督。由此，他壟斷了東南沿海的海外貿易。凡是與中國進行貿易、凡是在中國海軍能夠到達的地方，必須懸掛鄭芝龍的令旗。每年僅令旗的許可費就達千萬。鄭芝龍在崇禎元年（一六二八）有船千艘，雖在招安後被裁撤數萬人，但仍有七萬人，戰鬥力並未降低。

一六三三年（崇禎六年）七月七日，荷蘭軍隊突襲南澳，把總范汝耀重傷、十七名軍士陣亡。七月十二日突襲廈門，守將張永產在泉州購買軍事裝備，鄭芝龍率部在福寧剿匪。結果，政府軍五艘戰艦、鄭芝龍十艘戰艦被毀。其後，荷蘭軍撤退。荷蘭人又想進攻海澄縣，知縣梁兆陽派人夜渡金門浯嶼偷襲料羅灣獲勝。從此，雙方處於半停戰狀態。

一六三三年（崇禎六年）九月二十二日崇禎皇帝下達戰爭總動員令，最終明政府與海盜聯軍大敗荷蘭與劉香的聯合艦隊，取得料羅灣海戰的勝利。自此，鄭芝龍成了海上霸主。

順治三年（一六四六）鄭芝龍投降清朝，十八年（一六六一）鄭芝龍被殺。

鄭芝龍是明朝海盜勢力的代表。鄭芝龍所代表的海盜商人與內陸地區的商人一起促進了明代商業經濟的發展，從而使明政府對商人的態度從輕商轉變為重商，直至南明時期的倚商。

第三章

帝國思維

從輕商走向重商直到倚商

明代中期之前，士農工商的排序沒有太大變化。但中後期由於陸路、水路交通發達，貿易有了很大發展，國內經濟日漸發達，以晉商、徽商為代表的「十大商幫」初步形成，商人也由沒有戶籍的百姓，變成了可以參加科考、享受政治權利的商籍百姓。甚至到了萬曆年間，形成了自己的利益代言人。

但在白銀的誘惑下，商人與官的關係日益緊密，從而形成了在官商一體化下的各種虛假繁榮，經濟出現了泡沫化。

為了保障自身利益，一些商人由走私、海盜、商人三位一體變成了明朝末年新增的「漢奸」四位一體的複雜身分。

明代中後期，明政府逐漸採用了「重商主義」的經濟政策。商人由「民之末」變為與士至少是平等地位的社會階層。商人之家大多是長子、次子參加科舉，三子之後從商。

中國封建社會的統治，一直是官紳共治。在一些家族觀念比較重的地區，有些人只知有宗族而不知有國家，宗族利益高於國家利益的例子並不鮮見。同理，家族乃至家庭利益也同樣可以高於國家利益。中國封建社會的儒家思想，又造成師生關係與君臣關係、父子關係在某種程度上同樣重要。

而當商人與官、士合流之後，就造成了一個極為嚴重的現象，正如崇禎皇帝所哀歎的那樣：「居官有同貿易」。

商人勢力在明代之前就已經非常強大，例如著名的陶朱公、呂不韋等。明代最知名的商人首推沈萬三。

第一回 明政府與商人的故事

朱元璋殺沈萬三的故事屬於歷史謠傳，儘管如此卻道出了兩個問題：第一：由於缺錢，明政府自一建立起就與商人構建了一種時而打壓時而利用的關係；第二：明政府打壓的主要目的是希望壟斷商業利益，但歷史證明這不但做不到而且對於商業發展的危害極大。

朱元璋與沈萬三的謠言是怎麼煉成的

~·~·~·~

□朱元璋與沈萬三

「參見吾皇萬歲，萬歲，萬萬歲！」「你就是沈萬三？」「正是草民。」「我常聽說，你乃中國首富，可有此事？」「回萬歲，有些言過其實了，中國首富絕不敢當！不

~·~·~·~

知萬歲有何吩咐？」「國家剛剛建立，百廢待興。今日都城城垣殘破，萬一出現戰事，必然無城池保障，因此，我想請你幫助修城。不知先生可否？」

「萬歲，草民能夠幫助萬歲，乃是小民的福分，不勝感激。請問，我能做些什麼呢？」「我想請你幫忙出資修築四分之一的城牆，可以嗎？如果不可以，我們再商量！」「萬歲，休說四分之一，草民不誇海口，我願修建南京城一半的城垣。」「啊！先生不要說笑。如今戰事正酣，這可是打仗呀，不可兒戲。」「萬三不敢，萬三敢向您打包票絕對不會慢於軍隊修建速度，絕不會誤事。」

「好大的膽子呀！」朱元璋一聽沈萬三如此狂妄，心中惱怒異常。但朱元璋畢竟此時有求於人，凡是幹大事的人都能屈能伸，因此，朱元璋笑道：「好好好，朕就跟你賭上一賭！」

朱元璋立刻命令常遇春出十萬能征慣戰的軍士出工修城，與此同時，讓戶部調集錢糧買運各種工具。然而，令朱元璋沒有想到的是，南京城以及周邊的商家的物資竟然都被沈萬三提前買下，只好從外省調集物資。沈萬三和朱元璋的修城之戰打響了。最終，竟然是沈萬三提前完工。聽到這一消息後，朱元璋端坐在龍案後久久沉思不語。

「萬歲，沈萬三請求召見！」「准！」過了片刻工夫，沈萬三來到朱元璋面前。沈萬三邊走邊努力掩飾住心中的喜悅，入內之後，沈萬三的嘴角仍然帶著絲絲笑容。「草民參見萬歲！」「先生來了，多謝先生幫助，朕非常高興，如果天下的商人都像先生這樣，國家必興呀！」

沈萬三見朱元璋如此高興，心中一陣激動。也不知道是哪根筋兒出了問題，沈萬三忽然提出了一個建議：「萬歲，草民聽說將士們四處拚殺卻缺醫少藥，我願替您犒軍！」

「你要替我犒軍？哈哈，好，你準備怎麼犒法？」「無論有多少兵士，草民願每人一兩銀子！」「好，好，好啊！」就在此刻，朱元璋對沈萬三動了殺機。不久，沈萬三被發配充軍，萬貫家財頓時灰飛煙滅。

～・～・～・～・～・～・～

朱元璋和沈萬三的故事六百多年來都被人用於影視小說戲曲曲藝之中。然而，故事是否是真實的呢？在諸多資料中，許多人都忘記了一點，在張士誠時期，沈萬三就已經死了。

沈萬三長子沈茂（沈榮甫）生於元大德十年（一三〇六）春正月閏之甲申，卒於洪武九年（一三七六）秋八月之壬寅，得年七十有一。古人十五歲成丁可以娶妻，但沈萬三家族既然處於上升階段，想必也不會過早結婚。如此，我們上推十七年的話，沈萬三大概生於一二八九年左右。張士誠統治時期是一三五六年左右，那時，沈萬三的年齡在六十七歲以上。所以，說沈萬三在張士誠時代已死的《吳江縣志》可信。

他怎麼可能再被朱元璋所殺呢？其實，被朱元璋所殺的是沈萬三之子。沈萬三之富有，據說多達二十億兩白銀。顯然，二十億兩是絕無可能的，中國是少銀的國度。如果按照一般說法，沈萬三只活了四十九歲的話，在短短二十年中，賺取二十億兩是絕無可能的。要知道，劉瑾作為權傾天下的大宦官，其最終貪污所得也不過億兩。明代中後期，美洲、日本流入中國的白銀總量也不過二億多兩而已。過往所說的，沈萬三勤勞致富，靠農業起家成為大地主的可能性幾乎沒有，即使他得到了蘇州富商陸德源的資助也很難。

朱元璋之所以殺死沈萬三之子，其原因有三點：

第一，作為張士誠曾經的金主，沈萬三家族即使是投靠朱元璋也不會受到真正的重視。

第二，沈萬三通番對朱元璋的禁海政策有很大的衝擊。

第三，以民間的各類傳說看，如果真有鬥富一事，沈萬三以一介平民之身敢於與皇帝鬥富，在封建社會就不可能得到善終。

可是，之後的明代君王們既無朱氏父子的勇氣，又無治國才能，對商業問題的處理越來越單一化，最典型的行為就是加徵賦役。例如「鋪行之役」即無償或低價提供官府所需，如科舉的相關物資、接待藩王進京之需、皇帝或親王選后選妃之需、戶部的草料等。

明初朱元璋實行的是「招商買辦」以及「和買取物」兩種方式。招商在第一章我們已經詳細介紹了，就是招募商人供應物資，然後政府給予鹽引、茶引等作為交換。和買則是官方購買民間物資。但在現實中，官方購買往往是硬性攤派。作為草根出身的皇帝，朱元璋對於「和買」的弊端是非常瞭解的。因此，早在洪武二年（一三六九）他就曾經要求各地方政府：要按照市價購買，不能硬性攤派擾民。還經常派監察御史、按察司官員明察暗訪。到了洪武十九年（一三八六）

，朱元璋甚至規定百姓可以將硬性攤派的官吏捉拿上京。

雖然沒有百姓抓官吏上京的案例，但是，以朱元璋對貪官的處罰力度看，可以確信：怕死的官吏們在硬性攤派方面已經將腐敗現象控制在了最低限度。真正的問題出現在正統年間以後，硬性攤派的情況越來越多。

明帝國對商業的摧殘還表現在：朱元璋等歷代明朝帝王以特權壟斷商業。這種壟斷行為到了正德嘉靖時期達到了令人難以忍受的地步。特權商便是其中之一，它的出現使商人不能公平競爭，更使得政府的稅收機關多出了許多，商人特別是中小商人受到加倍的盤剝。第一章的「陸二燒燈草」就是對這種現象絕妙的解說。

這些特權商首先就是皇店。

五花八門的特權壟斷商

~·~·~·~·~

□正德開店

正德年間，宮中有一位楊姓太監出宮辦事。辦完事情後，又回了趟家，拿了一些家中的土特產：大棗。剛一進皇宮，就看到了冤家對頭劉公公。這位劉公公一邊走一邊嘬著牙花子，一邊嘬一邊不時地提起一個酒壺看還搖著頭。「怪了，怪了，真是怪了，當

~·~·~·~·~

了幾十年的公公，什麼稀奇古怪的事兒沒看過，今天算開了眼了！」

「劉公公，您這是怎麼了？」楊公公本來不想搭理他，但是大家都在一個地方上班兒，低頭不見抬頭見，不說也不好，也就走上前去。

劉公公一看是他，妙計上心來。他平時和楊公公因為工作分歧經常發生衝突。可各位注意，宦官可不都是壞人呀，這二位就是宦官中比較正直的，只不過性格歸性格品德歸品德。

「咋了？看劉公公你滿臉帶著官司，出了啥事兒了啊？」「您不知道呀，昨天永巷啊開了一家酒館兒。」「啊？這可是皇宮呀！誰這麼大的膽子兒，竟敢開酒館，我倒要去看看！老劉，你知道是誰開的嗎？」「好像，聽說，也許，可能是劉瑾！」「嗯，這倒是個事兒呀。不過，你們怕他我可不怕。我身正不怕影子斜，腳正不怕鞋歪，我去看看！」

「楊公公您可別去了，劉瑾現在正紅著呢。咱倆雖然有矛盾，但那些都不是啥緊要的，我可不願意看你出錯兒！」劉公公見楊公公真的要去，他突然有一種惺惺相惜的感覺。「劉公公，謝了。我老楊眼裡不揉沙子！他劉瑾這麼搞，這皇宮還不亂嘍！我現在就去！」楊公公說罷轉身就走，劉公公在後面緊隨幾步去拉楊公公，但被他甩開。

來到酒館前，只見門前站著兩個夥計，其中一個正是皇上的侍從宦官王公公。「小王子，你給我過來！」楊公公說著邊走邊點著王公公。王公公一看是楊公公連忙幾步走上來，「哎喲，原來是楊公公呀。您回來了，走，去酒館喝口去。」說著，就去拉楊公公。「放開，你給我放開！小王子，我問你這是誰開的？太不像話了，劉瑾開的？我去太后那裡，這太不像話了！不像話！」

「哎呀，楊公公呀。一位，上座！」楊公公聽著這叫賣聲，不禁循聲望去！「啊！萬歲！」楊公公連忙跪到了店夥計面前，只見這位身著短衣小襟打扮、肩頭掛著手巾板兒的傢伙竟然是正德皇帝。「萬歲呀，您乃萬乘之尊怎麼能幹這種事兒？」「不就是玩兒嘛。」「萬歲呀，如果您是平常百姓家的公子，那玩什麼都行。但您是萬歲呀，做什麼事情都要想著這一點。李後主和宋徽宗都好玩兒，全都丟掉了江山，這些可都是前車之鑒呀！」

「好，好哇。我過兩天就關了酒館。哎，你帶著的是什麼呀？」楊公公一聽，面露喜色，「這是我帶的大棗，孝敬您！」「好哇，給我吧！」「奴才榮幸備至呀！」「哦，對了對了，你得吃碗酒呀！」「小人素來不吃酒。」「不吃酒也行喝碗水吧，不過酒錢得照付。聽明白沒？」「奴才知道了！」可等楊公公剛一轉身離去，正德皇帝就轉向王公公說道：「這大棗看著不錯呀。你今天下午再給我支個攤子，我要賣棗！」

朱厚照開的店即是皇店，屬於特權商之一。明代有各種各樣的特權商，除了朱厚照開的皇店之外，特權商店還有：官店、藩店、衛店、紳店等。官店成立時間最早，朱元璋在尚未稱帝時就已經建立。起初，官店是作為徵稅單位，而且是唯一的徵稅單位。當時，國家尚未統一，農業稅的徵收自然很難。為此，商業稅在朱元璋尚未稱帝時，是財政的主要來源之一。朱元璋對此極為重視，為了保證商業興隆，也經常對官店減稅。占領南京稱吳王時，將官店改名為宣課司，各地官店改為通課司。很明顯，朱元璋希望用統一的政府徵稅機關代替這種半官半商的官店。

官店改名後，朱元璋又先後建立了塌房，塌房就是官方貨棧。各地貨商的貨物在進行儲存時，收取稅錢三十分之一，仲介費三十分之一，存儲費三十分之一。塌房在英宗正統之前，除了代收商業稅外，尚沒有直接插手經濟活動的明確記載，但正統年間（一四三六～一四四九）開始，塌房直接參與經濟活動的記載逐漸增多。特別是自司禮監太監金英仗著皇帝的寵幸私開塌房開始，皇帝家族（宦官因屬家奴性質，也算做其中）、官員大規模進入貨物仲介領域。

皇店（農業領域則是皇莊）是皇帝親自插手商業經濟的典型。明武宗正德皇帝朱厚照（一五〇六～一五二一在位）在一些文學、影視、戲曲、曲藝作品中往往被塑造為讓人逗樂的皇帝，人們對他往往抱著開心的態度將他視做「活寶」。然而，對於當時的人們來說他則是「禍害」。這位皇帝什麼都喜歡玩，玩女人、玩鬥鷹駕犬、玩狼蟲虎豹、玩戰爭、玩潛伏，直至玩經濟、玩大政方針、玩國家。怪不得連唐伯虎這樣的人都對他的死歡呼雀躍。

一五〇七年，朱厚照在登基的第二年便在北京永巷開了一間酒館。永巷各位可別以為是在民間，其實永巷就是宮內的一條長廊。這小子親自當跑堂，皇宮裡面的宮女、太監們怎麼能不捧場呢。當然，這一行為中胡鬧成分比較大。但其後的行為可不簡單了。朱厚照以北京為中心，在九門設立了九家皇店，之後在各重要商業稅收重點地區如盧溝橋、河西務、臨清、宣府、大同等，商業中心如揚州、景德鎮等地紛紛開設皇店。

皇店除了開展各種利潤較高的貿易外，還在政府稅收之外，對各地商家另加稅賦。為了保障稅收行為不受反抗，還專門在官府之外，建立了另外一隻武裝隊伍。該武裝隊伍還四處遊走，對民間小商小販也不放過。要知道，在明初一般是不對小商小販徵稅的，而明武宗則開了先例，結果，他為害的人從大中商人擴展到了小商小販。

本來人們以為朱厚照一死皇店就該壽終正寢了，然而，繼任者嘉靖皇帝朱厚熜卻拒絕了首輔楊廷和革皇店、武裝隊伍回歸之前各衛所的建議，繼續開設皇店。當然，他開設皇店也不全是為了自己揮霍，也有充實內帑用於各種外交的考慮。然而，內帑用度劇增的主要原因，是皇帝的無限度的吃喝玩樂。所以，不能因為嘉靖皇帝命令遼東各地的皇店所收的稅收，作為封賞各國使臣、少數民族頭領之用，就將這個主要問題遺忘。內帑如果沒有那麼多奢侈消費，自然不會虧空。

對於皇店在政府稅收外另外徵收的稅收額度，並沒有特別詳細的記載。官方比較明確的記載，就是嘉靖二十四年（一五四五）對於貨船每艘徵銀五兩的規定。這個規定，沒有規定船的大小、貨物的多少，所以，稅收如何很難確定。但是，皇店可觀的利潤令人垂涎。店址可以巧取豪奪或由官府選定，店員是公務員、軍人或內宮宦官，本來就有俸祿。因此，成本幾乎可以忽略。

皇帝和中央政府可以這麼辦，那麼其他權力階層的人也同樣可以這麼辦。因此，一些宗室藩王便打著皇店的名頭開設藩店，一些官員便打著官店的名頭兒開店。更有甚者，就連一些僅僅是有了功名但無職務的秀才也打著各種名義開設各種店鋪，收取小商小販的錢財並要求政府免稅。

如此一來，規模較大的對商人徵稅的就至少有：皇帝開的皇店、中央和地方政府開的官店、藩王開的藩店、文武官員開的官店軍店衛店（錦衣衛）以及正規稅收單位等。重複徵稅的結果是什麼？就是高額的稅賦。如果說朱元璋父子時代商業稅是貨品的三十分之一，再加上各種腐敗成本等總稅費成本不過十分之一的話，到了嘉靖萬曆時代則可能至少達到了三分之一甚至二分之一。

如果再加上本身貨品的成本、正常的運輸成本、人力成本，商人的利潤能有多少可想而知。不交稅或者少交稅的結果是什麼？輕則遭受毆打，重則殺頭。除了徵稅之外，商人頭上還有四把大刀懸著。

商人的艱難：懸在商人頭上的四把刀

在明代懸在商人頭上有四把大刀：賦役、官府官吏的橫徵暴斂、地痞流氓、商業風險。前兩者對於整個商業集團有著致命風險。例如嘉靖年間就因為上述兩大問題，造成商業凋敝。

首先就是皇帝本人的奢侈消費，大興土木造成巨大浪費，最終連朝臣都無法忍受。嘉靖十九年（一五四〇）工部尚書溫仁和上疏：僅宮、殿、宇、壇、廚庫、陵、碑等就花了將近六百三十五萬兩白銀。修繕其做藩王時的住所也耗費了一百七十多萬兩。為了修建宮殿廟宇，他還命令四川運木頭、天水山運石頭，而取材、運輸，皇帝則一分錢不掏；瓦則由蘇、松、常、鎮、天等地供給；結果造成天下窯工、木工、瓦工等紛紛逃戶。就連嘉靖都承認自己的做法是全都靠百姓。上行下效，皇帝如此，皇親國戚們自然也紛紛效仿。

~・~・~・~・~・~・~・~・~・~・~・~

□徐學謨抗命

嘉靖四十年（一五六二）十二月的某一天，荊州知府徐學謨一臉怒氣地看著一個人。「長史大人，千歲的命令恕在下決不從命！」對面那人冷冷一笑：「徐大人，這可是景王千歲的命令，你要知道這也是萬歲的旨意！」「哈哈哈，我既然是朝廷命官，百姓們也常說官為百姓父母，我這個『父母官』絕不能看著百姓的利益受到侵害而不聞不問。你們想讓我丈量土地、上交戶口，下官恕難從命！」「徐學謨！你不要命了嗎？」

「我這樣做也是為了大明江山，我主聖明，定然會理解我的心意。如果一時因愛子受到蒙蔽，怪罪我徐學謨，為了萬千百姓不要說徐某的一身錦衣，就是丟了性命，我也心甘情願。長史大人，請你速離此處，徐某恕不奉陪！」長史見狀冷冷一笑，悻悻地離開了知府衙門。

徐學謨見景王的長史離開，連忙叫來府中書記，命他速速將此事上報給湖廣巡撫、布政司、按察司三衙門的長官，請他們迅速上報中央請求對景王的行為予以制止。這到

~・~・~・~・~・~・~・~・~・~・~・~

底是怎麼回事兒呢？

原來，隆慶皇帝朱載垕並不受嘉靖皇帝的寵愛，嘉靖非常喜歡自己的愛子景王朱載訓。當時的裕王朱載垕受到了絕大部分大臣的擁護，皇帝與大臣們在這個問題上進行了艱苦卓絕的鬥爭，嘉靖以拒不上朝、拒不批改非緊急的奏章、拒絕接見反對派官員的「三不政策」予以對抗，但最終大臣們勝利了。

為了安撫自己的愛子，皇帝賞賜了大量田產。可貪欲之心是無止境的，景王看到荊州府江陵縣的沙市鎮地處長江邊，是商船停泊的好地方。這個地方經濟繁榮，往來貿易頻繁，可以收取鉅額商業稅，為此便向嘉靖請求割沙市鎮給自己作為封邑。剛一接到皇帝「同意」的聖旨，他就派人前往荊州丈量土地、清點店鋪和人口，結果遇到了一位敢於為民做主的好官。

當然，畢竟皇帝同意了，為了皇帝的面子，徐學謨最終不得不提出一個折中方案：每年送給景王府五百兩銀作為「損失」的補償。其後，湖廣巡撫張雨再次與徐學謨發生衝突，原因是為了討好景王及背後的皇帝，張雨要求將這一數字提高到二千兩。徐學謨同樣給予了拒絕。

其後，朱載訓及其湖南湖北的其他官員繼續向沙市鎮伸手，理由嘛多得很，個個冠冕堂皇，但都掩蓋不了實質：貪圖沙市的商業繁榮，想從中央政府稅收中分一杯羹。可他們遇到了一位不怕丟官的好官，徐學謨堅持到他任荊州知府的最後一天。所幸的是，他的後任官員也還公正廉潔，沙市的繁榮得以繼續保持。

但情況到了萬曆年間發生了變化，沙市逐漸凋敝了。不僅僅是沙市，全國的商業都陷入了衰落中。因為稅賦太重了，貪官特別是宦官為害地方的事情太多了。因此，萬曆皇帝便被人們稱為「萬稅」。當然，也有人從後來的「萬曆三大征」的部分錢款出自內帑為由，為萬曆皇帝的行為做辯解。但問題是，即使「三大征」獲得了勝利，也難以洗脫萬曆皇帝好財的惡名。

嘉靖、萬曆兩個時期，各種「白條」滿天飛。「白條」被稱為商欠。各地政府例如募兵、徭役、建造府衙府庫、修建交通基礎設施等，自然會產生各種費用，最簡單的就是糧草費用。在這種情況下，地方政府往往給予「打白條」。「白條」上雖然也有規定還款日期的，但到了期無論商家還是其他百姓又有誰敢跟他們要債呢？所以，這些「白條」就成了「死帳」。

也不能說朝廷官員絕無好人，至少在「白條」問題上還是有一些為民請命的官員的。例如，在嘉靖三十四年（一五五五）閏十一月，北京各草料商因為「白條」破產逃亡者不在少數，吏科給事中楊巍、錦衣衛都督陸炳等人就要求：在還款的同時，還要對因為「白條」問題造成貧困債務中的百姓進行幫助。儘管嘉靖皇帝對此給予了批示，並要求政府機構迅速解決；但問題是，嘉靖說完了就完了，從來不去進行「後續跟蹤」。最終，嘉靖皇帝有了「善於賴帳」的名聲。有些可能是他成心賴帳，有些則很可能是監督執行不利造成的。

到了嘉靖四十二年（一五六三）三月，僅宣府這個邊疆重鎮的「白條」就欠銀幾十萬兩。巡撫趙孔昭在緊急奏章中，請求戶部應急的錢糧就有：芻糧欠款十九萬一千零九十兩，商業「白條」二十多萬兩，「椿朋修墩」欠銀三千九百多兩。

結果這些欠款仍然欠著，商業並沒有因此興盛起來，直到幾個重要人物出現，事情才開始有所轉變。在明代，商人階層首先要感謝的官員並非是張居正而是他的死對頭、著名的首輔兼改革家高拱。隆慶三年（一五六九）十二月，高拱第二次進入內閣，三個月後，上〈議處商人錢法以蘇京邑民困疏〉。隆慶皇帝看到這篇奏疏之後非常吃驚。自此，對於商人的壓榨才有所減輕。商業迎來了自己的春天。

第二回

明代商業大興

民間商業的生命力極為頑強，即使在封建統治者如此壓迫下，仍然在頑強地生長著。只要壓迫的力度一減輕，民間商業就會重新大興起來。在明朝，商人最應該感謝的人就是張居正的政敵高拱。

表現1：不易呀，商人終於有了戶口

～・～・～・～

□高拱便衣察民情

隆慶年間的北京街頭上演著一場人間悲劇。在一處人市內，等待買主的有男人有女人，有大人有小孩，有漂亮的女孩兒也有健碩的男子。走在這些人中間的有官員、有富

～・～・～・～

商，當然，更有無事閒逛的人。可有一個人卻面露憂愁，他處在深深的自責中：「沒想到天下竟然至此，我真是失職呀！」

他邊走邊看，突然在待售人口中見到一個白白胖胖的中年人，衣著雖然有些骯髒但能看得出過去一定非常華麗。這個人之前肯定不是一般人。他連忙走到這個人面前，「這位老兄，你這是……」「哦，老爺，我姓趙，以前是做生意的，如今破產了。我想自賣自身給您做個奴僕，您看行嗎？」

「你姓趙？做何生意？」「我以前是糧商。」「哦，十年前北京有個『米麥大王』趙春茹，請問他是你什麼人？」那人一聽面帶羞愧之色，「唉，我就是趙春茹。」「啊？你就是十年前的『米麥大王』？你為何成了今天的模樣？」

「全是因為給政府辦事兒，虧大發了！」「給政府辦事兒？怎麼會？給政府做事政府給錢呀，怎麼會虧大發了呢？政府給商人派發任務之前都會核算盈虧點，不會虧的。」

「您有所不知，這是面上的說法。比如，繳納錢糧時應該給我百兩白銀，可是我買糧就需要四十到七十兩，而且往往幾年都不能從官府取到銀兩。小家小戶繳納的錢糧多是通過高利貸借來的，一年不還那麼就會有高額的利息。您要知道，那可是高利貸，打著滾兒地往上翻。」

「即使從官府取到銀兩，但每過一道手續都需要打點。一兩不到的銀子從官府支取

～・～・～・～

的話得先有十兩多的打點費用，老百姓哪裡支撐得起呀。所以，傾家蕩產的有之，逃戶流亡的有之，賣兒賣女、賣房賣地、剃度出家、自殺者也大有人在呀！國家稅收雖然不多，但各種費用太多了。所以，這些年不但普通百姓敗家者遍天下，就是像我這樣的富戶也是難以為繼呀！」

～・～・～・～

上文中的提問者就是隆慶年間的內閣首輔高拱。經過長達兩個月的實地調研，高拱向隆慶皇帝進言：對於京城這樣重要的地方，百姓必須要富足安定，只有這樣天下才可以有依靠。屁股底下坐著個火山，那肯定會威脅國家穩定。當年，太宗皇帝之所以把天下富戶遷移到北京，就是因為北京的居民是皇帝的屏障。可今日一看，民生凋敝竟然到了如此地步。

高拱指出，解決這一問題，要按時足額給錢不得拖延，袪除腐敗免去打點費用。這樣，百姓商人才會安居樂業，京師穩定了，天下自然穩定。

第二年六月，高拱建議：可以預支財政預算的四成，之後逐漸減到一成，半年之內把該給商人的錢給全。一年以上的欠款先預支一半。同時，又請求通州等地的稅務局，除了竹木商販繼續收稅外，對運輸木炭柴草的商人免稅。

隆慶皇帝是明代的一位明君，對於高拱的建議基本都同意了。除此之外，隆慶又主動免去了一些水果商的儲運費。

於是，從隆慶四年（一五七〇）開始，商業迎來了大發展時期。隨著商業的興隆，商稅收入迅速攀升。這一下，中央政府也開始認識到這一問題，紛紛出臺地方「厚農資商」的政策。商業大興的結果，就是到了萬曆年間，明朝的商品經濟發展到了一個新階段。

萬曆年間是明代商品經濟發展的分水嶺。大批儒家子弟如南京的李素居等開始經商，就連九邊地區，都可以見到全國各地的商品。商人也開始創建字號，例如宋五嫂魚羹鋪、沈家金銀交引鋪、潘節幹熟藥鋪等。

人們常說的商、賈並不相同，商主要是行商即販運，賈則是坐商以店鋪為業。在當時，北京、南京、開封等十五個一線城市商賈雲集。以北京宛平（包括現在的西城區、豐臺區大部，以及石景山區、門頭溝區等部分）、大興（包括現在的東城區、大興區大部，以及海淀區、朝陽區等部分）兩縣為例，在萬曆十六年（一五八八），兩縣就有上等鋪戶三千七百八十七家、中等鋪戶六千三百八十三戶，上述利潤較高的商戶分屬於一百三十二個行業。

至於利潤較低的諸如理髮、餐飲、賣筆行、柴草行等下等鋪行，萬曆十年（一五八二）統計就已經有了三萬四千三百七十七家。而豐臺、大興兩縣的農戶則分別只有一萬四千四百四十一戶、一萬五千一百六十三戶。

上述都是賈，但明代最主要的卻是商。商分為小本經營的商人，大多離家二三百里、外出一個月左右，這種商人最典型的當屬唐伯虎賣畫。另外一部分則是攜帶大量貨物的長途販運商，例如典型的晉商、徽商。長途販運商隨著實力的增大往往也在外地定居，例如晉商在張家口、徽商在杭州大量定居。

到了明朝中後期，商業的不斷興旺帶來了政府對於商人的重視。起初，商品經濟尚不發達，商人中的行商並沒有進入政府人口統計的範圍。在明中期之前，坐賈因為有商鋪容易統計，將其加入排甲即可。行商則不好辦，明朝中期之前政府將其視做流民，中期之後則給予在當地居住時間較長的商人附籍的權利。嘉靖六年（一五二七）北京宣布，在京居住較長時間的商人可以在宛平、大興附籍，專門設置「浮戶」專冊，與當地百姓一體當差。這一變化可不小，代表著朱元璋制定的戶口永不可變更的原則開始鬆動。

特別是一條鞭法在全國範圍內實行以後，商人終於有了自己的戶籍：商籍。只有有了商籍，商人子弟才有資格參加科舉，成為「士」。爭取這一權利，徽商、淮商的功勞最大。嘉靖四十年（一五六一）河東鹽場的鹽商開始向政府提出要求，要求允許其子弟「附民籍收考」。二十四年後的萬曆十三年（一五八五）前後，兩淮地區開始「定商灶籍」，地方政府為鹽商子女專門設置了商籍。當然，這只包括淮商。雖然只有幾個名額，但歷史意義絕對重大。六年後的萬曆十九年（一五九一），天津也開始對長蘆鹽場的鹽商子弟確定商籍；九年後萬曆二十八年（一六〇〇），徽商吳憲、汪文演在兩浙鹽場提出要求，請求安徽籍巡鹽御史葉永盛設置商籍。葉永盛立刻上奏朝廷請求批准正式設立商籍。最終，中央政府決定浙江可以仿照杭州、仁和、錢塘的名額，確定商籍取士。

在得到商籍的同時，十大商幫全線出擊。除了著名的晉商、徽商之外，陝西商人在各地開辦了各種商鋪，洞庭商幫開始在北方經營絲綢，齊商在南方開辦了棉花、棉布店鋪，湖廣商人則在浙江設置六陳鋪。與此同時，一方面為了在經商的同時獲得更多商業資訊、與官方加強聯絡從而獲得官方支持，另一方面為了讓參加科考的商人子弟能有更好的生活環境，各大商幫都開始在北京設立會館。

自從嘉靖三十九年（一五六〇）徽商建立歙縣會館之後，到萬曆年間，北京的會館達到了上百家。與此同時，全國商業中心城市的各地會館也如雨後春筍般建立起來。開辦會館、在當地定居，商幫子弟們自然會為當地帶來商業的興隆、交通與建築等方面的改善。

在商業興盛的同時，商業稅所占比重也越來越大。例如，弘治十五年（一五〇二）全國各處的稅收網點所收的商業稅不過八萬兩，占當年國庫（太倉庫）的百分之三左右，但到了萬曆二十五年（一五九七），商業稅則達到了四十七萬七千五百兩，占國庫的百分之十左右。萬曆中後期，商業稅就成了政府的主要稅種之一。到了天啓五年（一六二五）全國八個重要收稅處的稅收總額高達四百八十萬兩，是萬曆年間的十倍以上。萬曆朝對商業稅的徵收引來了商人利益的代言人東林黨的不滿，由此，增減商業稅問題則成為萬曆、天啓、崇禎等皇帝和朝臣的主要爭論議題。

明代初期對於商業稅的徵收主要靠兵馬司。兵馬司首先對度量衡進行了統一，並於每月的初二到初三對度量衡器具進行檢查，如果發現作弊者則進行嚴懲。例如對造假者和造假授意人杖打六十，校對失誤者打四十大板。

在商業興盛的同時，明代的手工業也逐漸興盛起來。明初的手工業分為官營、民營兩大類。官營主要為工部、戶部、內府、都司衛所、地方官府管理下的手工業。其主要分為：

營造：內府、王府、城垣、廟宇、儀仗；
軍器：軍器、盔甲及軍服；
織造：製帛、誥敕、冠服；
窯冶：陶瓷、鑄造、鐵冶；
燒造：磚瓦、石灰；
船隻：御用船、軍船、糧船、湖船；
器用：祭祀典禮用器、顏料淘洗、印造紙札等。

民間手工業則更是多姿多彩。由此，形成了眾多專業市場。例如上海的棉紡織、山東臨清的紡織品和糧食集散中心、揚州的鹽業中心等。這使得上至朝廷下到百姓對商人的看法有所轉變。如何評價商人的作用，則成為官方推行經濟政策時必須考慮的問題。

弘治年間吏部尚書倪岳就承認：通商也可以富強國家。張居正早在嘉靖三十三年（一五五四）身為翰林院編修時就說過這樣的話：商業通貨物的有無，農民種地。如果商業流通受到阻礙（商業不興）則農業就會出現問題。農業如果不興，那麼商業也會出現問題。所以，要在商業、農業之間進行權衡。張居正據此提出了農商並重的觀點。

張瀚其後將農工商提到了同等重要的地位。右僉都御史龐尚鵬、湖廣僉事馮應京等都力主對商業進行大規模扶持。到了萬曆年間，東林黨成員兵部右侍郎汪道昆在上書萬曆皇帝的奏章中，竟然公開藐視洪武體制。他說：竊聞先王重本抑末，故薄農稅而重徵商，余則以為不然。並質問道：「商何負於農。」

其後，東林黨骨幹趙南星更是將士農工商皆視做「本業」。到了明末清初，著名大學者黃宗羲（一六一〇～一六九五）進一步指出：「今夫通都之市肆，十室而九，有為佛而貨者，有為巫而貨者，有為倡優而貨者，有為奇技淫巧而貨者，皆不切於民用，一概痛絕之，亦庶幾乎救弊之一端也，此古聖王崇本抑末之道。」

黃宗羲對本業、末業的觀點應該值得人們注意，他說「不切於民用」，也即對老百姓提高生活水平沒有實際用處的商業行為，被看做是末業，他本人並不反對。不是所有商業活動都應該被支持的，晚明能有如此見識實屬難得。

表現2：仲介組織——朱元璋毀「橋」建「橋」

說書藝人作為娛樂業工作者的同時，在封建社會也是仲介。說書先生用的扇子不但是道具，更是一種度量尺度。因為，民間尺子、秤等貓膩特別多，而說書先生的扇子卻是有著嚴格尺度規定。因此，百姓如果買東西覺得上當受騙了，就會找說書先生評理，說書先生拿扇子一量就知道了。

仲介人早在貨貨貿易時代就已經出現了，他們所起的作用相當於橋梁。人們通常稱仲介為「牙人」。理由很簡單，仲介很大程度上就是那張嘴，一張口就露出大板牙的形象讓人印象深刻。

但這個名字背後卻透著一種蔑視，這也不能怪百姓，因為，人上一百形形色色，其間有正經做事的，也有仗著自己的資訊優勢、學識優勢而坑害他人的。

仲介在其執業過程中，認識的人會越來越多、層次越來越高，其中只要有一個人能幫他，他立刻就會「鯉魚躍龍門」。安祿山、史思明的發跡不乏貴人相助，而貴人之所以能夠相助，他們的牙人生涯起了很大作用。到了元代，仲介公司——牙行開始大量出現。朱元璋在登基的第二年就取締牙行企圖壟斷仲介貿易，但沒過幾年又不得不恢復。可見，牙行在明初的勢力就不可小視。

·～·～·～·～·～·～·～·～

□萬歲聖明，妖魔鬼怪自然就少

這一年是洪武八年（一三七五），在宮中閒來無事的朱元璋想出去看看，為的是體察民情。朱元璋帶著親信太監來到了集市，看到經過八年的嘔心瀝血，天下繁榮、買賣興旺，心中非常高興。他走進一家布店，看到來了一位賣布的商人，店主連忙出來相迎。

「哎喲，王掌櫃！」「哎呀，劉掌櫃！」

「您來了！」

「哦，剛到。這批布質量很好，您可得看好了，給個好價錢！」

·～·～·～·～·～·～·～·～

「這恐怕不行呀，我怎麼能給您估價呢。還是請李先生來估個價吧！」

朱元璋一聽覺得很納悶兒，便問店夥計：「這李先生是……」「哦，您不知道，這位李先生以前是李紀牙行的掌東，沒想到那個挨千刀的朱……」「胡說什麼！還不快去請李先生！」劉掌櫃在旁厲聲喝道。

「好嘞。」店夥計趕忙跑了出去。朱元璋又來到二人面前說道：「二位，據說皇上禁止牙行是為了保護商人、百姓不受牙行盤剝。他們經常故意抬高價格或壓低價格從中牟利。」

「這位先生，此言差矣！」朱元璋循聲望去，只見一位身材高大、衣著華麗的人走了進來。「哦，我說的有啥不對呢？」朱元璋看著那個人冷冷一笑。「剛才您說的確實有道理，但俗話說得好，人上一百形形色色，萬歲皇爺能打包票說他手下的數萬官員無論文武沒有一個貪官污吏、違法犯科之人嗎？」朱元璋一聽不禁啞然。

「這位先生恐怕是官宦之家，與我們民間隔得較遠呀。我們牙行自唐代就已經出現了，歷經百年了，自前朝遍布天下，其中確有蛀蟲。這些人該殺該禁，但不能因為他們而把我們都當成壞人了呀。你覺得現在市場繁榮是因為我們牙人、牙行沒了嗎？」「難道不是嗎？」「恰恰相反，正是因為我們暗地裡存在才有如此繁榮。經過百年來的發展，沒有我們牙行存在，買賣雙方難以認同價格，難以明辨真偽，難以雇請交通，難以明辨規則。你如果有心，不妨去看看世間的商人、百姓有多少人離得開我們。」

朱元璋聽罷，冷冷地看著他，「我倒要去看看！」朱元璋離開了布店，又到了民間普通百姓的大集。「我出身於農，與農民的心最相連。當年，那些牙人如此欺負我和我的同鄉，我不相信農民還會願意接受這些人的擺布。」思索間，看到一個農婦拉著一個買賣人嚷道：「我這不是瘟雞，你別騙我。你準是剛才欺負我老太太不識秤，蒙我被我識破了，你惱羞成怒才說我這是瘟雞！」

「誰蒙你了，你大字不識一個，是你看錯了！」「我賣不出雞事小，壞我名聲事大！去找張大，我只信他！」「大娘，張大我來了。我看看您的雞。」說完，那個人蹲下來仔細觀看之後，站起身對那買賣人說道：「大娘的這五隻雞沒有任何毛病，只是長途來此，暫時萎靡而已。你休要騙人！」

朱元璋聽罷，不禁一愣。這時，老太太說道：「張大，可是好人呀。可不像十幾年前的那些牙人，專門欺負我們這些人。」張大微微一笑：「您說得是，現在天下太平，萬歲聖明，這欺行霸市的妖魔鬼怪自然就少。」

朱元璋暗自沉吟：萬歲聖明，妖魔鬼怪自然就少！多好的話呀。

朱元璋回到皇宮後，派出大量的人員查看市場，摸清牙行、牙人的具體情況。經過詳細調查，看到牙行、牙人確有存在的必要，朱元璋決定撤銷六年前取締牙行、牙人的命令。

中國最早的牙行出現於元代的至元年間。這一年，牙行一詞出現於中書省的文件中。洪武二年（一三六九）朱元璋取締牙行，打算把牙行的一些職能如代收商業稅、評估商品的質量和價格等收歸官府，然而，這種嚴重干預市場的政策根本沒有辦法施行。所以，沒過幾年又同意設立牙行，但是對於影響物價的「高抬低估」等行為給予嚴懲。其懲罰力度非常令人吃驚：捉到京城，戴枷鎖示眾直到死亡，家屬充軍。

到了明代中後期，牙行的主要從業者，主要有兩大類。其一為官府經營的「官牙」也就是官店，典型的代表就是「塌房」。因為商賈貨物在城外堆積，同時經常受到官吏盤剝勒索，朱元璋便在三山諸門外瀕水的地方建造了店面。這就是「塌房」的來歷。

在對外貿易的管理部門市舶司內，也建立了牙行機構。嘉慶時期，廣東市舶司內的客綱、客紀即屬於官牙。同樣，在內陸稅收管理市場內也設有官牙。

官牙之外的私牙，也開始興盛。他們有的是經商多年的商家，有的是從官牙退下來的人。民間牙行要想營業，必須交稅（牙帖的價格）後得到營業執照（牙帖）。牙帖的有效期為一年。私家牙行可以允許從事以下事情：

一、代收稅款，交監察御史、主事核對；二、代官府在交通要道上收取過路費，同時填寫商人、船主的籍貫、住址、路引字號、貨物類別和數目等；三、買賣仲介、代買代賣、為商人雇請交通工具、貨物倉儲、幫助商人解決食宿等問題，從中收取佣金；四、評估貨物價格等。

牙行的興盛最終催生出了江西洞庭商人翁籩所建立的牙行帝國。該牙行在清源經營布行，其連鎖店遍布江西、湖南、湖北、福建、廣東、江蘇諸省。

明代中後期，由於各地地方政府採取了傾斜的商業政策，各種牙行組織極為興盛。例如北京通州就有五十八個牙行，各行各業皆有牙行組織。

牙行組織主要是促進買賣雙方交易成功，從中收取貨物總價的百分之二作為佣金，並代買賣等。牙行每年上繳的稅銀也非常多，以通州的五十八個牙行為例，每年上交的稅銀可達四千四百多兩。明朝晚期，隨著國政的日益腐敗，牙行反而成為商品經濟的一大毒瘤。假冒牙行、胡亂評估商品價值、勾結官員強行截留貨物、偷盜倉儲貨物等比比皆是。

隨著鄉鎮經濟的發展，一些農民開始通過集市貿易將農產品商品化，久而久之，專業化的農產品、農具組織開始出現。而作為受教育較少的農民來說，牙行便成為免受一些不良商人坑蒙拐騙的保障之一。因此，農村牙行組織也快速成長。

到後來，明政府規定：凡是有牙行的地方，商品買賣必須通過牙行進行。這樣，牙行組織在農村地區也極度膨脹起來，牙行又開始壟斷起農村貿易。正如，壟斷自然就會產生效率低下、腐敗一樣，最終，農村的牙行組織也開始墮落。

表現3：今日報業從業者的楷模——明代報業工作者

□若要柴米強，先殺董其昌

萬曆四十四年（一六一六），萬曆皇帝不知為何竟然主動看起了報紙。突然，一件發生在江南的事情引起了他的注意，氣得萬曆怒道：不想一個奴才在鄉間如此為非作歹。來人呀，給我到民間弄些《京報》來，我要看看更詳細的新聞。原來，明代大畫家、退了休的政府官員董其昌因為搶奪民女，被當地百姓抄了家。

萬曆四十三年（一六一五），六十歲董其昌，看中了一個名叫綠英的姑娘。綠英是陸紹芳這個有功名的諸生家裡的一個佃戶的女兒。董其昌的兒子董祖常看老爹喜歡上了人家，順者為孝嘛，董祖常立刻率人把綠英搶走了。這一下陸紹芳還有社會上的新聞工作者以及藝人們可就不幹了。陸紹芳組織知識分子、新聞工作者在報上撰文抨擊，藝人們更是各顯其能——說書的編成了平話，唱曲的編成了彈詞廣為傳揚。

董其昌忽然發現自己已經成為公眾人物了，大為惱怒。他認為這是一個叫范昶的人搗的鬼，而范昶給予否認，誰知隨後范昶暴病而亡，范母帶著兒媳龔氏、孫媳董氏和女僕們穿著孝服到董家門上哭鬧。令人髮指的事情發生了。董其昌的家丁竟然將這些女人拉到隔壁坐化庵中集體強姦。范家告狀，衙門卻久拖不決。民眾開始鼓噪起來，人們四處張貼檄文布告號召百姓前往董家討公道。

大街上的童謠竟然是「若要柴米強，先殺董其昌」。正月十五百姓們擁到董其昌家將董家的幾十間房屋拆毀。正月十六，從上海青浦、金山趕來的百姓開始火燒董家其餘的房子。據當時的報紙透露：有兩名「童子」率先進攻董家，數百間豪華建築被燒毀。十七日、十八日松江府其他地區的百姓陸續趕來，拆毀焚燒董家在當地的其他房產。十九日松江百姓焚燒拆毀有董其昌題詞的建築。

官員向朝廷奏報，說是因為傳奇小說《黑白傳》（說書藝人根據這件事臨時創作的作品）造成民變。當時的明朝政府將此事定性為：廣大人民群眾受了一小撮別有用心者的蒙蔽。

董其昌認為這是政敵所為，地方官認為是民眾受了愚弄。爭執了半年後，蘇州、常州、鎮江三府會審的結果是：對直接參與燒搶董家的一干流氓定為死罪處斬，對松江府華亭縣儒學生員五人杖懲並革去功名，另有五人受杖懲並降級、三人受杖懲。

上述案例之所以能被今人看到，明代報業工作者居功至偉。否則，如果全憑官方記載，我們肯定不會知曉許多事情內幕。當然，直到今天也有一些人，因為喜歡董其昌的字畫和學問，愛屋及烏，認為董其昌是無辜的。

由於抄報行大寫「獸宦董其昌，梟孽董祖常」等標語，沿路張貼，結果安徽、湖南、湖北、四川、陝西、山西，甚至北京都流傳此事，船渡碼頭、交通要衝等處的抄報行也競相刊登，結果連朝廷也知道了這件事。當年，邸報就刊載了內閣對董其昌的批評，說他是「聖朝棄物」，並提出處罰意見：「即有不赦之罪，宜赴所在官司告理，或因而奏請處分。」並說：若不對董其昌父子進行嚴懲，「三吳之勢家大族，人人自危，小民沙中偶語，無日無之，恐東南之變，將在旦夕，此又甚於夷狄盜賊□□（後兩字缺）」。

在明代，報業已經成為一個非常重要的行業，從上例就可以看出其影響力。早在萬曆十年（一五八二）四月，戶部尚書張學顏曾請求免除三十二個行業的稅收，以讓他們儘快成長起來，報紙就是其中之一。這三十二個行業是：

網邊行、針蓖雜糧行、碾子行、沙鍋行、蒸作行、土堿行、豆粉行、雜菜行、豆腐行、抄報行、賣筆行、荊筐行、柴草行、燒煤行、等秤行、泥罐行、裁縫行、刊字行、圖書行、打碑行、鼓吹行、抿刷行、骨簪籮圈行、毛繩行、淘洗行、箍桶行、泥塑行、媒人行、竹篩行、土工行等。

儘管抄報行成為需要保護的三十二行之一（材料上只有三十行），但既然能被稱為「行」可見從業的人比較多。在當時，抄報行比較興盛，宛平縣的抄報行就在前門一帶。

抄報行興盛還體現在各省駐京辦都設有相應的抄報行。抄報行還專門雇傭了一批「新聞線索搜索者」（報子），他們的主要作用一是邸報出來後，負責謄抄，然後根據其中的線索進行採訪；二是搜尋邸報不刊載的社會新聞線索。

每逢高考（會試）、中考（鄉試），抄報行的工作之一就是傳遞考試成績。

抄報行內的記者到後來也有專門從事販賣新聞者，就像華陽散人在《鴛鴦針》中描寫的落地秀才「白日鬼」周德。由於當時還沒有形成新聞審查制度，其間的問題也日漸凸顯。

民間抄報行因為以新聞為生命，所以往往採用各種手段挖新聞，其手段可與默多克（Rupert Murdoch, 1931-）旗下的《世界新聞報》（*News of the World*）媲美。例如，清兵進攻山海關，洪承疇投降，崇禎皇帝要求陳新甲等人組織議和。哪知，陳新甲的家童竟然將此秘密告知了報館，結果第二天天下皆知。據尹韻公先生推測，這個家童很有可能是受雇於報館的報子。

民間抄報行的新聞傳播速度顯然要比邸報略勝一籌。正如當時的首輔于慎行憤怒地說：邊塞的戰報、重要事情，政府還不知道呢，民間百姓卻都知道了。這些報房商人真是為了錢什麼都刊登。

為了新聞更快，明代的報人，還印製了報帖，即報紙內容簡介，只講事情的概況，不詳細敘述。最終，形成了明朝的「日報」。

值得今天報人學習的是，民間抄報行的文章，集故事性、新聞性、文采於一體，令人折服。最典型的就是對世界三大災難之一的王恭廠大爆炸（另兩大災難是：印度「死丘」事件、一九〇八年六月三十日俄羅斯西伯利亞通古斯大爆炸）的報導。

天啓六年五月初六（一六二六年五月三十日）上午九點，王恭廠一聲巨響之後狂風驟起，霎時間天昏地暗，人畜、樹木、磚石等立刻被捲入空中，又隨風落下，數萬房屋頃刻化為瓦礫，死傷者多達兩萬餘人。災後，男女盡皆裸體，衣服掛於西山樹梢、銀錢器皿飄至昌平閱武場中。紫禁城外正在修繕圍牆的三千工匠全部掉下腳手架摔死。正在用早膳的天啓皇帝則因為動作敏捷，躲到了龍書案下才倖免於難。

王恭廠是軍火庫，許多人認為是火藥爆炸，但爆炸中心竟然沒有絲毫被火燒的跡象，地震的跡象也無，直到今天這個巨大的疑團都沒有弄清楚。最終，天啓帝下罪己詔，大赦天下。

記載這件事情的報紙寫得非常有文采，感興趣的讀者不妨找來一看，題目是「天變邸抄」。

表現4：以景德鎮的興起爲例講述城市行會和白圍裙運動

□白圍裙運動

嘉靖年間，景德鎮的包裝工人發起了「白圍裙運動」。瓷器在出廠前都要用稻草保護進行包裝，人們稱其為茭草。按照行規，茭草行工人吃的是白米飯，每五個人組成一個勞動小組，叫做「一條凳」，每月初一、十五每個小組豬肉一斤。嘉靖之前一直是這個規矩，但到了嘉靖年間，各家老闆以種種藉口，如生產成本上升或買賣不好做為由，先是取消了豬肉，後又把白米飯改成了糙米飯。這一下工人們的怒火開始爆發了。

安徽祁門人鄭子木不僅手藝好，而且為人非常豪爽正直，因此，頗受同行愛戴。人們要求他組織行業性罷工。這一下可急壞了官府和老闆們。浮梁縣衙立即將鄭子木等人抓捕收監，並張貼告示要求立刻復工。但因為無人包裝，茭草行以外的其他工種行會便開始施壓，要求立刻答應工人們的要求。最終，達成如下協議：立即釋放鄭子木等人；恢復白米飯和「一條凳」一斤豬肉；饒州、南昌、撫州、徽州四府的菸草行選出代表監督老闆們的執行情況，倘有違約罰老闆在蘇州會館演戲三天。

正當工人們歡呼雀躍的時候，一個陰謀卻產生了。菸草行和其他相關行業的行會負責人認為：此風不能長，決不能讓工人們嘗到罷工的甜頭，必須要讓他們付出代價。因此，官府重新逮捕了鄭子木等人。等工人們再次罷工，向縣衙請願時，人們竟然發現在縣衙內放著兩盆炭火，火中燒著一頂鐵帽子和一雙鐵靴。

衙役趙武指著工人們怒道：「告訴你們，任何事兒都要有規矩，要懂得上下尊卑。老闆們給你們工作幹，你們應該感恩戴德，一點兒豬肉、白米飯就讓你們以下犯上了！」

「你說得好聽。既要讓我們幹重活，又不給我們吃好，你以為我們是木頭呀，乾脆別給我們吃米飯了，給草吃吧！」

「呵，你小子別嘴硬，擺在你們面前只有兩條路，一條是無條件復工，一條是穿鐵靴子戴鐵帽，你敢嗎？」「我，我兩條都不選。」「哼，都不選的話，就把你們這些鬧事兒的全都抓起來！」「你們……」「我們咋著，你們這幫刁民就得這麼整治！復工，復工！」

「如果有人敢穿鐵靴戴鐵帽，你們就按我們的要求做？」衙役一聽一愣，回頭一看正是鄭子木。「你，你，你真的敢？」「我只問你，官府說話算數嗎？」「啊，算呀，算！不過，不過，你，你，你真敢？」

鄭子木聽罷，甩開其他衙役的手，來到趙武面前，冷冷一笑，「人總歸一死，如果我死能給各位兄弟帶來好處，我願意。」鄭子木說罷，衝著兄弟們抱拳拱手，「各位，各位，兄弟我從安徽祁門來此營生，家有老母妻兒，望各位兄弟把我送回家中！」

趙武一見鄭子木好像是真的，趕忙來到一位茭草行老闆面前。「老闆，我看算了吧，鬧不好真出人命。」「哼，我看他沒這個膽子。就算死了又怎樣，不過給點兒錢而已！」

就在這時，鄭子木已經行動了……

第二天，茭草行的所有工人來到了江邊，將鄭子木的屍體抬到了船上。突然一人高聲喊道：「各位，鄭大哥是為了我們而死，他家有老小，我們怎麼辦？無論錢財多少，咱們每人一枚或幾枚銅錢都可，一定要讓鄭哥死得安生！」話音剛落，這個人從懷中掏出十枚銅錢扔進了船艙。接著茭草行工人全都扔起了銅錢。頃刻間，船艙滿了。

就在這時，鄭子木的徒弟捧著一條白圍裙來到眾人面前。「師父，您生前工作的時候就愛繫白圍裙，今天我就把白圍裙拿來與您一同回家！」

就在這時，一位年老的茭草師傅咳嗽了一聲，江邊幾百名茭草師傅齊刷刷全都拿出白圍裙繫在了腰間。

～繫白圍裙這個傳統一直延續到今天。～

上面這個故事就發生在「瓷都」景德鎮，故事反映出工會組織已經有了一定規模。商業的繁榮極大促進了城市化，小城鎮也是如此。當時的蘇州、上海、杭州、嘉興、湖州五市，在二十多年時間就形成了二百一十餘個小市鎮。吳江縣本來有兩市四鎮，嘉靖年間增加到十市四鎮，明末清初則擴展為十市七鎮。嘉定縣的市鎮也從正德年間的十五個增為萬曆時的三市十七鎮。手工業市鎮也開始形成。之前，有許多書經常提到江南市鎮經濟，除了江南市鎮外，最典型的當屬景德鎮。景德鎮的興起是因瓷器。

中國瓷器舉世聞名。中國瓷器真正的發展時期是在東漢，唐朝的唐三彩馳名中外，那個時期中國的瓷器已經通過中間商傳到了歐洲、東北非。到了北宋，中國形成了鈞窯、汝窯、官窯、哥窯、定窯五大名瓷，瓷器成為絲綢之後的第二大出口商品。到了南宋，因為陸路交通貿易被基本割斷，南宋政權為了得到更多的財政收入，不得以大規模發展海外貿易。因此，對歐洲、阿拉伯地區的貿易達到了新的高峰，陶瓷業甚至出現了按訂單生產的情況。

中國瓷器傳入歐洲之前，歐洲大多採用的是陶器、木器、金屬器，中國瓷器傳入之後，迅速成為財富和身分的象徵。他們甚至認為，瓷器具有神奇魔力，如果在瓷器裡放入毒藥，瓷器就會開裂。因此，對歐瓷器的出口一直處於優勢地位。到了明代後期，針對瓷器出口明政府於正統十二年（一四四七）發布命令，「不許私將白地青花瓷器皿賣與外夷使臣」。

因為，中國開始限制瓷器出口，歐洲各國便通過各種手段購入中國瓷器。當時歐洲強國葡萄牙，其國王在一五二二年（嘉靖元年）下達命令：所有從東印度回來的商船上必須載有三分之一的瓷器。瓷器成為葡萄牙送給歐洲各國國王的必備禮品，歐洲各國王室給予聘禮、嫁妝中如果沒有瓷器則是件非常丟人的事情。歐洲的後起之國荷蘭更是將瓷器作為主要進口商品，自一六〇二年到一六四四年（萬曆三十年至崇禎十七年）荷蘭運輸的瓷器高達數百萬件，僅一六三六年（崇禎九年）一年，荷蘭就收集了三十八萬件瓷器運往歐洲。

在這些出口瓷器中，景德鎮的產品最多。明代同樣是瓷器技術高度發達的時期，例如永樂白瓷代表了中國製瓷史上白釉的最高水準。其後不久出現的霽紅、霽藍同樣代表高溫單色釉瓷技術的飛躍。景德鎮自漢代起開始較大規模的製瓷，到南北朝時期成名；唐宋時期享譽全國；到了元代因為燒製成功青花瓷，從而享譽中外；到了明代則是獨步天下，成為瓷都。伴隨著這一過程，景德鎮成為真正意義上的城市。

除了景德鎮外，福建德化白瓷（又稱中國白、象牙白、蔥根白等）、山西磁州窯、龍泉青瓷等也非常出名。

在行業分工上，景德鎮瓷一般有八業三十六行之說，它們是：燒窯業。有窯廠、滿窯、砌窯（窯與補窯）三行。其中，窯廠勢力最強，窯廠中最關鍵的角色是「把莊」，他主管看火色，裝窯路。他們有自己的幫會組織，叫「風火仙」。滿窯和砌窯，則是窯建築的專業。

製瓷業。有脫胎、二白釉、四大器、四小器、冬小器、飯閉、灰渣器、古器、七五寸、滿尺、描令等十一行。

彩瓷業。有畫四大器、畫脫器、畫灰器、畫描飯閉等四行。

匣缽業。有磚山、大器匣、小器匣三行。

包裝、搬運業。有茭草、看色、打絡子、削殺利篾、打貨籃、挑瓷把莊、下駁、挑窯柴、搬運九行。

下腳修補業。有彩紅、洲店（專門補瓷）兩行。

瓷業工具業。有模型、坯刀兩行。

瓷業服務業。有轎行、馬行兩行。

各行都有自己的行業組織，每個行業向上有更大的幫派組織，向下則有具體的更小的行會。瓷器在明代被江西商幫和徽商壟斷，形成江西都幫（碗、盤等日用瓷器）、雜幫（除日用瓷器外的其他瓷器）、徽幫。三大幫占據了瓷器生產、運輸、銷售量的一半以上，其他則被「三窯九會」、「五府十八幫」、「保槎公所」、「保柴公所」等組織壟斷。由此，又形成了八大商家：馮、余、江、曹大似天，張、王、劉、李站兩邊。

都幫。都幫的成員都是江西都昌人。都昌在景德鎮的西北，處於鄱陽湖北岸，是景德鎮瓷器對外銷售的必經之地，因此，隨著景德鎮的興盛它也開始興盛起來。作為非當地居民，都昌人幾乎壟斷了景德鎮的瓷器業。起初，來到景德鎮的都昌人是作為雇工來打工的。久而久之，都昌人反客為主，成為景德鎮瓷器業的主宰者。

徽幫。徽幫成員主要來自安徽的黟縣、歙縣、祁門、休寧、績溪、婺源六縣，他們並非生產者，而是瓷器流通者。徽商控制了瓷器生產的服務行業，如典當業、中藥鋪、綢緞莊、糧油業、鹽業、雜貨業、茶業等。徽幫中六縣勢力強弱排序是：黟縣、婺源、祁門、休寧、績溪、歙縣。徽幫到了清朝中後期逐漸戰勝都幫，到了民國時期，徽幫成為景德鎮經濟命脈、瓷器業的主要控制者。

雜幫。雜幫又分主要從事景德鎮瓷器的貿易、出口的外省幫和主要從事運輸、雜貨、窯爐、餐飲的本省幫兩類。外省幫主要是福建幫、湖北幫、蘇湖幫、廣東幫、山西幫、寧紹幫等，本省幫主要是南昌幫、撫州幫、饒州幫、湖口幫、吉安幫、奉新幫、建昌幫等。

雜幫中的撫州人控制了琢器業，景德鎮明清時期生產的壺、盅、匙、瓶、罐、雕塑等基本上都是撫州幫的產品。

雜幫中的採購八幫的實力也非常大，它們是寧、紹、關、廣、鄂等。除此之外，雜幫還控制了瓷器生產服務行業的瓷行、選瓷行（看色）、陶瓷加工（紅店）、茭草、包裝、搬運、木箱、藍簍、花篾、土儀、棕棉、雨傘、豆腐、煙酒、飯館、鞋店、裁縫鋪等。

除了上述三大幫派外，還有兩大派：燒窯業和圓器業的行業協會「三窯九會（社）」、瓷器手工業者利益保護協會「五府十八幫」。當然，在這些行業協會下面還有小的行業協會，例如九會中的「同慶社」就包括四大器業，「聚慶社」就是博古器業的行業協會。五府的領頭人分別叫

「頭首」，簡稱「府頭」，十八幫的領頭人分別也叫「頭首」，簡稱「幫首」。

三窯九會是瓷器生產商的利益組織，五府十八幫表面上是維護中小瓷器生產者利益的組織。例如，三窯九會的活動重點就是：勞資協商、鎮壓罷工（俗稱「打派頭」）、砍草鞋（草鞋就是瓷器業工人，找出罷工帶頭人，列入黑名，使其永遠不能在景德鎮立足）、掛扁擔（對非都昌幫的瓷商進行制裁）、替官府派捐籌款、解決會員內部業務糾紛等。

行會之間也會有競爭，例如陶慶窯為了低價買到柴火，往往會規定臨時禁窯，迫使柴客低價賣柴。陶慶窯然後決定賣給各幫會的柴價，請各幫會吃酒。在此期間，如果有人膽敢不同意，陶慶窯則會停止供柴。

在生產規模上，明朝中後期景德鎮僅民窯系統的三百多座窯每年生產的瓷器就多達一千二百萬件左右，其中百分之九十九作為商品銷往國內和世界各地。在當時，景德鎮的窯商財力雄厚，就拿製瓷中資金使用最少的製坯環節來說，一個坯房每月的生產資料成本需要一百四十兩銀，每月的人工成本一百六十兩銀，每月的投入就多達三百兩銀。

每個坯房所需的員工至少三十人，製坯需要十大環節：陶泥、旋坯、合釉、抬坯、拉坯、上釉、裝坯、印坯、舂灰、畫坯。製坯商作為小業主將坯件賣給窯主燒製成成器，將瓷器賣給瓷商，賺取差價。更令人驚訝的是，明朝的代工業極為發達。瓷器流通商讓特定的瓷器生產商按照訂單（明朝中期之前主要是中東國家，其後是葡萄牙、西班牙等歐洲國家，以及日本）要求燒製瓷器，從中賺取利潤。

商業興盛外來人口必然增多，因此，景德鎮人口中百分之七十到八十都是外來工人，製瓷七十二道工序需要的工人極多。在生產關係上，景德鎮也出現了資本主義萌芽。嘉靖年間，景德鎮人口有十多萬人，其中製瓷業從業人員占十分之一以上。景德鎮的工人與雇主之間的關係較為自由，雇主可以辭工，工人也可以炒老闆。甚至，工人可以將自己的工作崗位轉賣給其他人。窯工不像其他行業的雇工，除了工作之外，不需要對雇主做任何事情。假如做了工作以外的事情，則會以「打含工」（拍馬屁）的錯誤被師傅懲罰。他們之間的關係是單純的雇傭關係。

但是隨著時間的推移，這種單純的雇傭關係越來越難以見到。嘉靖十六年（一五三七）樂平縣發生了瓷工要求雇主浮梁民歸還拖欠工資的事件，從此對瓷工的剝削越來越嚴重。

表現5：十大商幫大競爭

～・～・～・～・～・～

□徽浙商與粵贛商的百年鏖戰

為保障鹽業壟斷，明初採取了食鹽專賣制度，即將全國劃分為若干銷售區，並設立都轉運鹽使司或鹽課提舉司等機構，管理各地區的食鹽生產與銷售。例如江西市場的鹽必須是淮鹽。然而，廣東與江西距離甚近，廣東鹽自然就會以走私的形式進入江西。由此，淮鹽商便與粵鹽商發生了競爭。

～・～・～・～・～・～

因為私鹽利潤非常大，竟然在天順年間出現了上萬人的武裝走私。天順年間廣東巡撫葉盛為了保證廣東鹽商、人民的利益，相應地也給江西百姓降低生活成本，更是為了社會穩定，以「入米餉邊」的名義，給粵鹽商進入江西披上了合法外衣。兩淮鹽商自然不會坐視利益受損。雙方在江西南安、贛州兩府進行了「淮粵之戰」，競爭長達百餘年。

淮商主要是以蘇商、徽商，特別是徽州鹽商為主體出面迎戰，並以地緣、血緣、宗族為紐帶，聯合了從中央到地方的官員組成利益共同體，對粵贛鹽商集團發動猛攻。首先，他們勸說戶部尚書、淮安人葉淇改革「開中制」，將納糧改為納銀。這一方針使淮商不僅最終戰勝了粵商，還戰勝了晉商、陝商。

嘉靖三十七年（一五五八）右副都御史、江西巡撫、淮安人馬森在峽江建立稅所阻止粵商北上。六年後，淮商集體上書兩淮巡鹽御史朱炳如，要求回收江西袁州、吉安，以及河東的南陽、陳州等地全部銷售淮鹽。朱炳如同意後，便引起了河東巡鹽御史的不滿，他指責朱炳如誤聽奸商、紛亂成法。

然而，朱炳如背後有掌管全國鹽政的左副都御史鄢懋卿做靠山，所以，河東、粵贛等地方政府的反擊沒有成功。

同時，淮商善於交際而且出手十分闊綽。在當時，晉商的實力比淮商要大得多，但晉商屬於北方商業系統，北方商業系統的人比較簡樸，這樣，用於交朋友的錢自然沒有南方商業系統的淮商充足。交朋友的錢，除了一部分是正當的外，其餘最主要的自然是行賄。

淮商在交朋友上素來爽快，例如天啓五年（一六二五）江禮等人為了讓政府強令粵商退出江西吉安的鹽業市場，賄賂閹黨頭目御史崔呈秀四萬二千五百兩白銀。同時，淮商也打出「維持祖制、法律尊嚴」的旗號阻擊粵商、贛商。

對此，粵贛集團以「順應民意」的理由進行反擊。畢竟，廣東與江西南部地區非常近，因為距離近價格就自然比較低，這樣自然利於百姓生活。所以，南贛巡撫、廣東屯鹽僉事等地方政府官員便屢屢上奏戶部，要求為了百姓的利益，允許廣東鹽進入江西，戶部表示支持粵贛集團。

這其中，廣東巡撫葉淇、南贛巡撫王守仁等提出：走私不能堵只能疏，越是堵越容易發生社會動蕩。這一觀點最終獲得皇帝的認可。在萬曆年間，粵贛集團獲勝，江西南部的南安、贛州、吉安等市場被粵商占領。

上述案例講述的就是商幫間的競爭，明清十大商幫在中國商業史上占有非常重要的地位。商幫興起標誌著商業發展的興隆，在明朝中前期陝商、晉商、徽商就已經初具規模。到了明朝中後期，十大商幫便悉數登場。

商幫的興起與邊關特別是九邊高度相關，因此，山西、陝西就成為了首先崛起的兩大商幫。

九邊之中有四個屬於陝西布政司管轄，它們是：延綏、寧夏、固原、甘肅四鎮；屬於山西布政司管轄的有宣府、大同、山西（偏頭關）；因此，晉陝商幫最先興起。因為，山西、陝西距離近，經商特點又相近，人們通常將二者合稱為「西商」。

陝西人口從元末的四十四萬人，到明洪武二十六年（一三九三）增加到了一百八十萬六千人，到萬曆六年（一五七八）更是增加到了三百五十萬六千人。在屯田的過程中，永樂皇帝針對陝西缺少耕牛的情況，在永樂三年（一四〇五）每百名軍士給牛四十隻。在如此情況下，陝西屯田大為成功，使得當地百姓的生活較為安樂富足，所以人們才有精力和條件進行各種貿易。就在這種較為富足的情況下，陝西商幫逐漸發展壯大。

例如陝西渭南，國家要徵集十萬石糧食，結果七天便完成了這一任務。萬曆年間，在二百六十個府按稅糧多寡排名次，西安府位列全國第四，排名第一者為松江府。陝西商幫之所以發展成功，原因就在於農業基礎厚，經濟作物生產促進了糧食商品化。當時廣泛種植的經濟作物主要有：蠶桑、茶葉、棉花、藥材、蔬菜和水果等。

與此同時，駐紮陝西的二十多萬步兵和數萬騎兵，對於陝西商幫的形成也起到了促進作用。最終形成了以涇陽、三原為中心，以龍駒寨、鳳翔為橫座標，以延安、漢中為豎座標，並聯繫各州縣市場、集鎮貿易的市場網路。

九邊最需要的就是糧食，因此，鹽茶的開中制便成為西商和徽商崛起的必要條件。例如西商在河東鹽區、長蘆鹽區、山東鹽場占主體地位，兩淮、浙江、廣東、福建鹽場則是徽商占主體。

徽商主要的產品是鹽茶木典。江南木材行業也是徽商實力最為雄厚，到了清代則被徽商壟斷。典當業同樣如此，徽商汪克等人在河南就開了二百多家當鋪，京城的當鋪也多是徽商所開。除此之外，徽商還經營文房四寶，例如嘉靖年間的方正、邵格之、羅小華以及萬曆年間的程君房、方于魯、汪春元、葉立卿等。

徽商主要以徽州、寧國商人為主。因為，徽州、寧國等地田地較少且自然條件較為惡劣，因此，靠農業生存非常艱難。例如徽州有「七山半水半分田，兩分道路和村莊」之說，寧國則多丘陵。因此，徽州人經商自古有之。當時的民謠對此唱到：前世未修生在徽州、十三四歲往外一丟。

其他商幫也是如此，例如晉商也是因為地少人多貧困，農耕不易，所以才出外經商。在各商幫中，江西的土地最為貧瘠。大臣張瀚就在《松窗夢語》中說：江西除了陶瓷以及金屬儲存之外，幾乎沒有什麼能夠拿得出手的。在官場中，有句順口溜：命運低，得三西。就是說，你官運不濟的話，就會去陝西、山西、江西三個地方去當清（貧）官。

相比較而言，徽州雖然糧食作物不濟，但休寧、祁門、黟縣、歙縣等卻多產竹木、茶葉，而徽州更控制了江西景德鎮的製瓷原料，盛產陶土。徽州的文房四寶更是馳名大江南北，宣紙、宣筆、徽墨、歙硯就是知名產品。

在上述產品中，茶葉是徽商最終戰勝西商的關鍵產品。在茶葉市場上，散茶是明代銷售的主流，其品牌達到了九十六個，而宋代只有日鑄、雙井、顧渚等幾個品牌。在茶葉市場上同今天一樣，分為茶葉產地、中轉銷售市場以及茶葉銷售地。

明代的茶葉產地和今天大致相仿，主要是四川、陝西、福建、浙江、安徽、湖南、江西、廣東、雲南、貴州、河南等。中轉銷售市場就是茶葉運輸的重要城市、港口，因此，京杭大運河以及十五座一線城市都是當時重要的茶葉中轉市場。茶葉銷售地就是民間銷售市場以及茶馬互市地。通過對外貿易在十五世紀末茶葉由阿拉伯商人轉賣到歐洲。到了一六〇七年（萬曆三十五年），荷蘭海船來澳門購茶轉運到歐洲，這是中國茶葉直接銷往歐洲的最早記錄。

在這一市場上，徽商迅速崛起。如果說在鹽務中，徽商與晉商的實力差距還比較大的話，那麼，通過茶葉貿易徽商與晉商的實力在慢慢縮小。最終，因為鹽業改革，徽商擊敗了陝西商幫、重創了山西商幫，成為在鹽業中獲利最大的商幫。如果沒有茶葉貿易的介入，這種實力對比可能不會發生變化。

同食鹽一樣，茶葉也是遍布全國的商品。徽商在明朝中後期，形成了許氏、歙縣芳坑江氏、績溪王氏、歙縣吳肇福、婺源朱文熾等著名茶商。其中，最有特色的就是朱文熾。他早在五百年前就開始了品牌化經營，不管經營業績如何，他始終在自己的產品包裝袋上寫上「陳茶」二字。除此之外，他還注意收集消費者資訊，不斷提高茶葉品位。

晉商在明清兩代有著非常明顯的區別。在明代晉商的興起主要源於「官商一體」，大商人之家也是大官僚之家，而清代中後期的晉商則主要靠「市場」而形成。因此，有人將明代晉商稱為老晉商，將清代晉商稱為新晉商。

陝晉徽三大商幫主要以鹽茶為主營商品。另外的七大商幫中：

粵商主要以廣州、潮州兩地商人為主，對外輸出鹽鐵，輸入糧食、絲織品。

閩商主要由漳州、泉州、福寧、興化商人組成，以海商為主。

浙商主要以寧波、龍游、湖州人為主，主營錢莊、船運、南北貨、文化產業、絲綿等，還從事海外貿易。

蘇商主要以洞庭、南京、鎮江人為主。洞庭商人主營米糧、絲綢棉布，南京商人則是綢緞，鎮江商人經營典當行業。

贛商形成於成化、弘治年間，以撫州、臨江、吉安、南昌、建昌、九江商人為主。

湖北商幫則以咸寧、荊州、黃州、武昌商人為主，其中咸寧的船運碼頭業最為強大。

豫商主要以武安人為主，經營藥材、綢布、水果。

之所以將他們稱做商幫，就是因為他們以地域為紐帶，秉持相同的經營理念、方針，用聯合的方式獲取競爭優勢從而形成某種壟斷。但具體方式並不相同，例如徽商主要靠宗族關係維繫，西商則靠同鄉關係聯引。西商中的晉商甚至有意排斥血緣關係，例如山西商號就不准用三種爺：少爺、姑爺、舅爺。江西商幫在這點上也與西商類似，同時他們都採取「學徒制」，同鄉負責輸入學徒，有保人，學徒如果犯錯保人也要負連帶責任，犯了嚴重錯誤的學徒將被這一行業拒之門外。

十大商幫在各地區的勢力大小也不相同。在山東地區，徽商占據運河區的臨清、濟寧、張秋。萬曆年間，臨清商人中十分之九都是徽商。徽、晉兩大商幫在山東地區經營的產品高度重合，都是以棉布、鹽業、典當為主。晉商經過三百年的努力，直到清代中後期才在山東典當業內擊敗徽商獲得了霸主地位。

湖廣地區有徽商、西商、贛商、粵商、蘇商的洞庭幫、川商等在此地競爭。在這一地區，西商與徽商都是以茶布為主；湖北的枝江、江陵等地的布被川商壟斷；湖北咸寧的布多被粵商壟斷；茶葉是以粵商為主。但是，各地區的具體情況也不相同，如漢口徽商壟斷了鹽、茶、典當、木材、棉布等行業。

河南地區主要是西商、徽商。

江南地區是各地商幫主要競爭地區，但徽商實力最強，西商實力其次。

第三回

面對白銀誘惑的固守與從流

老晉商在推動商業發展上的貢獻是有的，但它的負面影響更多更嚴重。因為，官商往往善於利用權力擠壓民間商人，因此，形成了對商業發展很不利的市場環境，使商業競爭不是靠經營思想和技巧而是靠權力。而且官商一面受官僚階層影響，一面受商人階層影響，官員樂於經商，商人樂於購買權力。商人購買權力的手段就是賄賂官員，因此，官員的腐化奢靡便不可避免，進而影響到了全社會。

奢侈可以促進消費，但奢侈更容易帶來「唯利」思想盛行。所以，它必須被限制在一定範圍內。否則，唯利是圖者敢於踐踏一切人間法律的現象將不僅僅存在於少數人中，必將擴展到整個社會階層。更為嚴重的是，社會風氣奢靡化，會對一切敢於堅守「儉樸」、「清廉」、「正直」、「氣節」的人形成巨大的無形壓力，從而使更多的人認同「居官有同貿易」的不正常現象，整個社會將呈現去英雄化的傾向。

好在明朝中後期一直存在著反對享樂、反對奢侈的人，他們固守著傳統觀念對英雄、對聖人的理解，對別人的蔑視、冷嘲熱諷毫不在意，依然故我。然而，隨著時光的推進，這種人越來越少，終至少到無法托起明朝這座將傾的大廈。

我們何以戲謔清官

•～•～•～•～•～•～•～•～•～•～

□我的夢：故我為何消失

我昨晚做了一個夢：

張果老敲著漁鼓、打著簡版、唱著道情，問曹國舅這世間為何如此昏亂。一身破衣爛衫的曹國舅跟在倒騎驢的張果老後面跑呀跑呀，突然，一個跟頭摔倒在地，穿越到了現在，來到了北京市順義區的某某中學。他來了個狗吃屎摔在了我的面前。我大驚失色連忙將其扶起，他抬起頭問道：請問小仙童，想我大宋為何如此混亂？

學過歷史的我，高聲答道：皇帝昏聵，大臣貪污盛行。貪官乃亂國之根也！

曹國舅大呼一聲：神人也。

沒了，曹國舅沒了。

曹國舅沒了，我竟也開始穿越了，而且還是和我的同學們，穿越到了宋徽宗那個年

•～•～•～•～•～•～•～•～•～•～

代。在開封的一個酒館中，我和同學們把盞狂飲，杯杯濁酒下肚，各有慷慨陳詞。無非是大罵貪官之貪、慨陳百姓之苦。

某甲厲聲呵斥道：不殺盡高俅、童貫、蔡京等貪官，國必無寧日。這個同學名字叫張邦昌。

某乙也哭訴道：是呀，今日我等上書，必以死諫之。這名同學名叫秦檜。

我在旁也怒道：我等，一起赴死。

畫面一轉。出現了畫外音。啪啪啪。

原來是我們三個人在午門前被摁倒在地，褲子被脫到了膝蓋處，正在接受暴打。打我的都是我的同學，其中還有個女的。好羞。

經過這次暴打後，張邦昌首先變了，他開始變得與童貫等人為伍。其後，秦檜也變了，開始醉心書法，每日與蔡京談詩作對，最終成為一代書法家兼超級漢奸。唯有我，不改初衷。靖康之變後，我和同學秦檜一起跑到了杭州，在那裡我見識到了什麼是花花世界，美女、金錢，還有我最愛的曲藝，喔，我太愛了。為了滿足我的這些愛好，我也開始喜歡錢了。雖然，我反對秦檜陷害岳飛，但卻更反對不讓我玩兒的那些刁民與毫無人性的清官。

張邦昌自己當了大漢奸做了偽皇帝，秦檜則成了貪官的代名詞，而我則成了快樂逍遙的小貪官。活到了八十歲的我很是滿意自己幸福的一生，抱著曾孫笑道：「孩兒呀，

〜・〜・〜・〜・〜・〜・〜・〜・〜・〜・〜・〜・〜・〜・〜・〜

你長大了要做什麼呀？」

曾孫捋著我的鬍子奶聲奶氣地說：「祖爺爺，祖爺爺，我要當清官，把世間的貪官全都抓起來！」

孫子一聽，罵道：「畜生，你還想當清官！莫不是想一輩子受窮嘛，沒志氣！」

聽罷曾孫的話，我良久無語。入夜，圓月當空照，我心淚兒流。一陣激動後，我舉杯邀嫦娥，舞劍在當庭。我不禁感慨萬千，便賦詩一首：

一切如夢，切不可較真。古人就算做起那梨花體，你也勿矯情。

很簡單，這一切都是夢。

少年時，我也曾意氣風發，大批貪官。

恨不能一夜之間叫這些傢伙消失。

工作後，有的人因為房子、有的人因為快樂、有的人因為愛人，開始動起了歪腦筋。

發票上做手腳，公務上動腦筋。

這之後，有的人明白了：清官未必是好官能吏，清官未必會得到好報，未必會贏得眾人的理解和歡呼。相反，貪官們則逍遙快樂。

再之後，我們的思想與貪官合流，從心底裡發出了呼喊：啊！理解貪官吧。

再再後，面對著世間萬千，我們覺得：人生，你是多麼的無奈。啊！人生，人不為

〜・〜・〜・〜・〜・〜・〜・〜・〜・〜・〜・〜・〜・〜・〜・〜

〜・〜・〜・〜

己，天誅地滅！

再再再後來，我們瘋狂地貪著——名譽、錢財還有女人。

最後，我們不但要貪還要給自己立塊大牌坊，上寫四個大字：兩袖清風。

哦，人生就是如此。歷史不過如此。

〜・〜・〜・〜

曾幾何時，我們對清官非常崇敬。而如今，戲耍的鞭子卻落在了曾經的偶像身上。不是偶像變了，偶像並沒有變，變的只是我們的思維方式。因為長大後，我們發現：做一個公正的人、廉潔的人、永遠不說假話的人，是多麼多麼難。因此，我們發現，有時候說些假話、貪污一些、拉拉偏架，我們的生活會更好一些，事情也會更好辦一些。久而久之，我們就對曾經的偶像產生了蔑視。隨著蔑視感的加深，我們也越來越像自己曾經蔑視乃至痛恨的人，最終也成為他們。

可是，在明朝中後期的奢靡風氣中，卻有一大批像海瑞這樣保持著廉潔、傳統貞潔觀的人在抵禦著白銀的誘惑。世間少有人真的能做到赤條條地來，乾乾淨淨地走，然而海瑞做到了。他是一位倔老頭兒，生得渺小，死得偉大。他留給世間的是一個純純粹粹的精神偶像。也許他就是名著《堂・吉訶德》（*Don Quijote de la Mancha*）中的那位可憐的小老頭兒，然而，我們卻應該對他懷有深深的敬意，特別是當我們看到了明朝中後期的腐化奢靡之後。

到了明朝中後期，商品經濟的發展已經使商人經商的思想與官員為官的思想合二為一。例如，萬曆朝的首輔葉向高就曾說：看北京城內熙熙攘攘的人群裡，不是穿著官服的官員就是商人。

只不過當官的是在朝中經商，商人則是在民間而已。他又說，天下的人無外乎功名富貴而已，但其本質就是利益（金錢）而已。

明代中後期，隨著商人勢力越來越強大，特別是自信心的提高，商人開始逐漸打破過往的陳規陋習。例如，朱元璋對於服飾的限制。農民之家可以穿細紗絹布，商人之家則只能穿布。農家只要有一人經商坐賈就不許穿細紗。有位知名作者曾經戲謔朱元璋的這種規定：農民誰會穿著絹紗去幹活？

其實，赤貧出身的朱元璋怎麼會不懂得這個道理。他這樣規定，第一是為了提倡農桑，讓人們專心從事農業；第二則是為了籠絡地主階層。明末士紳階層的穿戴是：頭戴四方角巾，身穿各色花樣的素綢紗綾緞道袍。有錢的人，冬天穿大絨蠶綢，夏天則穿細葛。在顏色上，沒有官僚背景的商人則只敢穿青色、黑色的綾羅綢緞。

服飾比拚後，商人們開始與官員在娛樂、吃用住行等方面進行比拚。商人的實力越來越強大，馮夢龍在《警世通言》中描述了晉商馬商沈洪因為約不到玉堂春便生氣地怒道：「王三官也是個人，我也是個人。他有錢，我亦有錢。」這一句話就可看出商人借助金錢優勢在心理上已經有了「鬥」的心態。

這種情況，當時在蘇杭地區更明顯。如果，哪個人在赴宴的時候不穿彩衣，那麼，就會遭到別人的笑話，甚至連座位都不會給你讓。炫富心態越來越明顯，致使當地娼妓業極為發達。

當然，奢靡之風之所以形成，商人只是起到了推波助瀾的作用，王公官員才是「風源」。例如顧東橋、嚴世蕃、康對山等人聚會宴飲，每次光給小費就達二三百兩。每日的花費動輒就幾百兩、上千兩。當時的一線城市，說書的、唱戲的買賣興隆，妓院、酒樓鱗次櫛比。王公貴族、貪官污吏花天酒地不足為奇，即使是當時的知名大儒、治世能臣同樣如此，例如王世貞、董份等。與此同時，官商相勾結的結果是催生出了新的名詞「紳商」。

不過堅守信仰的人還是大有人在。比如「吳中四大才子」中，唐伯虎、祝允明比較跟隨當時的社會風氣，文徵明、徐禎卿則比較固守。文徵明是一位十足的秉持儒家文化的楷模，這與他的家風有關。文徵明是官宦人家出身，他的祖上較之祝允明的外祖父的名聲，那可不是好得一星半點兒，因為他的祖先是南宋著名民族英雄文天祥。

文徵明的父親曾經擔任過南京大禮寺寺丞以及溫州知府，名喚林。他的母親極為節儉。那個年代，南方一些城市已經形成了「笑貧不笑娼」的社會氛圍。蘇州也被傳染了，人們爭相鬥富，奢靡之風席捲天下。而在這種情況下，文徵明的母親仍然粗布素衣，人們視之為異類。但文徵明的母親仍然以「儉樸」勸誡家人、族人和下人。與之相反，唐伯虎則是倡導奢靡的人。

以唐伯虎爲例講述明代興盛的娛樂業

～・～

□唐伯虎戲僧

～・～

噹！噹！噹！「各位看看，這就是通姦的下場呀！」噹！噹！噹！「各位看看，出家人竟然幹起了如此骯髒的勾當，引以為戒呀！」

七名衙差壓著一名上身裸露的出家人走在大街上。

這時，一位四十多歲的中年人擠進了人群。他身穿藍布粗衣，上面還打著補丁，背著一個畫板，腰間掛著兜囊裡面裝著畫筆畫具還有一些零錢。這個人身材不高，體形瘦削，留著山羊鬍，看樣子很是精明。他就是現代中國人幾乎都知道的唐寅唐伯虎。

唐伯虎來到衙差和僧人面前。衙差一見是唐伯虎，笑道：「解元公來了，哈，小心哪天我也抓您遊街。」唐伯虎笑道：「等你們這幫人抓住我了，全天下的好色之徒就被你們抓光了。來來來，我看看這傢伙。」

唐伯虎來到出家人面前，上下端量著，噗哧一聲笑了，「出家人，我看到你就想笑。哎，我送你一首詩吧：漫說僧家快樂，僧家真個強梁，披緇削髮下光光，妝出恁般模樣……」

風趣的唐伯虎被人稱為「風流才子」。案例中的詩，就是唐伯虎寫的色情小說《僧尼孽海》中的一首。他是明代最著名的才子，號稱詩書畫三絕。然而，其人命運多舛。先是一年之內父母妻子兒子妹妹五位親人先後亡故，後是稀裡糊塗地被革除了功名，弘治皇帝讓其永世為小吏。一怒之下，唐伯虎絕了功名之心，浪跡於世間。

唐伯虎考取功名之前，就經常在青樓廝混，到後來更是青樓常客。其給青樓女子的作品就有〈桐蔭清夢圖〉、〈寄妓〉、〈哭妓徐素〉、〈代妓者和人見寄〉、〈玉芝為王麗人作〉等。唐伯虎在《閶門即事》（閶門原指大門，後因二十五家為一閭，指代聚居的地方；即事，對眼前事物、情景有所感觸而創作）中記述當時青樓業的發達時，曾說：「世間樂土是吳中，中有閶門更擅雄。翠袖三千樓上下，黃金百萬水西東。五更市賣何曾絕，四遠方言總不同。若使畫師描作畫，畫師應道畫難工。」

「翠袖三千樓上下」是指代青樓。本來，青樓這個詞是指豪華精緻的雅舍，豪門高戶的代稱。如《晉書．麴允傳》：「南開朱門，北望青樓。」邵謁〈塞女行〉：「青樓富家女，才生便有主。」然而，到了南梁它的詞義變成貶義的了。例如，劉邈〈萬山見採桑人〉詩便有：「倡妾不勝愁，結束下青樓。」此處的「倡妾」，就是「家妓」。

到了唐代，「青樓」作為個體、民營妓院的代稱已經定型。之所以定型，一定程度上是因為隋唐開始的科舉考試。一大批不如意的知識分子同樣要尋找心理和生理的寄託，有了文人墨客的加入，自然要多些雅致。而妓女除家妓、官妓之外，還出現了個體營業的私妓，這時才真正出現了「青樓女」。

歷朝歷代因為不公平而導致不能在功名之路上繼續前進的知識分子特別多，不如意的他們就不免要去尋找麻醉自己的地方，而這時青樓就是一個很好的去處。

唐伯虎也不例外，他的詩文書畫裡便有了大量以女性為主人公、謳歌對象、描摹主體的作品。世人都說唐伯虎是山水畫的代表，但在社會上他卻以仕女畫聞名。在他的筆下，宮妓、歌女、丫鬟往往帶著某種淡定，形象則是江南女子的嬌小秀麗，一個個都是小眉小眼瓜子臉，櫻桃小口一點點，而且眼睛極為傳神，脈脈溫情從眸子中流露出來。

除此以外，春宮圖更是了得，他開了彩色春宮圖的先河。此外，他的黃色小說也不少。他的《僧尼孽海》講的是：有一位外來和尚，在齊武帝時來到了中國。他長得很好，年紀又輕。二十一歲的他生得濃眉大眼、身高七尺多，標準的國字臉，非常帥氣，而且「房中術」非常厲害。唐伯虎寫這些書，無非是為了養家餬口。他和當時萬萬千千窮書生一樣，都加入了滿足黃色文學需求的市民文化中。

那個時期，中國的妓院特別多。甚至一些大青樓因為重合同守信用，它所發售的秘戲錢可以在一定範圍的市面上流通。秘戲錢最早在唐代時民間就有人鑄造，它類似於遊戲幣。嫖客在妓院要兌換秘戲錢作為嫖資。因為怕妓女一有錢做路費就逃走，所以妓院支付秘戲錢給妓女作為報酬，控制使用現金。那麼妓女的日常花銷怎麼辦呢？就用「代金券」。「代金券」為銅製，呈花瓶或扇面等形狀，上面鐫有妓女（使用者）的姓名和貨值，如「錢二百文」。妓女平時買零食、買花粉，或付車錢，就可用這種「代金券」，小販、車夫收取後可向妓院兌換現款。

第四章

帝國的無奈

從紙幣帝國到白銀帝國

在明初，紙幣、銅錢、白銀三種貨幣共存，那為什麼最終白銀成了主體法定貨幣呢？

第一回
三大貨幣的競爭

自從北宋交子出現後，到了元代中國就成為名副其實的紙幣帝國。朱元璋當政後確立了「洪武貨幣體制」。然而，這種當時還算正確的制度，隨著歷史的發展，逐漸成為阻礙經濟發展乃至攫取、剝奪百姓利益的手段。最終，政府信用徹底崩潰。其結果導致了自下而上的貨幣改革，白銀成為主體法定貨幣。

紙幣發行：一切都是沒錢惹的禍

～・～・～

□朱元璋阻殺常茂

洪武元年，也就是西元一三六八年，這一日朱元璋命常遇春前往犒軍。這幾天，朱

～・～・～

元璋得到了一個令人不安的消息，因為，半年沒有發軍餉了，上到將軍下到士兵都怨聲載道。因此，急令常遇春前往大營犒軍。一到軍營，常遇春立刻命人點卯。然而，鼓響三通之後，軍官只到了一半。「柳將軍，諸位將軍都到哪裡去了？」「回常將軍的話，您領兵在前線殺敵剛剛回來，不知道現在的情況。因為半年多沒有發軍餉了，將士們有的搞起了副業。」

「啊？什麼副業？」「張德志張將軍在自己的大營種了一些水果，今天是大集，所以他帶領士兵賣水果去了！」「啊！豈有此理，來人呀，去城南大集把張德志給我抓起來。」常遇春的親兵領命而去。「大將軍呀，這種情況挺普遍，王文遠、蕭明、陳強等將軍也是如此呀！」「哼，軍法如爐堅似鐵，像這種目無軍紀的現象必須制止！把他們統統給我抓起來！」「是！」親兵領命而去。

「那其他人呢？」「嗯，于將軍、馮將軍等人前不久奉萬歲之命押運木材石料修築城牆。他們多運了一些，將木材石料放在江邊售賣。」「豈有此理，豈有此理，統統給我抓起來！」

常遇春說完，看了看大帳。「咦，常茂哪裡去了？」眾人一聽，全都低下了腦袋，心說：「哼，剛才對其他將軍你是鐵面無私。如今，你兒子也做買賣去了，看你如何處置。」「常茂呢？常茂呢？哪位將軍知道他去了哪裡？」見眾人無話，常遇春用手點指平時和常茂關係很好的劉德生。

「劉德生，三個月前，常茂負傷你和他一起回的大營。我問你，他現在何處？」「啊，啊，這個這個，我不清楚！」劉德生的臉上變顏變色，常遇春經歷過無數生死、閱人無數。見他這樣，常遇春一拍桌案：「大膽的劉德生還不從實招來，難道要讓我軍法處置嗎？」

「大將軍息怒，小將三月前和常將軍回來後各自養傷，月餘就好了。之後我和他前往城中市井遊玩，不想認識了一個人。」「什麼人？難道是一個女人？常茂貪戀美色，致使今日遲到？」「不是，是個男人。」「哎呀，完了。」常遇春一聽心中一慌，他可知道現在男人喜歡男人比較流行。「不是您想的那樣，他是一個商人，聽說是第一首富名喚沈萬三。」「哦，是沈先生。繼續講！」

「沈先生和我們認識後，對常將軍畢恭畢敬的。他給我們二人付各種費用，什麼吃飯喝酒、玩耍青樓，等等。」「完了，完了，這不給帶壞了嘛！」常遇春忍著怒氣繼續聽著。

「後來沈先生說他有筆大生意，是從海外運來的幾十船外國珍寶、香料等。萬歲對這些貨物比較排斥，不好運進，所以沈先生便請常將軍幫忙去接貨，然後押運到京城。」劉德生一邊說一邊看著常遇春，只見常遇春的臉色一陣青一陣白，眉毛鬍子開始劇烈地抖動。

「起初，常將軍還不肯，到後來，常將軍便去了。按日程盤算，今天也該到京城了。」「氣死我了！豈有此理，豈有此理！軍紀官，你立刻命令守城將士，遇到常茂進城，立刻把他給我抓起來！誰放跑了常茂，軍法從事！今日我就要效那古人『斬子以正軍紀』！」

三個時辰過後，常茂押運著貨物到了南京。一路上雖然有人攔截，但只要常茂出現，各關卡的將士連忙笑臉相迎。也有一兩個稅務站不開面兒，但被常茂一陣怒罵，嚇得也不敢阻攔了，連稅都沒收。常茂盤算著這回沈萬三非得好好感謝自己，賺大發了。然而，剛到城門下他便被五花大綁地捆到了軍營。常遇春大黑臉蛋子一沉，「來人呀，推出去給我殺了！」

可軍令剛剛傳達，營門小校便跑了進來。「啓稟大將軍，萬歲有旨命您立刻進宮，一切事情等面聖之後再說！」常遇春一聽連忙起身離帳。到了皇宮，他把事情跟朱元璋一說，朱元璋沉默良久，「這些情況我也略有耳聞，但沒想到這麼嚴重。本來我讓你去處理這件事情，是想試驗你是否會為了兒子破壞軍紀。然而，經過一天的考慮，我還是決定將這些人全部釋放不再追究！」

常遇春一聽又是怕又是喜，怕的是如果自己袒護常茂，恐怕非但常茂的性命難保就連自己的性命也堪憂。喜的是皇帝竟然改變了主意。「這一切都是沒錢惹的禍呀。我還是決定同意戶部的意見，發行紙幣作為軍餉錢物發給軍隊，由軍隊負責買糧發給將士們。」「為什麼是紙幣？」「這個你不懂，銀子和銅錢一是攜帶不便，二則就算我想發也

～沒有呀！目前，只有發行紙幣這一權宜之計了。」～

朱元璋時代第一惡政就是發行紙幣。後世許多人都批評朱元璋是惡意搜刮民財。然而，發行紙幣是承襲元代的做法，元代的中國疆域面積為歷朝歷代之最，其對歐亞非三大洲的影響至今還在。成吉思汗的後代們建立了四大汗國，它們之間必然要進行某種商業聯繫。而忽必烈對海洋貿易的支持是有目共睹的。元代的紙鈔風行天下，明代繼續推行，也不必特別驚奇。

經過元末農民大起義後的中國，無論是白銀還是銅錢抑或是紙幣都非常緊俏。人口銳減、商業凋敝，國家財政入不敷出。然而，儘管如此有一點是必須要滿足的，那就是對軍人的賞賜。提著腦袋生活的軍人，除了混飽肚子之外，求的就是榮華富貴。特別是軍官們，沒有榮華富貴，誰會跟著你朱元璋造反呢？所以，其他的可以省，對於軍人的賞賜則不能省。但可惜，朱元璋手中缺的就是錢。

洪武八年（一三七五）以前，明朝銅錢的製造能力是大約二十萬兩白銀。而當時，全國軍隊人數達百萬，平均到每個人的頭上一年不足〇・二兩白銀，按照米價一兩銀子四石米，每名軍人一年不足一石米。如此財政狀況，朱元璋能怎麼辦呢？只能發紙幣。

這種紙幣是在沒有金銀儲備的情況下發行的，等於沒有任何價值的廢紙。然而，在當時的情況下，紙幣是唯一的選擇。

軍人們當然不懂紙鈔沒有金銀儲備做後盾是非常危險的這個道理，他們只知道手中有錢，到時候可以換取柴米油鹽醬醋茶就行了。因此，洪武八年（一三七五）以後，明朝政府已無內患之虞，對外戰爭成為朱元璋大規模發行紙幣的原因。洪武二十三年（一三九〇），朱元璋竟然發行了大約一千五百二十五萬八千一百錠的紙幣，其中的八百九十五萬錠用於賞賜平滅東北蒙元納哈殘部、擊退北部蒙元殘餘勢力的傅友德、藍玉、唐勝宗、郭英等的部眾。

除了軍費之外，賑災是第二大用度。例如洪武二十三年（一三九〇）發行的鉅額紙幣中有百分之四十（六百一十萬錠）用於賑災。地震、洪水、瘟疫、蝗蟲等自然災害在有明一代非常頻繁，為此，還有人說過，明朝是亡於地震或瘟疫。朱元璋之所以反元，大旱造成的大饑荒也是重要原因。所以，朱元璋對於自然災害的預防非常重視。除了臨災不分晝夜、何時何地都可以稟報外，朱元璋還花大量資金籌建預備倉（明代四大倉之一，相當於今天的國有糧庫）。

同樣，永樂皇帝登基之後，紙幣發行也是以軍事目的為主，例如鄭和七下西洋、五征漠北、征討安南以及營建北京城等。朱元璋父子發行沒有任何價值的紙幣實屬不得已而為之，可以適當理解，是否有聚斂財富之心我們不得而知。但之後的帝王大規模發行紙鈔的原因，我們則可以認為或者是無知無能，或者是為了更多地掠取財富。

隨著時間的推移，紙鈔的發行範圍越來越廣。朱元璋在位期間，平均每年發行紙鈔五百五十萬錠左右。紙幣支出中除了軍費大約占百分之四十，另外一項大的支出是從洪武十七年（一三八四）開始的鹽鈔，一共支了六千五百八十萬錠，大約占百分之四十五。其他就是宗室花費一百七十萬錠，給光祿寺一千九百二十萬錠。除了這四項大概為一億四千七百七十三萬錠外，還有其他零碎支出，例如對藩屬國、功臣的不定期賞賜等。

錠是量詞，類似於一塊金、一根金條。按照相關資料推斷，上述資料中一錠紙幣應該折五貫錢，因此，按照官方一貫等於一兩銀子的比價換算的話，大概是七億三千八百六十五萬兩白銀。

由於沒有金銀儲備做基礎，發行量過大，紙幣的貶值速度很快。洪武八年（一三七五），朱元璋構建的「洪武體制」規定：鈔分一貫、五百文、四百文、三百文、二百文、一百文六等，每鈔一貫准合錢千文、銀一兩。此時鈔錢銀米兌換比價處於一貫鈔比一千文錢比一兩銀比一石米的平衡狀態。但到了洪武十八年（一三八五），比價則變為一石米比五貫鈔比〇．五兩白銀。紙幣對白銀貶值百分之九百。

到了成化年間則貶值了百分之二十五萬至二十六萬。然而，國家賦稅仍然是徵收紙幣，而且隨意變動紙幣與白銀的比率。例如，嘉靖六年（一五二七）鈔銀規定比率為二百五十比一，而市面上為八百五十比一。但嘉靖七年（一五二八），官方卻突然將其提升為八十比一，但民間仍然按市面價格兌換。

一億四千萬紙幣其中不到五千萬的紙幣在二十四年間進行了貨幣回籠，剩餘的八九千萬紙幣相當於四億多兩白銀。數額如此龐大的資金沒有回籠，必然造成通貨膨脹。為了挽救紙幣，朱元璋採取了嚴刑峻法，先是禁百姓用金銀，其後銅錢也被禁止。

永樂二年（一四〇四）八月，都察院左都御史陳瑛上書：紙幣發行過度，回籠又沒有好的辦法，所以，紙鈔貶值在所難免。因此，我建議施行中鹽納鈔。全國百姓一千萬戶，軍人二百萬戶，這一千二百萬戶中大戶每月給鹽二斤，小戶每月給鹽一斤，每斤一貫錢。三個月就可以回收紙幣五千多萬錠。

永樂皇帝接受了這個建議，命令戶部進行商討。最終戶部為了保證鹽稅利益，做了兩大改變，一是將在全國範圍實施改為在部分地區施行，二是給鹽量大戶小戶各降一半。

如此，根本無法有效地進行貨幣回籠。儘管其後，戶部官員們又發明了犯罪分子交紙鈔減罪的方法。其結果很令人失望，仁宣時期紙幣貶值速度反而加快。被後世譽為當時最有名的經濟學家夏時，則在屢次政策失敗後，終於想出了一個昏招：提高稅率、擴大徵稅的範圍。

之前並不徵稅的蔬菜果園、仲介庫房、騾馬驢船等交通工具也開始納入徵稅範圍，並迅速將實驗地區推廣到全國，在河西務、臨清、九江、滸墅、淮安、揚州、杭州七大收費處的基礎上，又增加了二十六個收費處。徵稅對象也順勢由之前的鹽商等富商大賈戶變為全體百姓。其結果就是：民間小商小販迅速消失。

更為嚴重的是，除了自身駕馭經濟能力不足的客觀因素外，紙幣無度發行中還摻雜著主觀惡意。明政府在回籠紙幣的同時，用各種花招從百姓身上搜刮錢財。例如，市面上的紙幣每貫兌換八錢銀子，而官價卻定在三兩，兩者相差幾十倍。這就是一些官商巨富從百姓手中大規模兌換紙幣的原因，他們以比實際價值略高的價格兌換紙幣之後，轉手賣給國家獲利。

由此，農民和小商小販手中沒有了紙幣，沒有紙幣自然就沒有辦法交稅，沒有辦法交稅自然就會被政府圍追堵截後沒收一切並罰款，甚至刑罰。最終，連北京京郊的菜農都開始罷種蔬菜瓜果，全民的生活都受到了影響。更為嚴重的就是各種戰略物資的生產、運輸也受到了嚴重影響，例如官糧、軍糧。宣宗的解決辦法就是每隔兩三年便停止徵收或大幅度降低一些稅率。然而，這些能造成什麼狀況？必然是物價不穩。此外，也形成了這樣一種傳統做法：一遇到財政入不敷出就增加稅收，根本不去考慮造成財政稅收減少的原因。

這不免讓人們懷念朱元璋時代三十稅一的政策，在這點上，朱元璋確實是相對關注百姓生活的皇帝。例如，早在洪武十三年（一三八〇）他就對官員們諄諄教導道：生活如嫁娶喪祭等「勿稅」。還將這一政策張榜天下、廣而告之。

儘管紙幣回籠政策施行不好，永樂之後的帝王們仍然時不時地增發紙幣，使得市面上的紙幣越來越多。到了宣德時期，實在沒有辦法的宣德皇帝決定暫停發行紙幣，甚至命令戶部燒毀新發的紙幣。宣德皇帝進行的各項努力，終於使紙幣流通問題得到了一定緩解。例如，宣德三年（一四二八）四年（一四二九）回籠紙幣超過了四千五百萬錠，宣德七年（一四三二）甚至達到了七千萬錠。

到了弘治以後，紙幣徹底失去了人們對它的信任。在老百姓的心中，只有白銀才算是貨幣。連朝廷官員也普遍認為紙幣形同廢紙，只有白銀才是真正的貨幣。到了嘉靖年間，成捆成車的紙幣無人問津。崇禎十六年（一六四三），為了解決軍餉和救災資金，也曾想重發紙幣。但消息傳出後，商家關張、百姓閉戶躲避稅收官員，軍人、官員也拒絕使用紙幣，崇禎皇帝不得不將此計劃擱置。

顯然，紙幣根本不能與白銀競爭法定貨幣。那麼銅錢呢？

朱元璋禁止用銅用銀

□私鑄錢的是是非非

萬曆三十九年（一六一一）初，御史王萬祚奏稱：南京地區的官鑄銅錢越來越少，當地文武官員和百姓的日常生活用品、糧食、蔬菜等都靠銀兩、私鑄銅錢進行買賣。就連官方都用私鑄錢，更何況百姓呢。這種做法導致物價不穩，百姓饑荒年間沒有糧食，冬天沒有衣服。解決這個問題的辦法就是進行大規模的官鑄銅錢。

南直隸布政使陸長庚、僉都御史丁賓、工部侍郎史繼偕等，在此時也決定大規模開鑄銅錢，於八月二十八日發布告示禁用私鑄銅錢，並加強對錢鋪、典當行的審查。然而，因為事先說明工作沒有做好，謠言迅速出籠，禁用私鑄銅錢變成了禁用銅錢。為此，引發了一場騷亂。

九月初二，在私鑄錢商的率領下，百姓來到了衙門要求政府廢棄禁止銅錢使用的命令。布政使陸長庚拜客回來的時候，走到兵馬司都司蔣大人的家時，看到百姓聚集，得知原因後，立刻命人在標牌上寫著：官方鑄錢不夠，現在我們仍然允許百姓自行決定如何交易。

這時，正巧丁賓拜會陸政通，一看百姓聚集，連忙站到高處，衝著眾人喊道：各位，你們不要誤聽謠言，本來國家早就有規定禁止私鑄銅錢，但為了保護民生，聽憑百姓選擇交易方式，等官鑄銅錢上市之後，各位再兌換銅錢。

大部分百姓理解了官方用意後陸續散開，但一些地痞流氓趁機打家劫舍。丁賓等人紛紛向內閣首輔和之前曾在南京為官的中央級官員通報「南京事變」。

最終，內閣首輔葉向高明白了事情經過，他特別囑咐丁賓，不要對私鑄銅錢商過於軟弱，必須嚴格執法。當然，以前官方鑄錢的問題是有的，銅的含量太低造成人們不願意使用，在這種情況下只要把問題解決，百姓自然會願意使用官鑄銅錢。

然而，葉向高等人的建議並未成為國策，因此也就無法解決銅錢幣值混亂的狀況。

〜・〜・〜・〜・〜・〜・〜・〜・〜・

如今，貨幣問題受到了前所未有的關注。許多人希望人民幣可以成為國際貨幣，而要實現這個目標，首先人民幣要成為區域性貨幣。中國貨幣早在唐宋元明清時期就已經是區域性貨幣，然而，可惜的是，中國的銅在唐宋以後就不夠用。為此，唐宋時期經常出現「錢荒」。唐朝至少六次下詔禁止銅錢外流。

然而，對外貿易的擴大，造成大量銅幣流失，使得國內銅錢需求越來越大。中央政府不得不想盡一切辦法來彌補銅錢不足。在紙幣出現以前，為了彌補銅錢缺失，唐宋政府曾經想實行物物交換，將穀、帛也作為貨幣。這顯然不符合歷史發展趨勢，只能作為權宜之計。

到了唐德宗建中元年（七八〇）為了保證國家稅收，政府對對外貿易重視起來，增加了盤查力度。楊炎又推行了兩稅法，規定「以錢徵稅」。這一下對銅錢的需求急劇擴張，相應的穀、帛價格自然就降低，僅僅四十年不到，穀、帛就貶值了百分之四百。

雖然到了宋代紙幣出現了，但在某種程度上只是緩解了銅的供求矛盾，問題依然存在。到了明代，明政府曾經數次下令銷毀民間私鑄銅錢，一些政府機構甚至為了趕任務，動員下屬收集舊銅器用於鑄錢。

儘管如此，明朝前兩百年的官方鑄錢也不過才一千萬貫。既然，銅缺少，銅錢的作用自然會受到限制，在與紙幣、白銀的競爭中，自然處於弱勢地位，這使得白銀最終成了主體貨幣。

更為嚴重的是，在白銀與銅錢的競爭中，明政府為了增加財政收入主動製造劣等銅錢的行為也是銅錢落敗的原因之一。早在天啓年間，明政府就將銅七鉛三的成祖慣例改為了銅鉛各半，最低的時候甚至銅三鉛七。憑藉這種手段，天啓年間南京鑄幣局的年獲利就達十二萬兩。鑄息由之前的百分之二十至三十提升到了百分之六十。其後，銅錢的製造質量越來越低劣，到了崇禎年間，本應該是重一錢二分的銅錢先是弄成一錢，之後是八分，最終竟然有重不到四分的銅錢出現。

與此同時，民間製造偽銅錢、私鑄銅錢等行為也非常猖獗。銅錢根本沒有辦法成為主體貨幣，最終導致蘇州市民拒用天啓銅錢的極端事件。經過長達十個月的抗爭，終於爭取到了蘇州的絲綢、松江的棉布只用白銀交稅。天啓年間，蘇州的絲綢價值十六萬兩白銀；松江的棉布價值三百萬兩白銀，僅兩府的白銀需求量就達三百一十六萬兩，如此大規模的白銀需求，僅憑中國自產白銀顯然不能滿足，上文提到的日本、美洲白銀的流入大大緩解了這種矛盾。

在許多中國人頭腦中，似乎中國盛產白銀，其實不然，中國是貧銀國。正是因為中國缺少白銀，古代中國出現了一種叫做「煉金術」的技術製造偽劣白銀。

貧銀國——中國

•～•～•～•～•～•～•～•～•～

□煉金術

古代中國除了四大發明之外，還有一項對世界影響較大的技術——化學。儘管中國的化學是煉丹術的附屬品，但在明代之前都是世界領先的。

隋朝末年，有一個叫做成弼的人服侍一位道家仙者十多年，仙者也不告訴他煉丹的秘訣。成弼實在忍受不住，便告辭回家。「仙長，月前家裡捎信說父母病喪家中無人照料，所以我想回家。」「嗯，這也好。你服侍我十餘年，我也沒好東西送你，我這裡有十粒金丹，一粒可以化十斤黃金，足可以為你父母辦喪事。」「多謝師父！」一個月後，成弼持刀來找道人。

「師父，請您再給我一些金丹吧！」「沒有！」「你肯定有，告訴我藏在哪了，不

•～•～•～•～•～•～•～•～•～

然我就剁了你的雙手，讓你以後煉不了丹！」「不給就是不給。我告訴你成弼，今日你怎麼對我，日後你也會有同樣下場！」成弼見老道決意不給，就砍斷了老道的雙手。「再不說就挑斷你的腳筋！再不說就砍下你的頭。」道人至死不說。

成弼最終從老道的房中搜出了幾十粒金丹。幾年後，成弼大富鄉間，唐太宗聽說成弼可以煉金，立刻官封五品，讓他在宮中煉金。然而，煉了四萬多斤黃金後，金丹沒了。這一下成弼可著了急，想逃跑結果沒跑成，唐太宗命他交出煉黃金的秘方，成弼哪裡有什麼秘方，交不出來。結果，李世民先斷其手，再挑去腳筋，最終砍了他的腦袋。

成弼造的四萬多斤黃金被稱為「大唐金」，唐朝的歷代帝王都以此賞賜臣下。唐代是煉金術高度發達的時期，洛陽王四郎煉製的藥金幾乎可以以假亂真。

明代的宋應星指出：中國產銀的地方，早年在浙江、福建就有礦場，但國初或關或開沒有定期。江西的上饒、瑞金等礦卻從來沒有開發過。湖南、湖北（湖廣）的辰州，貴州的銅仁，河南的宜陽趙保山、永寧秋樹坡、盧氏高嘴兒、嵩縣馬槽山，四川的會川密勒山，甘肅的大黃山等則是好礦，但是產銀有限。每到開採時節，因為數量不夠官府便四處搜刮以完成下達的開採指標。北京、河北（燕）、山東等地不產金銀。其餘八省開採的金銀不到雲南的一半。

明代之所以禁止開採銀礦，主要是朱元璋對於銀場的弊端深有體會。他曾對政府官員說：對於銀場的弊端，我是非常清楚的。官家可以得到的利益非常少，對於老百姓的害處那可太多了。

現如今民生凋敝，切不可以再開銀礦勞民傷財了。

黃金同樣如此。例如成化年間的湖廣礦，動用了五十五萬民工，死亡者不計其數，但得到的金子僅有三十五兩。

朱元璋的態度，直接造成其在位的二十四年裡，只有閩浙地區的少數銀礦開礦，但產量非常低，例如福建延平府，開設冶煉爐四十二座，每年只得到白銀二千一百兩。浙江的銀礦產銀二千七百八十兩。其後的銀礦開採產量同樣非常低。例如，明英宗曾經命太監到浙江、福建、雲南開銀礦。結果，一年後江蘇上交二萬一千二百五十兩，福建上交一萬五千一百二十兩，雲南上交五萬二千三百八十兩。

以浙江產銀區為例，洪武年間開採二千七百八十餘兩，永樂時七萬七千五百五十餘兩，宣德時八萬七千五百八十餘兩，正統因為降低開採稅得銀三萬八千九百三十餘兩。從此以後，越來越少。王裕巽先生根據史料記載的洪武二十三年到二十六年（一三九〇～一三九三）產銀七萬五千零七十兩的平均數估算，洪武建文（前三年）兩朝白銀開採量在八十五萬多兩。

永樂繼位之後，為了保證鄭和下西洋時有足夠的金銀進行賞賜，同時，也為了讓隨船而來的各國使臣目睹中華之盛，朱棣在位期間大量開採銀礦並提高產銀的稅額。自建文四年（一四〇二）以後到永樂終，開採了大約四百九十萬兩白銀。

其後，宣德年間開採了大約二百三十八萬兩。英宗繼位後，鑒於銀礦產量不多卻勞民傷財，因此將各地產量較低的銀礦關閉，每年的產量日漸減少，平均產量由明初前三朝的二十二萬到二十五萬兩逐漸降低，以至於正統四年（一四三九）的十八萬兩被認為是正統到正德年間的最高年產量。在這六朝內，銀的年產量平均不過五萬兩，六朝合計四百四十多萬兩。

嘉靖十六年（一五三七），嘉靖皇帝命令前往山東等地開銀礦，開始了大規模的開礦時代。自嘉靖四十五年（一五六六）終，三十年內平均年開採量為四十八萬多兩，前十六年仍以正德朝計算的話，嘉靖一朝共採一百九十三萬兩左右。

萬曆即位後，因為嘉靖朝銀礦導致民怨沸騰，開始陸續關閉銀礦。但萬曆二十年（一五九二）開始的三大征以及二十四年（一五九六）重建因失火焚毀的乾清宮、坤寧宮，需銀數千萬兩，從萬曆二十四年開始，出現了長達二十四年的開礦高潮。二十四年官方開採了大約八百萬兩白銀，僅萬曆二十五年到三十年（一五九七～一六〇二）便開採了將近三百萬兩白銀。再加上前二十四年，萬曆一朝，總共開採了大約八百七十萬兩白銀。

光宗即位後，因為萬曆朝的惡政，將天下政府銀礦全部停辦。自此以後，白銀開採量急劇下降。綜上所述，從洪武開始萬曆朝終結，明政府共開採白銀二千三百多萬兩。這些白銀顯然不夠用，怎麼辦？那就只能靠從國外輸入了。

第二回
白銀帝國形成的必備條件

白銀作為貨幣正式使用是到了隋唐才出現的，我國最早的金屬貨幣是銅幣，同時它也是世界上最早的金屬貨幣。其實，黃金的冶煉加工技術，早在商代以前就出現了。管仲曾將珠玉作為上等貨幣，黃金作為中等貨幣，刀幣作為下等貨幣。到了西漢初期，黃金為上等，銀子為中等，銅為下等，珠玉等不為貨幣。王莽時期（西元一世紀），政府所藏黃金為一百七十九到二百公斤，這個儲量恰巧和羅馬帝國的黃金儲量相等。而這時，黃金主要是達官顯貴們的一種玩物，還沒有作為貨幣在民間廣泛使用。

漢武帝雖曾經將白銀作為法定貨幣，但使用範圍太小。南北朝時期，南朝為了提高財政收入加大了對海外貿易的支持力度，黃金開始大範圍出現。到了隋唐時期，白銀的使用開始廣泛化。到了宋代，白銀的使用則開始進入普通百姓生活。特別是交子大幅貶值後，白銀在全階層使用的趨勢日益明顯。

到了元代，為了保障紙幣的流通，政府對黃金的使用做了嚴格的限制。元代的貨幣政策比明代高明得多。例如，明代的紙幣發行根本沒有金銀做儲備金，全靠政府信用支撐。如果政府信用出現問題，紙幣必然大幅度貶值。元代則有大規模的黃金儲備。

明代白銀擊敗了紙幣和銅錢，成為主體法定貨幣，再加上商品經濟的發達，特別是走私經濟對白銀產生了大量需求。然而，國內卻缺少白銀供給。於是，白銀便通過兩條海外渠道輸往中國。一條是葡萄牙、西班牙等國在美洲的殖民地，與歐洲、中國構成的三角貿易。另一條則是日本與中國的貿易。

在這個渠道中，主要有三個核心地區：琉球、馬尼拉和澳門。在第二章我們已經介紹過，除了在澳門的貿易中中方占據主動地位外，在琉球和馬尼拉的貿易主動權皆操在外方手中。這種現象直接導致了中方即使再努力也不能有所作為，甚至因此出現了馬尼拉大屠殺。

接下來先介紹一下日本的特殊情況。

中日貿易：繞不開的倭寇問題

～・～・～□日本使者活蒸二十名倭寇首領換來朝貢貿易許可～・～・～

永樂二年（一四〇四），朱棣冊封長子朱高熾為皇太子，日本派遣特使朝賀。朱棣看著日本使臣道：「爾國海盜經常在我東南沿海騷擾百姓、掠奪財物。今訓諭爾國國王，盡力逮捕這些海盜。否則，不許朝貢。」日本特使聞聽，連忙跪倒在地：「我國必盡全力剿殺海盜。」

日本使臣回國後，立刻將朱棣的意思傳達給幕府。幕府上下聞聽，一陣驚慌將此消息告知各地諸侯。諸侯王們聞聽，立刻發兵剿寇。第二年十一月，日本將捉來的二十名海盜頭目進獻給朱棣。朱棣道：「爾國百姓自當由爾國君臣發落。」日本使臣聽罷，連忙叩首：「天朝皇帝此情，臣知道了。」

日本使臣立刻命手下兵士將二十名倭寇押往寧波。「此地既是我國來天朝的必經之地，又是海盜侵擾之地，無數天國百姓慘死，今我奉將軍之令自行處罰海盜。」說罷，日本使臣來到倭寇匪首面前。「爾等亂賊，騷擾天朝上國，亂我日本利益，危害兩國百姓。今我要讓你們嘗一嘗天下最痛苦的刑罰，你們可知『請君入甕』嗎？來呀，架鍋！」銅鍋備上，柴火點起，日本使臣命人將二十名倭寇頭目投入鍋中。

朱棣聽說此事後非常高興，立刻允許日本十年一貢，貢使二百人，船隻兩艘，給予朝貢文憑勘合一百道。但朝貢時不允許像其他國家那樣帶兵。這就是著名的「永樂條約」。在永樂時期，日本剿殺倭寇的同時，卻仍然改不了一貫本性，最終，雙方爆發了「望海堝之戰」。

劉江視察海島時，發現遼東半島南端的金線島西北的望海堝非常適合防備倭寇，因

～～～～～～～～～～～～～～～～～～～～～～～～～～～～～～～～～～～

為倭寇進犯金州必然要來這裡登陸，為此，上報朱棣重新布防。永樂十七年（一四一九）六月，大約二千多倭寇乘坐三十多艘海船停泊在馬雄島後進攻望海堝。百戶江隆繞至敵後占領海盜船斷其歸路。劉海指揮得當，全殲倭寇。

～～～～～～～～～～～～～～～～～～～～～～～～～～～～～～～～～～～

中日兩國一海相隔，早在西漢時就有了交往。東漢光武帝劉秀在中元二年（五七）冊封日本國王為「漢倭奴國王」。自此雙方的關係越來越近。雙方的商貿自唐開成四年（八三九）開始日漸增多，六十八年間共有三十七批次的商船進行貿易。

到了宋代，中國經濟重心開始向東、向南轉移。北宋是中國歷代統一王朝中軍事實力最弱的朝代。由於在北部、西部受到少數民族部落的侵擾，陸路交通受到嚴重阻礙，只能發展海外貿易。

在北宋一百六十多年裡，對日貿易獲得了較大發展，出現了諸如朱仁聰、周文德、孫忠、李充等著名商人。南宋北部的陸路交通幾乎完全斷絕，一直作為封建政權稅收主體的農業稅也無法支撐龐大的官僚體系。因此，南宋就不得不把海外貿易作為生存的基礎，終致中日貿易達到了頂峰。南宋的銅錢流入日本，日本的黃金則流入中國。理宗寶祐年間（一二五三～一二五八）日本流入中國的黃金就達一萬兩，相當於南宋黃金的年產量。

其後，元朝完成統一後，兩次征日皆因遭遇颶風而損失慘重。但元代海外貿易遍布亞非，對日貿易也非常發達。在對日貿易的「新安」沉船上，一共有二萬多件青瓷、白瓷瓷器，二千多件金屬製品、石製品、紫檀木製品，八百多萬枚重達二十八噸的銅錢。

明代洪武二年（一三六九）朱元璋命楊載出使日本，那時日本正處於分裂狀態。西元一三三五年（元至元元年）日本分裂為南北兩朝，足利尊氏擁戴光明天皇在京都建立室町幕府為北朝；後醍醐天皇在吉野建立了南朝。朱元璋建立明朝後，曾經將國書送到九州南部的征西府。但因為缺乏對日本的全面瞭解，使臣不知道實力日漸式微的南朝政府，其實只是一個地方政權，根本沒有辦法幫助明朝平滅倭寇。

洪武十三年（一三八〇），胡惟庸案發生後，朱元璋更是認為胡惟庸勾結日本妄圖造反，所以下令中斷了與日本的聯繫。永樂皇帝即位後，因為各藩屬國一對朱棣奪位有看法，二對朱棣能否保住皇位有顧忌，所以對於朝貢很不熱衷。因此，永樂帝在永樂二年（一四〇四）命趙居仁出使日本。

足利義滿將軍在一三九二年（洪武二十五年）統一了日本全國，他也希望同明朝開展貿易，便在一四〇六年（永樂四年）遣使通好，朝貢貿易正式開始。這種貿易又被稱為「勘合貿易」。「勘合」是明廷發給外國來中國朝貢的憑證。每當新君即位，便發給一百道勘合，收回前朝沒有用完的勘合。

貿易程序一般是：日本勘合船到達寧波後，由浙江布政司會同寧波市舶司勘合無偽後上報禮部，再一次驗對無誤後，允許貢使攜帶進貢的物品沿京杭運河來京。禮部在會同館接風後收下禮物並按照規則進行回賜。假如攜帶商品過多，明廷又不願全部收購的話，允許會同館貿易三天。

這一時期，日本與中國的貿易航線主要有兩條。到了明代中後期，去往日本的海上航線，則從兩條變為七條。中國進口的商品有：銅、刀、硫黃、白銀等。中國出口日本的商品主要是：絲綢布匹、瓷器、茶葉等。例如崇禎十四年（一六四一）六月到七月，鄭芝龍的三艘海盜船來到日本長崎，其中有：白生絲二萬五千七百斤、黃生絲一萬五千五百五十斤、紡織品十四萬零七百六十尺。

自從日本發現大規模銀礦以後，白銀就成了日本對中國的重要輸出產品。日本的銀礦非常豐富，大銀礦有奧羽金礦、甲斐金礦、越前銀礦、對馬銀礦等，甚至有「日本無貨，只有金銀」的說法。人們稱日本為「銀島」，明朝末年從外流入的大量白銀中大約有百分之十五是從日本流入的。

日本在與中國的貿易中，深知貿易中轉站的好處。因為，朝貢船是在南方停靠，使團由陸路或水路北上面聖。這非常不利於貨物運輸，因此，必須要有貿易中轉站。同時，中國和日本因為倭寇的問題，造成相互的信任度很低，明政府嚴格限制日本的朝貢次數。因此，日本打起了琉球的主意最終占領了琉球（琉球王國國王成為傀儡，到清朝時被日本吞併，即今天的沖繩縣），使得日本可以通過琉球進行朝貢。

然而，中國政府對日本的如意算盤判斷準確，對琉球朝貢進行了限制。但日本在民間貿易中卻越來越占據主導地位，因為，中國與琉球的特殊關係，使琉球王國的臣民受到了特殊關照。由此，中國既喪失了朋友又喪失了貿易主動權。

中國琉球貿易縱橫談

□琉球王打官司

崇禎九年（一六三六）福州地方官接到了琉球國的外交照會。原來，琉球國中山王派遣的使臣馬勝連、毛泰運、吳呈瑞狀告中國商人林泰、何六、馮靜、馮鼎、梁迹、方春、方國泰、馮夏壽、何曾、王三、王華、鄭堅、鄭八使、何英、江燧、馮文唐、王仁使、蔡清、曾四使、夷一、曾振、馮應全、江一使、梁八使、張福奇、曾酉志、李一使、盧金、何二、何三、馮李鼎等三十一名商人坑騙琉球使臣銀兩。

原來，崇禎七年（一六三四）琉球朝貢使團來到中國，將四千九百九十八兩銀子交給了上述三十一人去購買湖州絲四千五百九十四斤。然而，這三十一名商人竟然拿了銀子不幹事兒，到了交貨日期則四處躲藏，造成使團無法回國交差。儘管琉球使臣中有許多人都是洪武年間支援琉球建設的福建人的後代，但畢竟已在琉球生活了兩個多世紀，在中國人地生疏、舉目無親，真是「有天莫訴，含怨忙歸」。

對此，琉球官員馬勝連等人極為憤恨，他們認為「任王朝（琉球）股肱，義難袖手」便懇請府尹吳大人進行追討並嚴厲懲罰。

～・～・～・～

兩年後，福建的一些商人又假冒牙行坑騙琉球國國王三萬來兩銀子。對比一下兩次的名單可以發現：崇禎九年的一些奸商並沒有受到處罰，例如馮夏壽、梁迹、方春、王三等人。

最終，明地方政府按價賠償。

～・～・～・～

中國和琉球的貿易有兩種形態，一種是朝貢貿易，一種是朝貢貿易中夾私出現的民間貿易。到後來，民間貿易成為了這條航線的主體。但中方對這條航線卻並不重視，最終造成日本併吞琉球事件的發生。

當時，琉球與中國的貿易航線主要有兩條：一條是泉州（福州）—琉球，以臺灣為中心，與西班牙、荷蘭開展貿易，中國的商品主要有絲綢、大豆等。一條是廣州—菲律賓—西班牙，中國的主要商品有大米、海產等。

中國和琉球國的貿易是在鄭和下西洋時期開始大規模展開的，朱元璋時期主要是換取琉球的馬匹和硫黃。例如洪武九年（一三七六）換取馬匹四十匹、硫黃五千斤，洪武十六年（一三八三）換取馬匹八十三匹。隨著中琉的交往，在明朝的大力支持下，琉球的實力越來越強。半個世紀後，琉球開始成為東南亞各國與明朝的仲介。

朝貢前，琉球會前往各國收購產品，例如佛太泥（渤泥）國的蘇木、胡椒、香料、倭刀等，之後前往中國買入綢緞絲布、瓷器漆器等。整個十五世紀，琉球在中國與海外諸國的貿易中占據主體仲介地位。然而，嘉靖時期走私貿易興盛、「馬尼拉大帆船」（The Manila Galleon）興起之後，琉球的貿易地位發生動搖。

有明一代，朝貢貿易占據海外貿易的比重極低。例如，琉球的朝貢貿易額一般都在萬兩白銀以下。嘉靖十三年（一五三四）幾乎達到了頂峰，為一萬兩，但嘉靖四十年（一五六一）則為六千兩，萬曆七年（一五七九）為三千兩。反觀私人貿易則大不相同，其規模百倍於官方。中國與琉球的官方貿易額到了清朝中後期達到了高峰，例如一八六六年（同治五年）就達到了十五萬兩，清朝每年的貿易額在三十萬兩以上。

因為，中國商品利潤驚人，直接促成了走私貿易的發達。以絲為例，每百斤值銀五六百兩，而收購價不到六十兩。

同樣，因為海禁，外國產品的利潤也非常驚人。例如蘇門答臘的龍涎香，在當地收購價格為每斤九千文即九貫，明初值九兩銀，但在中國的售價則為每斤四十八兩。隨著物價上漲、購買力提高，到了嘉靖三十四年（一五五五）的售價為一千二百兩。

朝貢貿易基本屬於賠本賺吆喝，比如，東南亞各國的胡椒在中國民間售價為每斤三兩，而明政府收購的價格為三十兩。實際上，如果民間交易的話，價格實際為五十三斤一兩，朝貢貿易中明政府所付出的代價是民間的一千五六百倍。到了清代，由於琉球與中國的貿易額較大，中國商品在琉球的利潤率也能達到百分之一百至四百。琉球的土特產品的利潤率普遍也在百分之一百以上。

中國不但以自己的利益損失為各國帶去了繁榮，更帶來了一個數百年來都未能有效治理的現象：走私經濟。

朝貢貿易的逆差使中國官方沒有動力，但對方國家和人民都對與中國進行貿易有著強烈的欲望。西方國家也不例外，它們希望壟斷中國對外貿易的仲介地位，對中國尋找新的白銀、黃金供給渠道的努力進行大力打擊，由此引出葡萄牙占據澳門希望壟斷仲介貿易、西班牙人在馬尼拉屠殺華人等事件。

悲情馬尼拉：「馬尼拉大帆船」的故事

□馬尼拉屠殺

萬曆三十一年（一六〇三），在呂宋馬尼拉，一個壓低了帽簷的人快步來到一座房前敲著大門：「潘五哥，潘五哥！快開門！」一個高大威猛、臉上有一道刀疤的人打開了門。「快進來！」身子還未進屋，來人便急如火燎地說道：「他們正在準備菜刀等鐵器，你看這是什麼意思呀？」

「真的？看來他們要動手了！」「動手？他們想幹什麼？」「你看，過去我們和當地人關係非常好，自從他們來後，特別是發現金礦之後，他們就經常挑撥我們和當地人的關係。」「我們在這裡有幾萬人，怕什麼！」「但大部分人都是商人呀，一個個都手無縛雞之力，我看咱們要自己組織起來。」

來人一聽沉吟良久，說道：「要不然，我們先向朝廷說明這裡的情況？」「你不要想這些了，大明政府視我們這些海外華人為叛國者，不會理睬我們的。」「潘五哥，這可怎麼辦呀！難道我們束手待斃不成？」「我們拋家捨業來到這裡，哪能這麼輕易地放棄已經得到的利益。」

正在二人談話之際，突然聽到哭聲陣陣，槍炮齊鳴。一場大屠殺開始了。西班牙人開始屠殺當地華人，頃刻間呂宋成為華人的地獄。雖然有潘五哥這樣的人進行了反抗，但因為當地華人組織鬆散，一心想用錢買太平，等到了危機來臨之時皆無反抗能力。近三萬人被殺，整個呂宋僅有三百多華商僥倖活了下來。六年後，因為華商抗議稅收過重，又有二萬多華人被殺。僅僅不到十年光景，在菲律賓就有五萬華商被殺。

本來，西班牙人以為中國會報復，為此他們派人去澳門探聽情況。但萬曆卻認為：在呂宋久居的商賈，不屬於我們的百姓。海外紛爭，到底是誰的責任還沒有查清，更重要的是四民中商賈最賤，怎麼能夠為了賤民而發動戰爭呢！

我們很難想像，僅僅過了六年，馬尼拉的華人就增長到了兩三萬。其原因何在？顯而易見，在明代沿海地區的百姓生活不易，使得對去海外經商趨之若鶩。高額的利潤使人不再顧忌危險，為了白銀願意鋌而走險。

馬尼拉在明朝後期的海外貿易中的地位太重要了，以至於幾乎所有想從海外貿易中致富的人，都要去那裡看一看。起初，呂宋與中國關係比較友好，從明洪武五年（一三七二）呂宋開始朝貢，中國就與之開始了貿易。明朝中後期，馬尼拉在中國非常知名。西元一五七一年也就是隆慶五年被西班牙占領後，馬尼拉成為中國和美洲之間最著名的中轉站。

隆慶二年（一五六八）開放海禁之後，每年允許沿海商船八十八艘（後改為一百一十艘）在福建漳州月港、廣東澳門進行貿易。明朝前期，中國與呂宋的航線是：漳州、泉州—廣州—越南中南部的占城—加里曼丹島北部的渤泥國—菲律賓巴拉望島（三嶼）、尼都洛島（麻逸）—馬尼拉，這條航線航行時間，費時大約一年左右。

到了中後期，由於科技進步，最佳航線最終被探索出來。漳州外洋海角（太武山）—澎湖嶼—臺灣最南端的貓鼻角（沙馬頭澳）—呂宋北部的阿帕里港（大港）—呂宋西北岸的維甘港（密雁港）—呂宋島仁牙因港（玳瑁港）—馬尼拉，這條航線每年春季三月出發，十餘天即可到達馬尼拉。

每年都有百艘商船去往呂宋，當時，每隻船的稅大約一百五十兩，僅萬曆二十二年（一五九四）的稅收就達三萬兩。在馬尼拉，中國人、印度人、阿拉伯人、歐洲人擠滿了港口。中國的樟腦、絲綢以及陶瓷，印度的織品，菲律賓蔗糖，摩鹿加群島的檀香、丁香、豆蔻等香料，蘇門答臘的金子以及胡椒，婆羅洲的樟腦，帝汶的檀香，以及馬來西亞西部的錫，統統彙集到馬尼拉，再轉運到世界各地。人們將這些貨船統統稱為「馬尼拉大帆船」。

「馬尼拉大帆船」主要是指航行於菲律賓的馬尼拉與墨西哥的阿卡普爾科（Acapulco）之間的貨運船隻。這種木結構的帆船，一般載重量在幾百噸到一兩千噸。商品主要銷售地為墨西哥、瓜地馬拉、厄瓜多爾、秘魯、智利、阿根廷等。

一五六五年（嘉靖四十四年）四月，西班牙入侵菲律賓，同年六月派「聖・巴布洛（San Pebro）」號大帆船滿載亞洲的香料運往墨西哥南海岸的阿卡普爾科，自此，每年六月乘西南季風自馬尼拉起航北上，至北緯四十二度至四十五度水域，順北太平洋上的「黑潮」東行，最後抵阿卡普爾科，行程萬餘海里，歷時約六個月。回程因為順洋流直航，歷時約三個月。一八一三年（嘉慶十八年）十月，西班牙王室下令廢止大帆船貿易，一八一五年（嘉慶二十年）徹底結束運營。

中國的對外貿易商品主要是絲綢和棉布。中國的絲綢、生絲基本壟斷了墨西哥的市場。為此，國王菲利普二世（Felipe II, 1527-1598）於一五九三年（萬曆二十一年）下令限制「馬尼拉大帆船」貿易，規定到墨西哥的大帆船每年不得超過兩艘，每艘載重不得超過三百噸。但最終，因為實在無法抵擋中國產品，一六〇〇年（萬曆二十八年）西班牙殖民當局便對當地的養蠶戶加以限制，其後二三十年的時間，墨西哥當地絲織品基本被中國產品取代。在一六三七年（崇禎十年），墨西哥一家以中國生絲為原料的絲織廠就擁有一萬四千名工人。

「馬尼拉大帆船」在清代更為發達。例如，一六八五年（康熙二十四年）就有十七艘中國平底帆船到達馬尼拉，一六八六年（康熙二十五年）有二十七艘，一六八七年（康熙二十六年）有十五艘……大量中國產品運往歐美地區。

大帆船貿易給中國帶來了大量的美洲白銀，一六〇二年（萬曆三十年）西班牙駐墨西哥殖民當局報告，每年從阿卡普爾科運往馬尼拉的白銀總計有五百萬比索，一五九七年（萬曆二十五年）甚至達到了一千二百萬比索。葡萄牙人、荷蘭人則把長崎的日本白銀運往澳門，換中國商品後運往歐洲、美洲。西班牙及其殖民地每年出口的白銀就達到十五萬到十八萬七千五百公斤。

為此，西班牙國王菲利普二世下令：

第一，限制大帆船貿易，並指定貴族、官員、天主教教士壟斷貿易。自一五九三年（萬曆二十一年）以後，每年從墨西哥派往馬尼拉的船隻不得超過兩艘，貨物不得超過三百噸，白銀流出不得超過五十萬比索。

第二，對馬尼拉華商實行高額徵稅，在指定地區居住，在指定時間開展貿易。

第三，屠殺華人或逼迫為奴或充軍。萬曆二十一年（一五九三）荷蘭擊敗馬六甲的葡萄牙人，西班牙強徵二百九十名華人遠征馬六甲。在路上因為不堪忍受虐待，潘和五等人殺死西班牙總督達斯麻雷那斯（Gómez Pérez Dasmariñas, 1519-1593）。十年後，終於出現了上文所說的案例。

西班牙在與中國的衝突中，因為明政府固守「家門口」並沒有進行很好地「主動出擊」，造成西班牙在與中國的貿易中占據了絕對優勢的地位。相反，葡萄牙占領下的澳門則是另外一番天地。那時的澳門屬於中國鄉級行政單位，官員接受中方、葡萄牙方的雙重領導。中國與歐洲的海外貿易唯一的亮點就是澳門，它所收取的商業稅占據了中國海外貿易稅的主體，從而為白銀帝國的形成打下了基礎。而之所以會有這種局面，完全是由於明朝政府對葡方的堅決抵抗。

七子之首澳門：白銀帝國的形成

□葡萄牙人保衛晚明

一六三一年（崇禎四年）年底，明軍孔有德部在吳橋兵變包圍登州。在孔有德心中，他的那些同僚不堪一擊，但是，令他沒有想到的是，城內的由五十三名葡萄牙人組成的支援聯隊竟然如此強悍。原來，早在一六三一年六月，登萊巡撫孫元化便邀請陸若漢（João Rodrigues, 1561-1633）、公沙·的西勞（Gonçalo Teixeira Correa, ?-1632）前往助戰，葡萄牙方送來斑鳩銃二百門、鳥銃一千門、藤牌五千張、刀一千口、長短槍各一千桿。結果，登州軍初戰告捷，斬殺敵兵六七百人。

在鎮守登州兩個月後的一六三二年二月，公沙·的西勞面對著如潮水般的叛兵憤怒了。只見他站在城頭高聲喊道：「你們這些人本該效命朝廷，怎麼能叛變呢！我們不是中國人都知道『食君祿，報君恩』，誓死效命沙場。」

公沙・的西勞說罷，回頭對剩餘的十幾名葡萄牙人說道：「為了葡萄牙與大明的友好，為了我們的國家利益，我們要誓死保衛登州。」「誓死保衛登州！」其他葡萄牙人高呼。

這一戰從白天一直打到黑夜。因為晚上沒有辦法發炮，為了阻止叛軍攻城，公沙・的西勞左手執燈右手發炮。陣陣炮火從城頭發出，就在這時，叛軍的弓箭手得到孔有德的命令：「衝著那個燈光之處，給我射！」

萬箭齊發中，公沙・的西勞前胸中箭倒在地上。

最後，陸若漢率領三名葡萄牙人翻越城牆逃到了北京。可以說，自從葡萄牙人被朱紈打敗，到達澳門建立中國鄉級地方政權之後，澳門的葡萄牙方就與中國進入了「蜜月」合作期。即使明朝敗亡之後，南明政府續存時期葡萄牙方面還盡心竭力地幫助明軍。

努爾哈赤建立後金政權後，西元一六一九年即萬曆四十七年，薩爾滸一戰明軍慘敗。這時，信奉天主教的中國大臣、科學家徐光啟建議購買葡萄牙大炮。

澳門的葡萄牙人立刻售出四門大炮並派出技師四人、通事六人效命。一六二一年（天啟元年）三月遼瀋失守，其後又分多次購入大炮三十門，其中山海關十一門、北京十九門。寧遠大捷中，大炮的威力初現，努爾哈赤險些命喪大炮之下的慘況著實讓明帝國君臣高興了一陣子。

一六二九年一月，也即崇禎二年，徐光啟建議購買大炮。年底，傳教士陸若漢、炮兵統領公沙·的西勞帶著十門大炮進京勤王。因為來的人比較少，陸若漢建議到廣東招募那些經常與紅毛賊（荷蘭人）打仗的兵士前來學習。陸若漢稱如果炮兵人數足夠、武器齊備的話，數月可以打敗北京周邊的敵人，不用兩年就可以收復遼寧。

崇禎同意之後，陸若漢立刻回到澳門招兵，葡萄牙澳門議事會也在一六三〇年（崇禎三年）八月十六日召開會議，會上作出決議派出四百人的隊伍，其中二百人為作戰人員。然而，這支軍隊剛到江西就被東南沿海的商人的代言人阻止了前進的步伐。

東南沿海的商人懼怕澳門的葡萄牙人因為勤王有功獲得貿易壟斷權威脅自己的利益，賄賂朝中的一些言官大臣上奏皇帝，對葡萄牙援軍前往北京的作用提出了質疑，說這有辱天朝上國的尊嚴，並說這四百人（中國官方方面說是三百人）耗費軍費已多達六萬兩，如果到北京，那需要的軍費該有多少呀！崇禎皇帝聽罷動了心，要求解散葡萄牙支援軍。其中，一小部分留在大陸的人，在陸若漢等人的率領下前往登州。最終，出現了我們上文的故事。

雖然葡萄牙支援軍進京勤王沒有成功，但是中葡貿易特別是澳門作為大明帝國的大門的作用不可低估。自從萬曆三年（一五七五）明朝開始徵稅以後，逐漸形成了完備的稅收體系，它包括以下三類：

水餉：以船的大小徵收，以船的梁頭尺寸為標準，因為中外船號的大小不同，因此，稅費不同。例如西洋船面闊一·六丈以上，每尺徵收餉銀五兩，每增加一尺，加銀五錢。東洋船小，量減十分之三，按十分之七徵收餉銀。

陸餉：徵收到澳門貿易的外國商船的商品進口稅，徵收對象為鋪商。按照貨物數量的多少及其價值的高低來徵收。

加增餉：徵收對象僅為來自呂宋的商船。因為，呂宋的船隻大多是載白銀來貿易。因此，明朝政府特別規定每條加徵一百五十兩。萬曆十八年（一五九〇）之後，減為一百二十兩。

葡萄牙人占據馬六甲之前，中國到東洋各國有四十六條航線，到西洋有一百二十五條航線。廣州每年定期舉辦夏冬兩季集市，夏季貨物大多輸往日本，冬季貨物大多輸往印度、歐洲、菲律賓。廣州的貨物從澳門出海，運到印度的果阿後銷往歐洲。輸往菲律賓馬尼拉的貨物銷往西班牙在美洲的殖民地。具體說來，主要有以下幾條航線。

澳門—果阿—歐洲航線

主要貨品是生絲、絲綢、瓷器、藥材等。在十七世紀，一艘普通的葡萄牙商船，可載白絲一千擔、絲綢一萬到一萬二千匹。每擔白絲價格為八十兩銀，運到果阿後價格可達二百兩。

到了十八世紀，中國銷往歐洲的貨物每年有：五千三百箱精製絲綢，每箱是一百匹絲綢錦緞和一百五十匹織物；二千二百至二千五百錠黃金，共重二萬二千兩到二萬五千兩；八百磅麝香；以及數量不等的珍珠、寶石、糖、瓷器等。

在這些商品中，生絲的利潤是百分之一百五十，瓷器為百分之一百到二百。

歐洲輸往中國的商品主要有：毛織品、紅布、水晶、玻璃製品、英國時鐘、佛蘭德（Flanders）工業品、葡萄酒等。商船到達馬六甲後，貨物以香料、檀香木、暹羅的皮製品交易後運往澳門，然後再將換來的商品換成絲，接著船隊到日本交換日本的白銀，換來白銀後，再回到中國換取絲綢、瓷器等歐洲急需的商品。

中國從萬曆十三年到二十八年（一五八五～一六〇〇）的十六年間，共獲得三百二十萬兩左右的白銀。

澳門—日本航線

日本對中國的生絲需求極大，幾乎到了無絲則無法織的地步。葡萄牙人以每擔八十兩銀的價格購買生絲後，到日本後以每擔一百四十兩到一百五十兩的價格售賣。絲線以每擔一百四十兩購入，每擔三百七十兩到四百兩賣出；綢緞以每匹一兩一錢購入，每匹二兩五錢或三兩賣出。每船貨物淨利潤可以達到十三萬兩白銀以上。自一五八〇年到一五九七年（萬曆八年到二十五年）這十八年，葡萄牙人從日本運出了七百五十萬兩到八百九十萬兩白銀。整個明朝中後期，從日本流入中國的白銀大概有三千萬兩以上，其中至少有一半是經過澳門流入內地的。

澳門—馬尼拉—美洲航線

西班牙在美洲殖民地的貴族與歐洲貴族一樣，都是以穿中國絲綢為榮，西班牙船隊便將大量的中國絲綢運往美洲銷售，再帶著白銀來到中國。一五三〇年到一六〇六年（嘉靖九年到萬曆三十四年），西班牙人在墨西哥的薩卡特卡斯（Zacatecas）、朱母帕戈、秘魯的波托西（Potosi）發現了大量白銀，有高達二三億兩的美洲白銀流入中國。

十六世紀六〇年代到一六四三年流入中國的白銀數量估計

現在我們就來總結一下，明朝後期日本、南美到底有多少白銀流入中國。明中期以後，商業的興盛使國內對白銀的需求極大，而隨著海外貿易的興起、「歐式地理大發現」、日本銀礦的大規模開採等，白銀也開始迅速流入中國。海外白銀的大量流入，使明帝國幾乎成為當時世界上最富裕的國家。

對於白銀流入問題，早在一九三三年傅鏡冰先生就進行了研究。在〈明清兩代外銀輸入中國考〉中，傅先生估計通過各種途徑流入中國的白銀大約在三億五千銀元。其後，一九三九年梁方仲先生根據《明實錄》的記載，估計正德十五年（一五二〇）以前流入一千萬兩，萬曆元年之後到崇禎十七年（一五七三～一六四四）為止流入銀元一億元以上。

全漢昇先生在一九六九年估計自十六世紀到明亡，大約每年流入白銀為一百三十三萬三千三百三十三西元（比索）。在近一百五十年間流入白銀大約總計一億四千萬兩以上，國內產銀一千萬兩以上。

一九九五年莊國土先生認為明朝晚期（一五六七～一六四三）的六十七年間，流入白銀超過二億五千五百萬兩。

一九九八年王裕巽認為，明後期流入白銀為三億三千萬兩，國內產銀二千多萬兩。

二〇〇〇年佛蘭克（Andre Gunder Frank, 1929-2005）認為，美洲產的三萬噸白銀、日本產的八千噸白銀中，有七千噸到一萬噸流入中國，折二億二千四百萬兩到三億二千萬兩。

二〇〇五年李隆生認為，明末之前歷朝歷代的白銀留存為四億六千萬兩，國外流入二億九千五百萬兩，明末中國白銀總存儲量達到了七億五千萬兩，明朝產銀八千三百一十萬兩。

上述數字有許多問題。其一是稅率問題；其二資料不全只能採取平均法，甚至用幾年的資料代替幾十年上百年的資料，顯然問題會很多；其三就是折算問題，例如一西元折白銀，莊國土先生按七錢二分計算，王裕巽先生按七錢五分計算，李隆生博士按八錢計算。

佛蘭克的估算問題也非常大，因為作為一名德國學者，他的研究成果是根據西方資料得出的，而其資料出處並未公布，沒有辦法進行核實，但從估算上看他是介於莊王兩位先生之間。綜合以上專家看法，認為明朝有三億兩左右白銀的流入量占大多數（莊、王、佛蘭克、李）。

總評白銀帝國

白銀雖然促進了商業的繁榮和物質財富的大規模增加，但是它的出現對於當時的明朝來說所起的負面作用要大於正面作用，它加速了明帝國的衰落。而白銀之所以有這麼大的負面作用，罪不在於白銀，而在於官僚、官商。

白銀成為法定貨幣後，雖然帶動了商業的興旺，但卻沒有給百姓帶來實質性的好處，反而帶來了無窮災難。因為，白銀不在百姓手中。誰有？皇族、官員、富商。因為，明代中後期皇帝日益荒淫怠政，造成自身收入（內帑）的減少，皇親國戚、宦官、文武官員反而成為了最大的受益者。這些人將大量白銀「窖藏」，而民間商人、百姓的「窖藏」行為也比較普遍。

明朝中央政府反而成了「最大的受害者」，因為，它手中沒錢。再加上自身的腐敗和自然災害，終於導致了農民起義，使帝國大廈在看似最牢固的時候轟然倒塌。

有種觀點認為，明朝後期的大規模白銀流入是歐洲各國的一場貨幣陰謀，是確確實實的一場貨幣戰爭。

正如某位學者所說：

從根本（國家能力）上說，現代民族國家這種組織形式的奠定，最初就是十六世紀地中海地區的銀行家們投資於國家間的戰爭，最終則是金融家通過攫取「世界貨幣」的發鈔權，而讓世界上最強大的國家（美國）、乃至整個世界為他們的投資冒險埋單和作擔保（這隨著一九一三年美聯儲體制的形成而達到高峰），而上述軍事—金融—國家相結合的特殊組織形式，才是西方世界近代雄起的真正關鍵，至於那被奉若神明、而又眾說紛紜的「資本主義」，充其量只不過是在不同歷史時期充當了「幫手」的角色而已。

然而，十六世紀的人尚沒有這麼精明。許多人在論述這位專家的觀點時，往往忽略了該學者所說的時間跨度長達四百年。而其間，貨幣理論也是逐漸豐富的。但即使在今日，也沒有哪個專家敢說他懂貨幣——沒有一個。

銀行家們在十六世紀還不懂得什麼是「世界貨幣的發鈔權」，更不會有什麼陰謀。他們只是為了賺錢而已。那個時期貿易最賺錢，銀行家們自然想要去壟斷貿易。而投資於戰爭就是為了獲取貿易壟斷權。十六、十七、十八世紀都是如此。到了十九世紀中期，因為石油可以賺錢，人們就想去壟斷石油，為了石油而不惜發動戰爭。

即使正如某些人所言是陰謀，那也是歐洲部分商人的陰謀。否則，歐洲特別是西歐的通貨膨脹導致的國家不穩也就不會發生了。西歐各國不會愚蠢到為了打敗在當時根本無法打敗的敵人，而將自己的國家搞得雞犬不寧的地步。當然，這不能排除二十世紀後半期之後的貨幣戰爭的真實存在。

在當時的歐洲，歐洲商人並沒有我們想像的那麼精明。在十五世紀到十八世紀中期，歐洲盛行重商主義。該理論認為：一國積累的金銀越多就越富強。如果沒有貴金屬礦藏，就要通過貿易來取得。一切經濟活動的目的都是為了獲取金銀。要使國家變得富強，就應儘量使出口大於進口，因為貿易出超才會導致貴金屬的淨流入。一國擁有的貴金屬越多，就會越富有、越強大。因此，政府應該竭力鼓勵出口，不主張甚至限制商品（尤其是奢侈品）進口。為此，主張禁止金銀輸出，增加金銀輸入。在這一理論下，當時許多歐洲國家要求外國人來本國進行交易時，必須將其銷售貨物的全部款項用於購買本國貨物或在本國消費掉。

與此同時，重商主義還主張國家干預經濟生活，由政府管制農業、商業和製造業。大力發展對外貿易壟斷，通過高關稅率及其他貿易限制來保護國內市場，並利用殖民地為殖民國的製造業提供原料和市場。

在重商主義的影響下，直到一八八〇年（清光緒六年）金幣本位制出現，黃金才可以自由鑄造、自由兌換、自由輸出輸入，以法律的形式規定貨幣的含金量，並以貨幣的含金量之間的比率作為兩國貨幣的匯率。其後，進入了金塊本位制，在這種制度下，黃金的兌換、流通被限制。最終，出現的是金匯兌本位制，此時黃金基本上還是不能兌換的，紙幣只能兌換成你要購買黃金的對象國家的信用貨幣（假設為美元），再由美元購買黃金。所以說，黃金的流入在十九世紀之前是很難的。

歐洲重視黃金，對白銀則是另一種態度。歐洲的白銀比中國的白銀價值要低得多，歐洲以黃金為貴。這就使得歐洲並不重視白銀，樂於與中國交易。這不是陰謀，純粹是利益所致。

十六、十七世紀間，中國、日本、歐洲三地金銀比價存在較大差價，中國金銀比價為一比五・五至七，日本為一比十二至十三，歐洲為一比十・六至十五・五。除去運輸成本等，僅匯率比對的純利就差出一倍以上。所以，用價值較低的白銀購入中國商品是一件非常划算的生意。與此同時，中國產品特別是絲綢、瓷器、茶葉在世界享有盛譽，從中國購入產品運到歐洲售出後除去各項成本其淨利潤也在百分之一百以上。

因此，海外白銀大規模地流入中國，僅一六三一年（崇禎四年），由菲律賓輸入澳門的美洲白銀就達一千四百萬兩，大約相當於永樂元年至宣德九年（一四〇三～一四三四）大明王朝三十年鼎盛期內中國官銀總產量的二．一倍，是萬曆年間國庫歲入的三．八倍。與一五九一至一六〇〇年（萬曆十九年至二十八年）間相比，一六四一至一六五〇年（崇禎十四年至清順治七年）間美洲黃金輸入歐洲數量減少百分之九十二，白銀減少百分之六十一。然而，這種情況對於奉行重商主義的歐洲國家來說，越來越難以容忍。

早在一五九三年（萬曆二十一年）一月、一五九五年（萬曆二十三年）七月和九月，西班牙國王就曾三次頒發命令，要求每年從墨西哥運抵菲律賓的白銀以五十萬比索為限。然而，這種命令從政府官員到一般百姓都給予反對，就連西班牙駐菲律賓的總督都公然夾私。最終，這種重商主義的思潮導致了鴉片戰爭。

除了美洲白銀外，日本白銀流入也非常明顯。從萬曆二十九年到順治四年（一六〇一～一六四七）的四十七年間，日本白銀輸出總量（七千四百八十餘萬兩）中的大半流入中國。同樣，為了保障日本對白銀的需求，日本政府也於一六八九（康熙二十八年）、一七一五年（康熙五十四年）兩度頒布法令，限制中國赴日商船數量和貿易額。

至此，白銀帝國的形成只差一個「追認」。白銀因為在朱元璋設計的貨幣體系中是不合法的貨幣。因此，只有明帝國重新認可白銀的合法性，白銀才能堂而皇之地登堂入室。儘管此時的白銀已經在事實上成為百姓乃至官府的法定貨幣，因為民間拒絕用紙幣，銅幣又不夠用，因此，人們在做生意的時候都要求對方使用白銀。

白銀被明中央政府「追認」為法定貨幣，一定要感謝一條鞭法的實施。因為官僚商人和走私經濟將絕大部分商業稅收都裝進了自己的口袋，再加上明朝中後期開始，中國的自然災害越來越嚴重、統治者日益奢靡等原因，明中央政府越來越缺錢。

第三回

白銀帝國與一條鞭法

保障民生靠錢、打仗固邊靠錢、修路治河同樣靠錢，因此，明政府迫切需要解決稅收問題。一條鞭法就這樣開始施行起來。

然而，一條鞭法施行於全國之後，反而加劇了中央政府和百姓的白銀短缺與官和紳商以及走私商人白銀過剩的矛盾。因為，一條鞭法要求政府稅收繳銀，這無疑承認了民間白銀貨幣化的現實，使白銀需求量大增。但另一方面，白銀又大都不在百姓手中。這樣就使得一條鞭法在施行初期大規模地增加了政府財政收入，但在後期卻造成大規模逃戶現象的發生，使得明代混亂的人口統計更加混亂，同時，也造成各種社會矛盾激增，直到明亡。

是是非非張居正

□張居正的權柄

萬曆六年（一五七八）三月，內閣首輔大臣張居正回家省親，他乘坐著由三十二個轎夫抬的特製轎子走在康莊大道上。這個轎子與今天我們見到的房車類似，轎內分為會客廳和臥室。如果，路過之地有當地官員請示工作。張居正就要求他上轎在會客廳相見，如果沒有客人他則在此辦公。累了則到臥室休息，裡面應有盡有。這天，張居正放下了書，問侍從：「前方到什麼地方？」「回老爺，已經到了河南新鄭！」

「啊？新鄭！」張居正的臉上露出一絲狡黠的笑容。「高拱高大人就是本地人，我們已經有五年多沒有見面了，還真是想他。你命人通知前方，就說我要去高府看望我的老上司。」「是！」

與此同時，身患重病的高拱正在家中接受知府的探視。「高大人，首輔現在正在路上，希望您能夠出府迎接。」「我如今身有重病，請你轉告張大人，我不便接見。讓他回家省親要緊！」「高大人，我看這不合適吧。張大人這次回鄉，太后和皇上還專門設宴送行，您退居鄉間這幾年我們是禮待有加，您可千萬別讓我們為難呀。」高拱聞聽，沉默片刻，一陣冷笑：「好，那我就見一見我的老朋友！」

張居正來到了高府，只見高府雖然氣派非凡，但這要看跟誰比，在新鄭他無疑是第一，但在見過大世面的張居正看來，高家其實已頹敗。再看眼前的這位老上司，張居正的臉上不禁露出一絲得意的笑容。面對這位被自己鬥敗了的政敵，張居正說著不鹹不淡的慰問之語，已經過了脾氣火爆歲月的高拱儘管知道他的話語中的真實意味，但他已經不像過去那樣立刻會點燃火藥桶與之同歸於盡，他學會了隱忍，儘管這離他過世已經不遠了。

當高拱面帶著微笑送走了張居正的時候，他的臉色隨著張居正的漸行漸遠而愈加陰沉。最終，臉色鐵青的他，輕聲說道：「張居正呀張居正，誰輸誰贏還未必！」回到屋中，他展開了紙筆開始寫起了自己的回憶錄。

張居正是明代有作為的改革家，甚至有人認為他是中國第一改革家，整個明代最有名、最有作為的首輔。然而，作為一名政治家，張居正天生就帶著「封建社會官員的原罪」，他不像海瑞、高拱等官員那樣，雖然玩弄權術但在品德上卻無大的污點，從他與高拱的政治鬥爭中就可以看得一清二楚。

一五七二年（隆慶六年）五月二十五日隆慶皇帝病逝，病逝前將高拱、張居正、高儀、司禮監太監馮保視做四大托孤之臣。而且，高拱的資格也較張居正老，在政治角力中高氏占據制高點。

高拱正德七年（一五一二）生人，嘉靖二十年（一五四一）進士，嘉靖四十五年（一五六六）以禮部尚書拜文淵閣大學士，進入內閣，隆慶三年（一五六九）任內閣首輔，兼吏部尚書。此人工作作風強悍、雷厲風行。主張對於不合時宜的思想、事務進行大刀闊斧的改革。此外，特別重視商人在經濟生活中的作用。高拱卒於萬曆六年（一五七八）。

張居正嘉靖四年（一五二五）生人，今天的湖北省荊州市（江陵）人。隆慶元年（一五六七）以吏部左侍郎兼東閣大學士的職位進入內閣。萬曆元年（一五七三）聯合司禮監太監馮保將高拱驅逐出內閣後任首輔，萬曆十年（一五八二）病逝。

對於政治家的評判，也許我們沒有必要用常人的標準。比如張居正對戚繼光青睞有加，造成對其他將領的不公。偉大的人未必具備偉大的品格，張居正就是明證。他也貪污；他也對持不同意見哪怕是持正確意見的人，進行無情的甚至是卑鄙的政治打壓乃至謀害，例如高拱；他也會袒護自己的孩子並借著自己的勢力為他們謀利益；他也縱容親信為非作歹；他也……

對於這些，我們沒有必要去橫加指責，當然，也不能放棄對這種現象的批判，不批判就等於我們認同能人可以犯罪而且不受歷史的譴責。但在批判的時候，我們能夠抱以平常心就可以了。畢竟，他貪的並不多，但他給予當時世人的又非常多。功雖然不能補過，但我們對於幾百年來的張居正是是非非的評論，也應該給予正常的眼光。

至於對張居正最終被抄家、長子自殺、次子殘廢、張家所有成年人全部被充軍的下場也不要過於驚訝。因為，他的結局在某種意義上是咎由自取。因為，按照儒家思想嚴厲教導皇帝的他，本身就是說一套做一套，而少年皇帝驚訝地發現這一現實後，對老師的憤怒與痛恨可想而知。

作為一位歷史人物，張居正有著自己的歷史功績，為人稱道的便是一條鞭法。然而，該法在白銀帝國下卻並非毫無瑕疵。

一條鞭法的前世今生

□一條鞭法的利弊之爭

萬曆元年（一五七三）三月，在一座燈光昏弱的房間裡。張居正、馮保兩個人正在看著一張紙，張居正的臉上面露驚慌之色。「真的嗎？這個人是戚繼光的手下？」「沒錯，是的。他是『戚家軍』中的一員。」「絕不能把戚繼光牽扯進來。」「嗯。這個我明白，但他能夠闖入皇宮，如果沒有一個適當的理由我怕難以服眾呀。」張居正聞聽此言，沉默之後，兩眼露出凶光。

「這是個好機會，我們可以趁機消滅他。馮公公，我們……」

萬曆年間，因為想家，更重要的是難以忍受北方的生活習慣、風俗、氣候，在東南沿海生活慣了的「戚家軍」中有一些人當了逃兵。王大臣就是其中一員，自從嘉靖末年倭寇之患平定之後，隆慶元年（一五六七），在張居正的提拔下戚繼光被調往北方，總管北京周邊的薊州軍務。

王大臣做了逃兵之後，一想：「老子在北京周邊駐紮了九年，現在回去了碰到同鄉一問北京啥模樣，我怎麼說。走，去北京城看看去！」王大臣就這樣來到了北京城，可以說當時的北京不但是中國而且是世界上最繁華、最雄偉的城市。王大臣進入京城之後眼睛都花了，左看看右瞧瞧不知不覺間竟然闖進了皇宮。

結果正好碰到萬曆皇帝，結局可想而知，王大臣被捕了。本來王大臣覺得只要招供就可以免除責任，自己又沒有歹心只是覺得這裡挺好玩兒跟唱戲似的，他只是以為進了大戲班子。

哪知，當他到了東廠之後，面對著皮鞭、火烙鐵、釘板他真的尿了褲子。「我告訴你王大臣，說小了你是驚了聖駕，說大了那是預謀行刺萬歲。這罪嘛，往小裡說是你一個人死，往大裡說不但要把你扒皮點天燈，還要抄了你的全家、滅了你的九族！」

「啊！冤呀，冤呀！我可冤呀！」「王大臣你只有聽我的，你才能活命！」「您讓我怎麼辦？」「你就說因為高拱被撤了職，對皇帝懷恨在心命僕人買通了你要刺王殺駕。」「高拱是誰？」「前內閣首輔大臣。」「啊！我的媽呀，我不敢不敢！」「我告訴你，敢收拾前內閣首輔的人也不是善茬，你琢磨好了，想想吧。是凌遲扒皮點天燈好呢，還是痛快一點兒的好？是你一個人死好呢，還是滅你全家好？我告訴你，如果你小子聽話，甚至無罪卻有功！」

為了加大說服力，主審辛儒還給了王大臣蟒褲、寶劍。然而，朝中其他大臣卻打死也不信高拱會如此糊塗，接連上奏要求會審王大臣。萬曆皇帝在請示了太后之後，下旨

：司禮監太監馮保、都御史葛守禮、都督朱希孝三堂會審。結果，王大臣以為辛儒是太監，所有太監就都參與了逼供，一見馮保要責打自己，就傻裡傻氣地質問馮保：既然我都按你們說的是高相國指使我的，你們怎麼還打我。

此話一出，朱希孝、葛守禮等政治鬥爭經驗異常豐富的人，一聽就知道了其中奧秘。最終，刑部判王大臣為傻子，驚駕，斬！

張居正之所以被稱為「偉大」全因改革，而主要就是一條鞭法。然而，該法並非張居正首創，他的功勞就是將其推行到全國。張居正利用手段將高拱擠出政壇後，開始按照自己的意願進行各項改革。

萬曆元年（一五七三）六月，張居正實行考成法，推動了行政改革，提高了工作效率。每份奏章分為兩冊，一冊送給內閣，一冊送給六科。內閣延遲大臣糾正，六部隱瞞不奏科臣糾正，六科隱瞞不奏內閣糾正。綜上，即六科控制六部，內閣控制六科。

除此之外，開始整頓稅賦，削減財政支出。例如，隆慶六年（一五七二），張居正建議省去不必要的賜宴、元宵節燈火、光祿寺春節供應等，節省了不少資金。別看事情小，但問題是小的積聚在一起那可是天文數字，例如一次賜宴至少就要花費數百兩銀子。由此，萬曆元年到八年（一五七三～一五八〇）節省各項開支就達數百萬兩。節流的同時需要廣開財源。為了抑制豪強吞併田地從而釐清稅收，張居正從萬曆六年（一五七八）開始清丈全國田畝，歷時四年，到張居正病逝的那一年才全部完成。

張居正的改革受到了豪強地主、部分官僚權貴的阻撓，不少人對張居正的做法難以認同。例如當時比較知名的廉潔公正的官員，陝西巡撫蕭廩、河南息縣縣令鹿善繼等，執行中就非常消極。

丈量土地的同時，張居正開始施行一條鞭法。該辦法就是將賦役貢物等合併為一，全部以銀來徵稅。

一條鞭法的名字首先出於嘉靖十年（一五三一），那一年江西南部即南贛都御史陶諧（先後兩次）、御史傅漢臣先後提請施行一條鞭法，但是否得到皇帝同意並真正實行起來並無記載。真正有記載的是嘉靖十三年（一五三四）的南直隸旌德縣知縣甘澧在較大範圍內施行一條鞭法。嘉靖四十年（一五六一）、四十四年（一五六五）浙江巡撫龐尚鵬在浙江推行一條鞭法。隆慶初年，江西巡撫周如斗在江西推行。三年（一五六九）海瑞巡撫應天九府開始嚴格推行一條鞭法。其後，江南、福建、山東等地也開始推行一條鞭法。最終萬曆九年（一五八一），張居正將一條鞭法正式推向全國。

張居正並非一條鞭法的創立者，他之所以被眾多人尊敬，就在於中國人的一種傳統：往往將功勞全部歸為一把手。對於一條鞭法的好處，我們在此就不贅言了，因為張居正之後的四百多年的歷史對其誇讚之聲此起彼伏。現在，我們就不妨談談一條鞭法的弊端。

一條鞭法暢行全國後，各種問題開始出現。例如，農民交不出白銀造成賤賣糧食、農具等現象，賣兒鬻女的也越來越多。這種情況，在白銀最終成為法定貨幣之前的嘉靖年間就已經非常嚴重，致使流民大量出現。沿海產鹽地區的灶戶們更是「十室九空」。從表面上看，中國是當時世界的第一財富大國，然而，那又有什麼用呢？

明末的嚴重貧富分化加劇了政府的財政危機，又由於封建政府無法做到直接徵稅到戶，交由地方紳士代收，他們往往會從中剋扣稅款。顧炎武曾講過上海地區的賦稅徵收中出現的此類現象：每收銀一千兩，往往有五十多兩被剋扣，到後來百兩也不足為奇。

正因為如此，明末三大思想家王夫之、顧炎武、黃宗羲才都將矛頭指向了白銀，都提出了「廢銀」的主張。廢銀的主張並不正確，白銀只是流通媒介，問題的根源是明朝的白銀政策，即貨幣政策。

對於明代的貨幣政策歷來思想界就有反思，梁方仲先生是早期指明白銀普遍使用後有負面作用的人之一。他說：銀子的普遍使用，固然是貨幣經濟抬頭的表徵，但是銀子的使用方法，隨著階級基礎的不同而有所不同……銀子自然是集中到少數高級官吏手中……在貨幣的流通範圍內，儼然已分成兩個世界。

但這種意見在現代學者的論文、書籍中卻難以見到，持正面觀點的學者占據學界主流。在本人參閱的各類現代學者的論文、書籍中，黃阿明博士是唯一用較大篇幅敘述白銀負面影響的學者，他認為：明朝晚期的白銀法定貨幣化，對於社會經濟、商品經濟、國家制度典章、社會結構變遷、社會文化思潮、心理價值觀等都產生了重大影響。其間的影響既有正面的也有負面的，白銀法定貨幣化對社會文化、價值觀等方面的負面影響很大。原因在於：歷史沒有給晚明足夠的時間，規範商人、世人的社會角色。正如一個一貫受到欺辱的人突然暴富後一樣，以為有了錢就可以操控一切。

受慣了蔑視的商人在得到了比「士」還要尊貴的社會地位後，並沒有形成統一的行為規範。再加上明朝中後期，商人家族成員大規模進入政府，使官商一體化現象非常嚴重，從而加重了吏治腐敗。

其實，對白銀的負面作用有所認識的人並不僅限於古今思想家，在明朝後期，許多地方政府官員在具體政策執行中，也發現了各種問題並進行過「廢銀」實驗，例如太原知府黃洽。

第四回 白銀成爲法定貨幣後

白銀不夠用

□黃洽的當與不當

太原知府黃洽是一位正直的官員，然而，此公最大的問題就是做事不能與時俱進。看著世風江河日下，特別是民間無銀造成的苦難太多了，他決定「廢銀」。第一步就是軍糧不要折銀，必須用糧食。他將這個想法告訴了眾多手下人，文武們一聽這個決定，無不驚駭。

「大人，萬萬不可。折色為銀是為了保障軍糧供給。太祖初年，實行的納糧中鹽、中布等都是為了解決糧食在運輸過程中出現的運費太高、勞師動眾卻效果不彰。」

「你說的是，但是，折銀造成軍糧供給不足。如果在風調雨順下這不成問題，但是一遇荒年就會出現大問題。洪武、永樂年間軍屯為運糧解決了大問題。然而，如今軍屯被官商吞併者大有，軍屯已然名存實亡了。如果發生災禍那可如何是好，軍隊是國家的保障，他們絕對不能沒有糧食。不廢銀怎麼辦？」黃洽反駁道。

文武官員聽罷，無不啞然。因為所有人都知道「折色」的問題，銀在成為法定貨幣的同時，它的負面問題也逐漸被人瞭解。官員們沉默著，希望看看黃大人的決策是否正確。

然而，各方對已經實行了幾十年的納糧折銀制度已經習慣，各種阻力使廢銀政策迅速失敗。黃洽在太原的二十八個州縣內，全面廢銀的努力造成各方勢力不滿，特別是軍方和商家。商家已經習慣用白銀，因此對廢銀持嚴重消極態度。更嚴重的是，在糧食徵集方面遇到了很大困難。除了連年災禍之外，土地貧瘠產量極低，使軍糧難以收繳。直到過了繳納時限一個多月後，軍糧才勉強收齊。

黃知府不遺餘力地徵集糧食的做法，又造成糧價陡然上升，進而通貨膨脹越來越嚴重，頓時，太原府上下民怨沸騰。

糧食徵集完成後，就需要運糧。黃洽想重新施行商運，但對於商人的各種成本（如損耗、時間等）考慮不周詳，商人根本不願意運糧。經過努力，糧食最終運到了邊關，

～・～・～

可軍方又不願意接收。以前折銀，軍官可以私自藏銀，而糧食胃口再大能吃多少！多了賣出去又太顯眼容易被發現，所以，軍官是反對廢銀的主力。

結果，官方、軍方、百姓都對黃洽的做法大為不滿，最終黃洽被撤職。

～・～・～

黃洽之所以失敗，乃在於白銀在二千年的貨幣競爭中，最終戰勝銅錢、紙幣成為主體貨幣是時代的趨勢（一九三四年美國實施《購銀法案》後，中國成為嚴重的白銀外流國，一九三五年國民政府實行法幣改革，白銀喪失了法定貨幣地位）。白銀易於保存、攜帶，且自身價值相對穩定，有利於流通。但中國的黃金、白銀在流通便利性上卻沒有進一步發展，始終停留在「稱量貨幣」層面，需要稱重計算價值，不但造成流通不便，而且因為銀錠形狀、重量繁多使腐敗、盜竊、詐騙空間增大。

明代白銀分為三種：一兩以下的散碎銀子即碎銀，形狀、重量不一，主要有滴珠、福珠等名稱。另外兩種則是銀錠和銀元。銀元主要流行在福建、廣東，因為那裡對外貿易比較興盛，但流出該地區之後則會被鑄成銀錠。直到晚清，張之洞、李鴻章等實力派大臣才在兩廣、直隸等地區推行銀元。一九一四年「袁大頭」出現後，中國人才第一次全面接觸銀元（幣）。

儘管如此，白銀並非造成明亡的禍根，禍根應該是對白銀沒有正確認識的明政府。政府所制定並執行的貨幣政策並不得當，再加上各種負面因素，如吏治腐敗、自然災害等才導致明朝最終滅亡。

早在弘治年間，國家稅收、徭役等財政收入、財政支出方面已經全部白銀貨幣化。前三章我們重點介紹了財政收入，現在我們就重點介紹一下財政支出。明朝的財政支出方向主要是皇室、官吏、軍費。

皇室的花費由內帑支出。但內帑的錢來源於何處？同樣是靠稅收。儘管有一部分是靠派出去的太監稅使、皇店皇莊等自行收繳，罰沒部分貪官的家產等，但主要還是政府的財政劃撥。皇室用度，除每年的糧食供給外，還有各種生活物資。生活物資最主要的兩項花費就是絲綢布匹和土木工程。土木工程花費最大，僅採木料一項，嘉靖重建三大殿和各類工程就花費了一百三十八萬多兩。其餘的土石、人工和糧米費用、貪污成本等尚沒有列入。可以想見，嘉靖年間僅此項花費的白銀就達千萬兩。內帑顯然無法承載如此花費，政府必然會進行大量劃撥。例如正德元年（一五〇六），皇帝登基的一百四十多萬兩白銀皆出自戶部。

官俸同樣不少。僅以京城武官為例，景泰六年（一四五五）一個季度的支出為一萬三千多兩，到了弘治十四年（一五〇一）就提高到了十三萬九千七百兩。文官雖無明確記載但只會多不會少。

軍費的增長也非常明顯。洪武、永樂時代，宣府每年的軍費不到五萬兩，大同為五萬兩，山西軍費不到二萬兩，晚明時則分別達到了二十九萬、四十五萬、二十六萬六千兩；洪武、永樂年間遼東軍費不到一萬兩，嘉靖時到了二十萬三千兩，晚明時又增加到六十多萬兩；薊鎮軍費從之前的不到一萬五千兩，嘉靖時增加到七十三萬兩，晚明時增加到一百二十四萬多兩；延綏軍費從不到十萬兩，到晚明增加到三十六萬多兩。其餘各鎮雖然增加得不像上面各鎮那樣明顯，但也是有增無減。

綜合計算，弘治、正德年間各邊鎮每年的軍費大約是四十三萬兩，嘉靖時期為二百七十多萬兩，萬曆年間最高超過了五百萬兩。

當然，因為封建社會皇帝是天，他想要什麼就能得到什麼。中央政府的財政收入他想插手，一般也就能夠成功。所以，皇室支出與政府支出的區分不是特別明顯，在計算的時候，我們可以視做一體。弘治十八年（一五〇五）五月到正德元年（一五〇六）十月這十八個月的花費如下（數字進行四捨五入）：

諸邊鎮軍費九十八萬兩，濟邊銀二百七十七萬兩，每年各地地方軍輪換到北京的花費七萬兩，賞賜在京和各邊鎮武官和兵卒一百四十二萬兩，密雲、居庸關、紫荊、倒馬等關召買糧草十三萬兩，以上與軍事有關的費用大約五百三十七萬兩以上。

購買鹽米花費二十五萬兩，陝西賑濟二十萬兩，皇帝大婚四十萬兩，轉撥內帑三萬兩。

以上總計六百二十五萬兩。這個數字尚沒有包括文武官員的俸祿、政府辦公支出等多項內容。明朝主要的儲銀地，除了皇帝私人的承運庫外，還有英宗正統七年（一四四二）設立的太倉庫，成化四年（一四六八）太僕寺創立的常盈庫，弘治八年（一四九五）設立的南京銀庫，嘉靖八年（一五二九）設立的節慎庫等，另外中央六部以及各地方政府也有專門銀庫。

除了官員的薪俸外，雜役的柴薪銀也是很重要的一筆錢。雜役主要有：皂隸、弓兵、獄卒鋪兵、館夫、驛夫、轎夫、車夫、水夫、膳夫、門子等。同時，每種役又有不同類別，例如柴夫，分為砍柴夫和抬柴夫兩類。除此以外，一些工程還會雇傭大量民夫。

上述這些雜役、民夫都是財政支出的一大部分。例如成化年間，北京九門對貨物、騾馬進行查驗的檢鈔夫一共有四十四人，每個季度每人可以領銀十兩，僅此一項，北京地方政府就需要財政支出一千七百六十兩。砍柴夫在成化四年（一四六八）的規定是每季度三兩，抬柴夫沒有同年度相應數字，只有十七年後的規定，每月一兩四錢。山東全省進入差冊的雜役一共二萬零八百八十四人，每人每年三兩銀，一共需要六萬二千六百五十二兩。

用銀支付徭役花費，每年的財政支出相對容易計算。以當時並不是最先進的四川布政司在萬曆年間的情況統計，每年四川省六州八府的所有徭役所花費資金為五十二萬八千二百二十一兩。具體是：均徭銀九萬九千零二十八兩；力差銀九萬零七百九十兩；民快銀每人七．二兩，二萬六千一百一十六人共計十八萬八千零三十五兩；里甲公費二萬八千二百九十二兩；里甲編夫每人七．二兩，七千六百七十人共計五萬五千二百二十五兩；里甲編馬，馬匹三千零九十五匹，每匹草料、鞍轡、雨具、馬夫、料夫等二十一．六兩，共計六萬六千八百五十二兩。

如此龐大的財政支出需要大量的白銀，本來國內自產白銀加上海外輸入的白銀完全可以應付財政支出。但問題仍然出現了：中央政府總是在說缺錢。明朝中後期美洲、日本以及其他地區流入中國的白銀可能高達三四億兩，再加上存留的前朝白銀，有的專家估計可能有高達七億多兩白銀在國內流通。然而，這時中央政府卻接連在奏章中向皇帝叫苦：白銀不夠用，救災、軍需無法供應。

這到底是怎麼回事兒？

數億兩白銀去了哪裡

□官商攬財之道

這年八月十五中秋節，嚴世蕃、鄢懋卿等人在一起觀花賞月。嚴世蕃看著眼前的繁華，不禁感慨道：「人在世間皆為名利而來，當年陶朱公富甲天下，本朝國初沈萬三更是富可敵國，幾十年前的劉瑾也是不讓天下。不知本朝的富人都有何人呢？」

鄢懋卿笑道：「現如今能稱為富人者必須有家產十五萬兩，巨富之人非得有五十萬兩以上。」嚴世蕃點了點頭：「懋卿，你說天下誰最富有？當然，我主萬歲不能算，天下都是他老人家的，更何況錢財。」「對對，依我看，今天下首富者必是您。」「我？怎麼會呢？溧陽史恭甫、蜀王、黔王，太監高忠、黃錦、成國、魏國、陸炳、京師張二（太監錢勇永之姪）、晉商三姓、徽商二姓他們皆為天下巨富，我可排不上！」

「不要謙虛了。那些晉商、徽商雖然富甲天下，但終究比不過權杖。權讓他們富他們就能富，讓他們破產就能破產。只不過我們沒必要與他們發生衝突而已。」鄢懋卿笑道。

「是呀。權力確實可以賺取財富，無論權力的使用地點是什麼。您看西南貧窮眾所周知，但那裡能稱為巨富者也有三人，他們什麼身分？宣慰使也！」嚴世蕃若有所思地說道。

「榮華富貴必須要用權力賺取，你看那些晉商、徽商巨富們，哪個不是家有數子必一半為官一半為商，且多是長子為官，次子在無法繼承財產的情況下不得已才經商。」

「今天我們所說的十六位富商，除了五人為晉商、徽商外，其他皆為官員。所以，權力比金錢更厲害。就比如你吧，鄢懋卿，你小子的財富恐怕比那些晉商、徽商都多，總有千萬兩之上吧。」嚴世蕃笑道。

「哈哈。我與您比那可是小巫見大巫，我有千萬資產不假，但能及您的十分之一就不錯了！」鄢懋卿笑了笑。

「正是因為權力的重要性，所以，人們對它的垂涎也最厲害。晉商、徽商沒有了錢，還可以活著，這是商人比我們幸運的地方，東山可以再起。而我們則不一樣，權力丟失了就丟失一切了，甚至包括性命！」

「是呀，為了保住權力，我們必須保住老爺子。聽說，徐階正在搞老爺子，你看這怎麼辦？」

「這件事兒，咱們得好好盤算盤算。」

官有清、貪、能、庸之分。能臣未必是清官，例如張居正，許多人說他是貪官。本人並不認可這一點，作為內閣首輔，他的財富包括土地、房屋等有幾十萬兩，似乎並不過分。

而張居正時代巨富的門檻已經提高到百萬兩白銀，從這點看張居正並非大富之人。但是，這並不能代表張居正手下人不貪。張居正的主要問題在於「用人」，他用人重才不重德。歷史上的改革家們往往都有這個缺點，做事雷厲風行的同時不注重人品考察，結果，王安石的手下有大批貪官污吏，張居正手下也是如此。

貪官是國內白銀的主要聚斂者。從隆慶朝到清初的政府文書中常見缺銀的記載，這是為什麼？其實主要在於四個字：貪、藏、私、商。

首先說貪。明末徐應秋說：國家將貪官權貴的財產沒收充公，主要的人如涼國公藍玉、曹國公李景隆、忠國公石亨、咸寧侯仇鸞；文臣則少師嚴嵩，武臣則錦衣都指揮紀綱、都督錢寧、太保陸炳、平邊伯江炳；太監袁琦、司禮太監王振、曹吉祥、劉瑾、張雄、張銳、畢真、李彬之等。有明一代，最有錢的人就是振、瑾、彬、寧、嵩、（馮）保六家。

在這些人中，最大的貪官這就是劉瑾。不算珠寶玉器、古董、軍事設備，僅白銀就多達三億一千萬兩，純粹的白銀二億五千一百六十萬兩。黃金二十四萬錠，每錠五十兩，約一百二十萬兩，按照最保守的官方金銀比率一比五（市面是一比六至一比八）計算，折白銀六百萬兩以上。而正德初年國庫太倉銀庫的年收入不到四百萬兩。可以說，劉瑾的貪污總數額絕對達到八十年國民總收入之和。

明代帝王不幹工作的人比較多，有些人對此還津津樂道並煞有介事地稱讚其有掌控能力。然而，身居皇宮的皇帝們，即使掌控能力非常強大，仍然無法窺知事情的真相。最終，到了崇禎年間，一國之君不得不挨個向大臣們要錢。結果呢？連他岳父都不肯掏錢。

根據各種資料介紹，李自成攻下北京後向各類官宦搜刮了大約一億五千萬兩白銀，張獻忠攻滅蜀王也得千萬兩白銀，再加上各地皇室宗親、官員，有大約三億兩白銀。

民間商人所持有的白銀能否超過三億兩，我們不得而知。但從皇室、政府官員所持有的三億兩白銀來看，這些白銀大多是用於個人揮霍，於真正的商品經濟發展並無太大好處。

藏。因為白銀便於儲藏，無論宗室皇親、官員、商人等這些持有大量白銀的人，還是農民、手工業者等有少量白銀的人往往都傾向於藏銀。廣開地窖將白銀收藏其間，可以說這些人不到萬不得已的時候是不會拿出這些白銀的。因此，明朝中後期政府財政白銀缺少，這也是很重要的原因之一。

如嚴嵩被抄家時，金子、金器皿和首飾三萬二千九百六十九兩，銀及器皿、首飾二百零六萬兩。兩相合計大約二百三十萬兩。這是被查出來的，而嚴嵩父子擁有大量窖藏金銀，官方無法查抄，另外還有田產、綢布莊、當鋪等。幾十年後，嚴嵩的子孫們就靠這些窖藏金銀，繼續引領嚴家成為巨富之家。

私，就是走私。第一、二章我們提到走私經濟非常發達，然而，走私所得無論有多少也不會增加財政收入。

商。主要是商人所持有的白銀。很顯然，在剩餘的白銀當中，如果政府藏有大概三億兩白銀，走私商得到了其中一兩億之外，剩餘的一億到二億兩白銀則掌握在商人、農民等這部分人手中。

官商在進行大量窖藏白銀的同時，還有一個非常重要的使用去向，那就是開典當鋪。如果各位仔細觀察的話，在劉瑾、嚴嵩、徐階等高官的生意中，都有典當業。無論劉瑾、嚴嵩等奸臣庸臣，還是徐階、張居正等忠臣能臣都一樣。

由此看出，白銀帝國下高度發達的高利貸經濟是又一大特色。很顯然，高利貸經濟使農民、中小商人的破產速度加快了。如此，就造成官員更貪，民眾更加仇視政府，知識分子走投無路，開始投靠農民起義軍。

第五章

帝國崩潰
明王朝被什麼擊潰了

白銀帝國中最大利益的獲取者們，在白花花的世界中喪失了自我，從而官僚主義在官場盛行，最終帶動各主導階層流氓化，明末的中國成為弱肉強食、法律和道德蕩然無存的國度。不幸的是，又遇到了中國歷史上最嚴重的自然災害，在社會和自然的雙重壓迫下，百姓們為了生存只有揭竿而起了……

第一回

官風民風敗壞

白銀帝國帶動了畸形娛樂業的發達、拜金思潮的盛行。「笑貧不笑娼」，「有錢能使鬼推磨」幾成共識。由於中央政府缺錢，不得不開始公開「賣官鬻爵」，做官成了一種買賣。利用職權壟斷某一領域、區域的商業，也成了政府及其官員來錢更多更快的途徑。

思想蛻化，人人爲銀而生死

～・～・～・～

□崇禎借錢

崇禎坐在大殿上黯然神傷，他沒想到自己手下的大臣們竟然如此貪心。如今農民起義、後金的勢力越來越強，北京正處在危險之中，自己屢次號召大臣們捐錢竟然無人響

～・～・～・～

應。最終，在自己的強力壓迫下，宦官王之心才捐了一萬兩，而據說他至少有三十萬兩白銀。更可氣的是自己的老岳父哭哭啼啼就是不給錢。如今，連家裡人都不幫忙，該怎麼辦？

用內帑的藏銀？崇禎搖了搖頭。因為，這筆鉅額銀兩是用於賑災、軍餉的，萬萬不能動。雖然農民軍、後金實力強大，但想攻破北京城沒有一兩年是絕對攻不下來的。想到這裡，崇禎皇帝決定：內帑不能用，還得繼續號召大臣及皇親國戚們捐錢。

然而，令崇禎皇帝沒有想到的是：此時的北京以及周邊地區正處於人間地獄。遍布大半個中國的乾旱使得糧食歉收，百姓被餓死的不計其數。因為戰亂、政府缺錢等原因，政府根本沒有辦法深埋屍體，如此又造成大災後的大疫。北京城內的許多守軍官兵都感染了瘟疫，崇禎皇帝認為固若金湯的防線其實是紙糊的城頭。頃刻間，北京被攻陷了，崇禎皇帝只得自殺殉國。

然而，就在他死後沒有多久。他的岳父周老國丈就被李自成的大將劉宗敏抓進了大牢。劉宗敏手持皮鞭，點指國丈，「老傢伙，你還以為自己是國丈呢，告訴你，不拿出錢來，你休想活命，說，銀子藏到哪裡去了？」「哎呀，劉將軍呀，劉將軍，我實在是沒錢呀。我女兒雖然是皇后，我也在蘇州開有買賣，但是常年戰亂買賣都賠了呀。皇上又是個節儉之人，對於我的賞賜幾乎沒有呀。所以，我窮呀！」

「呸！姓周的，我告訴你，別以為我什麼都不知道。你老小子多了沒有，五六十萬兩銀子總是有的，快說，在哪裡？否則我非扒了你的皮。來人呀，給我拿刀來，我親自剝了他的皮。告訴你周國丈，剝皮很簡單的。用刀在你腦袋上劃個道道，把水銀一灌，哈哈，你嘭地一蹦這皮就下來了。如果大爺我高興，也可以用老辦法一刀一刀地把肉剮下來，生剝了你。」

「哎呀，我的媽呀！」周國丈聽罷，嚇得尿了褲子。「沒想到呀，沒想到。我曾想即使改朝換代了，我們這些人也能用得上，即使用不上交些錢也能保太平保富貴，沒想到呀，你們這麼狠。好吧，我藏有白銀五十一萬兩，就在……」

從崇禎溫柔要錢一分錢沒有，再到劉宗敏痛打威脅交出五十一萬兩，其間的差距是多麼巨大。除了周國丈外，像沒有捐一分錢的大學士陳演，結果在劉宗敏的一陣皮鞭下一次性就給了白銀四萬八千兩。結果，在僕人告發下又搜出了五萬兩。那位王之心太監也是如此，三十萬兩身價確實不是謠言。

劉宗敏在北京搜刮大臣富商的錢具體有多少無人得知，僅他上交的白銀就達一千萬兩，那麼，其他將領呢？李自成在北京抄家抄的白銀最保守地估計，三千萬兩應該能夠達到。而這些大多是大臣們的窖藏，窖藏地點到底有多少只有主人知道。在北京有多少白銀被窖藏了恐怕永遠是個未知數。

當晚明成為白銀帝國之後，皇族、官僚、富商們窖藏大量白銀使得市面上流通的白銀並不多。百姓們賣兒賣女、賣田賣地都無法繳稅。因此，大量百姓逃戶，土地荒蕪，村莊敗落。早在萬曆朝，這種情況就已出現。自一五五一年到一六〇〇年（嘉靖三十年至萬曆二十八年）徽州的地價跌幅達百分之四十，請注意，這是在土地市場極不發達的情況下出現的現象。

與此同時，各類關於白銀的民事、刑事案件層出不窮。例如，萬曆年間浙江的張應俞編纂的《杜騙新書》百分之九十記載的都是白銀交易以及欺詐案例。天啓、崇禎年間的河北王肯堂縣令也統計了他任知縣時審理的三百零四件案例，涉及貨幣、財產的就有一百六十五件，其中涉銀案件就有八十九件，占全部案件的百分之二十九；涉銅錢案件為四十件，占全部案件的百分之十三。北方銅錢的使用比南方要廣泛，因此，北方銀銅比例大約是一比二；同期的南方地區，則在一比三至一比四。

白銀帝國給普通百姓帶來的是無盡苦難。之前是官僚壓迫，而白銀帝國時期則是官商共同壓迫百姓。白銀在破壞了舊的等級觀念的同時，又催生了新的等級觀念。一些儒家理念中的正面思想，如「愛國」被效忠家族利益所代替。再如，信奉儒家思想的官員往往非常重視「名節」，然而，到了晚明，名節敵不過十兩銀子的官員大有人在。

在當時，商人中有文化的人可以通過科舉進入仕途，沒有文化的則可以通過捐錢成為官員。例如，正統年間的江蘇淮安人徐頤、常熟魏姓商人，二人花鉅資買了中書舍人的官職，其後魏姓商人還當上了主事。當時，北京有一句口頭禪叫「金中書，銀主事」。到了一四五一年（景泰二年），明政府正式允許賣官鬻爵之後，大富大商可以買大官，一般商人和地主通過捐錢也可以成為「義民」，好處就是可以頭戴紗帽、免除勞役。

僅從成化十年到弘治元年（一四七四～一四八八），長洲一個縣就有差不多三百人花錢買「義民」的頭銜，每人四十兩銀。這一個縣，僅賣「義民」名號的錢就達到了一萬二千兩。然而，「義民」們不會做賠本買賣，因為可以免除勞役，這些人變著法兒地將不相干的人收攏在自己的家園內，形成了一大群不用繳稅的人。可以說，明政府在一方面增加了財政收入，卻在另一方面導致了長期稅收收入流失，並越來越對治理下的臣民失去控制。

商人買官、買義民稱號，其主要不是為了免除勞役，而是使自己的生意更有保障。到了後期隨著高利貸經濟的發展，官商的關係又有了新的變化，商人向官員放貸，從而緊緊地將官員控制在自己的手中。例如翰林院修纂沈懋學，為了應付官場越來越奢侈的消費之風，怕被別人看不起，也向高利貸商人借了三四千兩銀子，最終給後世子孫們帶來了無窮無盡的債務。即使國家處於危難時期，這些人同樣為了保護自己的榮華富貴拒絕幫助政府。例如，為了抵擋李自成起義軍，崇禎要求大臣、皇親國戚、宦官捐錢。結果如何呢？正如我們上面所說的，崇禎皇帝號召捐錢結果官員也就捐了幾十萬而已，可李自成一逼問，至少得了兩千萬。正如崇禎所說：假如文官不愛財，武官不怕死，大明就有救了。然而，這可能嗎？

如果沒有外敵、沒有內亂，這種情況還不至於非常危險，但是崇禎就趕上了這個倒楣時期。而且，史上最大最嚴重的自然災害也來湊熱鬧。自一六三八年（崇禎十一年）開始，中國連續十數年發生大範圍的乾旱，其後是瘟疫，與此同時水災、地震也頻繁發生。這一切又造成了糧食危機、通貨膨脹。在經濟發達的蘇州地區，一斤大米的價格達到了一百文，在陝西某些地方一斤大米的價格高到二三百文，顯而易見，不要說普通百姓就是大富之家也難以承受。崇禎年間，陝西華州故縣堡的百姓將當時的物價刻在了石頭上。因為時人摘錄較少，特別刊錄如下。

~·~·~·~·~·~·~·~·~·~·~

□感時傷悲記

蓋自累朝以來，饑荒年歲，止見斗米三錢倍增七錢者，余等痛此遭逢，尚謂稀有之事，豈料崇禎八、九年（一六三五、一六三六）來，蝗旱交加，浸至十三、四年（一六四〇、一六四一），天降大饑，商雒等處稍康，四外男婦奔走就食者、攜者、負者、死於道路者，不計其數；萬狀疾楚，細陳不盡。余等菜糞糠食，幸得生全，出此大劫。回思苦狀，可傷可畏，日夜難忘，以故糾眾同心，立石謹志，後之考古君子覽焉。

頌曰：囑咐一塊石，記載千古愁；來世有見者，難道不淚流。計開當年時值：

稻米粟米每斗二兩三錢，小麥一斗二兩一錢，大麥一斗一兩四錢，蕎麥一斗九錢，莞一斗一兩八錢，麩子一斗五錢，穀糠一斗一錢，柿果一斗一錢五分，核棗一升一錢，鹽一升銀九分，清油一斤一錢六分，豬肉一斤一錢八分，紅白羅蒲一斤一分，棉花一斤三錢二分，麻一斤一錢，梭布一尺五分……

~·~·~·~·~·~·~·~·~·~·~

糧食問題對於我們這樣的大國實在太重要了。假如糧食問題真的像茅于軾等教授說的那樣簡單，花錢買的話就好了。可惜，動亂、戰爭發生時，你有錢也買不到糧食。

為此，農民起義爆發了，明帝國滅亡了。然而，自然災害並不必然導致農民起義，一個與人民同呼吸、共命運的政府是關鍵。晚明被自然災害擊垮的原因之一就在於官僚腐敗。

第二回
官僚主義盛行：悲劇朱元璋

白銀帝國下的百姓生活其實並非一些作品上所說的那樣幸福，在某種程度上，可能還比不上朱元璋父子時代。

現在，我們就來看一下朱元璋父子時代的一些情況。通過對比我們就會發現，朱元璋並非一些作品描述的那樣，僅僅是權力野獸，僅僅會殺功臣。

從某種意義上說，朱元璋是一個悲劇人物。他出身赤貧，對官員、商人十分仇視，為了打造他心中的「理想國」，一輩子都在與官僚主義作鬥爭。最終，他一手締造的帝國仍然沒有擺脫官僚主義敗國的宿命。

什麼樣的行爲是官僚主義

□樣板文章

西元一三七五年（洪武八年），某天上早朝，刑部給事中茹太素（洪武二十二年〔一三八九〕被朱元璋殺死）正在給朱元璋上「萬言書」。

茹太素這篇奏章一萬七千多字，當念到第一萬六千三百七十字的時候，朱元璋憤怒了，在朝堂上狠狠地杖罰了他。

然而，當天晚上躺在床上朱元璋又讓人把這篇奏章給他讀完。結果次日早朝，他就宣布對茹太素提出的五項建議中的四項予以實施。

為此，朱元璋特別把茹太素找來，對他說：你呀，怎麼能用一萬六千五百個沒用的字也就是廢話連篇來開頭呢？你為何不把最後的五百字直接寫出來給我呢？我這個人脾氣暴躁不愛聽廢話，以後一定要把重要的事情寫出來，其他沒有用的就不要說了。

事後，朱元璋將最後的五百字作為奏章的寫作樣板發行天下。

當官的愛講廢話，這是自古就有的現象，否則，毛澤東同志也不會專門寫文章批「黨八股」了。

其實，古今中外，官員與百姓之間的鴻溝之一就是官員的話很難讓百姓理解，從而出現雙方對某一件事有不同解釋的現象。官員之所以樂於這樣做，乃是因為讓百姓聽不懂有利於官方巧取豪奪、推卸責任，更會讓百姓對官方產生一種神秘感、敬畏感。然而，朱元璋作為一個出身於赤貧家庭的人，深知這樣做會給國家帶來災難，因此，他要求使用白話。

一三七〇年（洪武三年），朱元璋要求私人信件中，不能出現例如「頓首」、「百拜」等恭敬用語，一三七三年（洪武六年）又要求在祭祀詞、官方文書中不能出現駢體文，與此同時，要求禮部將柳宗元、韓愈的文章傳布全國。其實，朱元璋所做的一切都是為了一點：讓老百姓聽得懂皇帝、官員說的話。

這就是我們看明代乃至清代的一些聖旨、硃批等，皇上的話就和老百姓的話一樣的原因。

為了反對官僚作風，朱元璋在一三七〇年（洪武三年）成立了查言司來接收官員給皇帝的奏章，這些奏章相當一部分屬於「越級上訪」。一三七七年（洪武十年）七月，朱元璋告訴全國，不論百姓還是政府官員只要事關重大都可以上書給他。為此，八月份，朱元璋在查言司的基礎上建立了通政司。

朱元璋的性格也深深影響了其子朱棣，他也非常重視民意，因為幾件小事沒有上報被他發現，他曾憤怒地說：自古昏君，其不知民事者，多至亡國。

朱元璋父子顯然將官僚主義提到了威脅統治的層面。對待官僚主義，朱元璋所採取的方法就是：對凡是不能達到要求的人就打、就殺。結果，導致朱元璋採取了歷代封建帝王最為殘酷的方法：屠戮功臣。

反官僚的極端形式：屠戮功臣

開國以後，功臣們憑藉功勞巧取豪奪、為非作歹的事情常常出現，為江山穩固朱元璋大開殺戒。其中：胡惟庸、李善長一案和藍玉一案是殺人較多的兩次。胡李一案（胡惟庸被殺於洪武十二年（一三七九），李善長被殺於洪武二十三年（一三九〇）），共牽涉丞相一人，前丞相兼公爵一人，侯爵七人，共三萬餘人。藍玉一案殺公爵一人，侯爵十三人，大將數百名，共一萬五千人。

・～・～・～・～・～・～・～

□功臣殞命錄

公爵九人；侯爵五十二人；伯爵二人。

鄧愈　同參軍國事右御史大夫領臺事兼太子諭德衛國公　洪武十年（一三七七）

長子（申國公）坐李善長案被殺

李文忠　左都督同知軍國事兼領國子監事曹國公　洪武十七年（一三八四）被手下毒死（朱元璋借別人之手為之）

・

徐達　太傅中書右丞相參軍國事兼太子少傳魏國公　洪武十八年（一三八五）

～・～・～・～・～・～・～

被賜蒸鵝後病疽毒發而死（也有可能徐達看到朱元璋必殺他而自盡或傷心而死）

李善長　太師中書左丞相錄軍國重事兼太子少師韓國公　洪武二十三年（一三九〇）被族誅，罪名為知胡逆謀不發舉

藍玉　太子太傅涼國公　洪武二十六年（一三九三）被族誅，罪名謀反

馮勝　同參軍國事加太子太師宋國公　洪武二十七年（一三九四）被賜死

傅友德　同知大都督府事加太子太師潁國公　洪武二十七年（一三九四）被賜死

廖永忠　中書平章政事德慶侯　洪武八年（一三七五）因僭用龍鳳諸不法事被賜死，其子廖權五年後襲爵再四年後死

硃亮祖　理廣東軍務永嘉侯　洪武十三年（一三八〇）與其子暹被鞭死，其子被扒皮填草，二十三年（一三九〇）坐胡惟庸黨，次子昱被殺

胡美　中書平章同知詹事院事臨川侯　洪武十七年（一三八四）被賜死　（朱元璋在二十三年（一三九〇）寫書論其死因：仗著大女兒為貴妃在後宮肆意出入圖謀不軌）

仇成　僉大都督府事安襄侯　洪武二十一年（一三八八）朱元璋賜了東西後就死了

趙庸　參知政事兼太子副詹事南雄侯　洪武二十三年（一三九〇）坐胡惟庸黨被族誅

侯爵韓政、吳禎、顧時、楊王景、郭光、薛顯、王志、梅思祖、金朝興、唐勝宗、俞通源、陳德等因胡惟庸案死後被除爵，家屬皆被殺；陸仲亨、費聚、陸聚、鄭遇春、黃彬、葉升（洪武二十五年，西元一三九二）等被殺

周德興　節制鳳陽留守司江夏侯　洪武二十五年（一三九二）被殺

王弼　大都督府僉事定遠侯　洪武二十六年（一三九三）被賜死

曹震　理四川軍務景川侯　洪武二十六年（一三九三）坐藍玉案死

張溫　理河南軍務會寧侯　洪武二十六年（一三九三）坐藍玉案死

陳桓　都督僉事總制雲南諸軍普定侯　洪武二十六年（一三九三）坐藍玉案死

硃壽　都督僉事督漕運舳艫侯　洪武二十六年（一三九三）坐藍玉案死

曹興　山西行省參政領衛事晉王相懷遠侯　洪武二十六年（一三九三）坐藍玉案死

藍玉案中侯爵尚有張翼等七人被誅，另外邊關十多名大將被殺，如黃輅、湯泉、馬俊、王誠、聶緯、王銘、許亮、謝熊、汪信、蕭用、楊春、張政、祝哲、陶文、茆鼎等

謝成　都督僉事晉王府相永平侯　洪武二十七年（一三九四）坐事死

李新　中軍都督府僉事崇山侯　洪武二十八年（一三九五）以事誅

耿炳文　秦王左相都督僉事長興侯　永樂二年（一四〇四）因逾禮制自殺

劉伯溫　御史中丞兼太史令弘文館學士誠意伯　洪武八年（一三七五）被胡惟庸毒

～・～死　汪廣洋　右丞相忠勤伯　洪武十二年（一三七九）因包庇胡惟庸害死劉伯溫被殺～・～

在本人與朋友合著的一本書中，曾寫過一篇關於朱元璋屠戮功臣的文章，基本上將幾百年來的諸多觀點進行了歸類。在分析其原因時，提到朱元璋因為過往的生活經歷而對貪官的憎惡、對官員的天生不信任也是其中之一。

洪武十五年（一三八二）發生了「空印案」。

當時，各地方每年向戶部提交地方財政報表時難免會出現一些問題，即使是一個數字不對都需要重新填寫確認。然而，因為路途遙遠交通不便，錯了再回去蓋章再回來其效率必定大打折扣。為此，許多官員都提前帶著已經蓋好了章的新表，萬一錯了就在那裡填一份就是了。

時間一長，這種做法就成了潛規則，唯有皇帝陛下不知道這個事情。然而，紙裡包不住火，朱元璋終於知道了。至於朱元璋怎麼知道的，不外乎三個原因：其一，錦衣衛偵查得知；其二，某個拍馬屁的官員告發；其三，提前蓋章往往會出現各類貪污腐化的問題，一些比較正直的官員為了民眾利益、官場清淨而告發。

朱元璋知道實情後勃然大怒，命令「凡主印者論死，佐貳以下杖一百，戍遠方」。這一下，全國上下兩千來名官員面臨落頭大難，近萬名官員面臨被充軍的危險。這時，有一位叫鄭士利的官員站了出來。其實，他站出來也並非全然出於大公無私，他的兄長鄭士元也被此案牽連。因為，鄭士元平日疾惡如仇，敢於向軍隊、政法系統的惡勢力挑戰得罪了權貴，在此案中遭到報復，本是充軍卻被當成主印官——判殺頭。

為此，生員鄭士利向皇帝上書喊冤，他說：皇帝陛下您也是怕貪官污吏借助空印危害百姓。錢糧這些事情都要經過層層稽核，從縣裡到省裡再到京城遠的足有七八千里，近的也有三四千里。往返一次需要一年的時間。這種做法只是權宜之計，而且行用了很久不算大罪呀！況且，國家立法又沒有這一條，如何判也沒有條文前例，以什麼罪名判呢？朝廷急需用人，而每個官員十年寒窗太不容易了，從學生到市長（郡守）沒有十幾年的工夫都不成，請您體諒一下他們吧。況且人不是草，除了還能長，人腦袋掉了可就完了。萬歲呀，殺這麼多官員太可惜了！

鄭士利的上書達數千言，這裡僅是最為關鍵的幾句。從中我們可以看出，這些被殺的官員，大部分是相當冤枉的，然而，空印的危害也確實有。儘管鄭士利在上書中說蓋印是騎縫印而非一紙一印很難造假，然而，以數千年來煉就的官場貪污能力，貪官們完全有可能找到空子。朱元璋對此事進行懲處也並不為過，主要是懲罰得過重了。就連上書者鄭士利也被罰了，當然，他最主要的目的救兄長也達到了，他與兄長一同被發配到了江浦。

朱元璋之所以這樣做就在於他有一個理想：沒有貪官的世界。

但自從朱棣之後，朝政日漸式微，特別是官員們的品德大幅度滑坡。更嚴重的是到了明朝中後期，從朱元璋開始的無能理財狀況更加嚴重。

明朝的軍事實力極為強大，洪武年間的兵力在二百萬人左右，明末高達四百多萬。其中能夠出海作戰的兵力為十分之一，直接戰鬥人員大約為十萬到二十萬人。其整體海軍實力，差不多是十六世紀六〇至八〇年代的西班牙海軍力量的二到四倍。以西班牙和英國在一五八八年（萬曆十六年）八月進行的海戰中，西班牙投入兵力三萬（作戰士兵二萬，其他搖櫓、船務人員為一萬）、英國投入兵力九千估算，那個時期西班牙整個海軍兵力也就五六萬人，其整個國家陸海軍總兵力不過二十萬。英國、葡萄牙、法國等歐洲強國的兵力估計在四十萬左右。

有人說，明朝的軍事實力是整個歐洲軍事實力的總和，這句話基本可信。但為什麼這麼強大的帝國抵擋不住李自成的農民軍？要知道李自成失敗後，僅靠十八騎逃到了深山老林中，而沒過幾年他又重新率領百萬大軍殺向了京城。李自成為什麼能在較短時間內擴充起百萬軍隊？明朝政府為什麼如此掉以輕心？其實，這不能怪罪地方政府。明政府的人口統計數字嚴重失真，從人口統計上看，地方政府沒有必要擔心農民軍死灰復燃，然而，李自成兵源的主體是那些不在冊的人口。

第三回
人口統計嚴重失真

明代之所以最終崩潰原因很多，例如明政府一心想將商業利潤壟斷，造成走私經濟發達，稅收嚴重流失、中央政府財政收入不足，自然災害，吏治腐敗等。但許多人又都忽略了人口統計對於明王朝崩潰的作用。一國人口統計非常重要，它關係到救災問題、稅收問題、戰爭動員問題、社會穩定問題等諸多方面。

然而，明朝的人口統計令人匪夷所思。明初，官方的人口統計是六千多萬，到了正德元年（一五〇六）人口不但沒有增長，反而下降為四千六百萬。從明初到明末，基本和平的兩百多年裡，在商業、農業、手工業逐漸發達的情況下，人口竟然基本保持在六七千萬沒有增長。

更為可笑的是，人口統計數字往往是連年照抄毫無變化，還出現了「口半」即半個人的情況。王毓銓先生稱其為「一戶未增，一戶未減。一人未生，一人未死」。出生率與死亡率正好相當，不能不說是一個奇蹟。

據今人的研究，明代的統計人口與沒有統計的人口甚至達到了一比二的比例。那麼，明末到底有多少人呢？有的說一億五千萬，有的說二億左右，有的說一億九千萬。幾乎所有專家都認為，統計人口和實際人口的差別極大。那麼，為什麼造成這種狀況呢？其原因就在於流民以及不進入人口統計的賤民被忽略了。

明初，在地方政權層面，施行「里甲」制度。以十戶為一甲，每甲設「甲首」一名，由各戶每年輪流擔任；相鄰十甲為一里，設「里長」一名，由里中富裕的十戶每年輪流擔任。擔任里長的一戶稱做「當年」，其餘九戶稱做「排年」。九戶很可能被派遣做某項事務，這種情況被稱做「招甲」。

里甲制度最大的好處是便於人口統計以及徵稅。一三八一年（洪武十四年）人口普查的結果是，共有百姓五千九百八十七萬七千三百三十五人。而同期的歐洲人口不過二千多萬而已，英國才二百二十萬人。

因為，徵稅是按照人丁徵稅，逃匿戶口的現象就成為必然。只不過，在朱元璋的嚴刑酷法面前，這種危害程度被降到了最低。一三九一年（洪武二十四年）明朝的人口非但沒有增長反而減少了二百多萬。朱元璋對此產生了疑問，在他的極力催促下，在其後的兩年內，明帝國再次進行了嚴格的人口普查，結果修正的數字為七千零五十四萬五千八百一十二人。

不光是朱元璋對明代人口統計有懷疑，就是自此之後的數百年，明代到底有多少人口仍然沒有形成統一意見。本人比較認可下面這三組由今日明史專家根據各類史料重訂的人口統計數字。

洪武二十六年（一三九三），明代的人口統計如果如下。

江蘇、安徽、上海的人口，民戶人口一千零七十六萬人，軍戶一百一十六萬人，總人口數一千一百九十二萬人，人口密度每平方公里五十一人。

浙江民戶一千零四十九萬，軍戶三十萬，總人口數一千零七十九萬人，人口密度每平方公里一百零七人。

江西民戶八百九十八萬人，軍戶八萬人，總人口數九百零六萬，人口密度每平方公里五十五人。

湖南湖北兩省，民戶四百七十萬，軍戶二十萬，少數民族六十萬，總人口數五百八十萬，人口密度每平方公里十三人。

福建民戶三百九十二萬，軍戶二十七萬，總人口數四百一十九萬，人口密度每平方公里三十五人。

京津冀地區民戶一百九十三萬，軍戶七十二萬，總人數二百六十五萬，人口密度每平方公里九人。

山東遼東地區，山東民戶五百二十六萬，軍戶二十萬，遼東總人數五十萬，總共人數五百九十六萬，人口密度每平方公里二十二人。

山西民戶四百七十萬，軍戶三十八萬，總人口數五百零八萬人，人口密度每平方公里二十二人。

河南民戶一百九十一萬，軍戶二十五萬，人口總數二百一十六萬，人口密度每平方公里十三人。

陝西民戶二百三十一萬，軍戶五十六萬，人口總數二百八十六萬，人口密度每平方公里七人。

四川重慶等地民戶一百四十七萬，軍戶二十一萬，人口總數一百六十八萬，人口密度每平方公里四人。

廣東海南民戶三百零一萬，軍戶二十四萬，人口總數三百二十五萬人，人口密度每平方公里十五人。

廣西民戶一百四十八萬人，軍戶十萬人，人口總數一百五十八萬，人口密度每平方公里七人。

雲南民戶二十六萬，軍戶四十五人，人口總數七十一萬，人口密度每平方公里二人。

貴州民戶六十四萬，軍戶三十萬，人口總數九十四萬，人口密度每平方公里七人。

西藏一百萬人口，人口密度每平方公里〇・五人。

江蘇、安徽、上海的南直隸、浙江、江西三個地區，占明初人口的百分之四十五・六二。全國總人口數為六千九百六十四萬人，有效統治面積五百六十九萬平方公里。

然而，在正規的人口統計資料上，洪武二十六年（一三九三）的人口卻幾乎沒有增長。

到了明中期的弘治十五年（一五〇二），全國總人口一億一千零八十萬人，有效統治面積七百五十七萬平方公里。南直隸、浙江、江西三個地區的人口占人口總數的百分之三十三，人口增加了一千七百多萬。這一時期除了黑龍江、吉林、內蒙古東北部的奴兒干都司所轄的一百八十七萬平方公里人口六十二萬，哈密等西北六衛的三十萬平方公里的十萬人外，京津冀地區增加了三百六十萬人，湖南、湖北增加了三百六十萬人，福建增加了二百三十萬人，山東遼東增加了三百萬人，山西增加了二百五十多萬人口，河南增加了二百七十萬人，陝西增加了二百四十萬人，四川重慶增加了一百五十萬人，廣東海南增加了一百三十萬人，廣西增加了九十萬人，雲南增加了三十萬人，貴州增加了三十萬人。以上總計增加了四千多萬人。

到了明後期的崇禎三年（一六三〇），全國總人口超過了一億七千萬人，有效統治面積變為五百三十三萬平方公里。南直隸、浙江、江西三個地區，占明末人口的百分之四十三．八四，人口與明初相比增加了四千四百多萬。京津冀地區增加了八百一十萬人，湖南湖北增加了一千一百萬人，福建增加了六百七十萬人，山東遼東增加了四百六十萬人，山西增加了四百九十多萬人口，河南增加了七百四十萬人，陝西增加了五百六十萬人，四川重慶增加了三百六十萬人，廣東海南增加了三百四十萬人，廣西增加了二百萬人，雲南增加了七十萬人，貴州增加了二百一十萬人。以上總計增加了一億多人。

經過兩相對比，可見明朝的人口統計失真情況多麼嚴重。在洪武年間人口逃亡被嚴格控制，數字應該較為準確。永樂朝雖然出現人口逃亡問題但尚屬正常，因此，永樂朝的人口統計也應該被基本認可。但是到了明朝中後期問題則越來越嚴重。政府戶籍內的人口數量與實際人口比例甚至達到了一比二至一比三。這意味著什麼？大量稅收流失、兩極分化極為嚴重，國家可動員的兵力受到極大限制。

明代的人口統計失真的主要原因在於：農業稅越來越重，人們開始逃亡；自然災害造成的流民；經商隊伍的擴大；賤民沒有戶籍。

人口統計失真真相1：戶籍制度的禁錮

□闖王十八騎

一六三六年（崇禎九年），高迎祥被殺後李自成稱「闖王」，其後張獻忠兵敗被俘，李自成也慘遭失敗，帶著劉宗敏等十七人共計「十八騎」，躲到陝西東南的商洛山中。李自成看著這十七位兄弟不禁潸然淚下。「各位，自從一六二七年（天啟七年）白水縣王二起義，一六二八年（崇禎元年）王嘉胤、王大梁、高迎祥、王左卦人起事後，我把郵遞員的工作也扔掉了，殺了上司率領各位兄弟起義，至今七年了，沒想到今天竟然成了這個模樣！」

劉宗敏這時笑道：「哥哥不要傷心。當年陝北巡撫因為一怕皇帝怪罪、朝廷追究，不敢上奏，二是實在沒看得起咱們起義軍，我們得以聚眾百萬。雖然高闖王戰死，八大王張獻忠投降，但是他們一定會對我們疏於防範，我們同樣可以趁此時機招兵。官府無道，流離失所的百姓千千萬萬，百萬大軍頃刻之間就會有的，您放心。」李自成聽了點了點頭。

一六三八年（崇禎十一年）八月，清軍發動了第四次入關作戰。從今天河北遷安東北的青口山、北京市密雲縣東北的牆子嶺發動進攻。楊嗣昌力主「攘外必先安內」、與清軍議和，騰出手來先剿滅農民起義軍，但遭到宣大總督、勤王兵總指揮盧象昇的激烈反對。

就在明政府猶豫之間，李自成率領數千人馬再次發動起義，一六四〇年（崇禎十三年）進入鬧災荒的河南，每攻占一地必開倉賑濟，不久便聚起了百萬大軍。

明朝末年的農民起義奇多，明政府之所以未及時發兵圍剿，原因就在於對起義軍人數把握不準，從而造成輕敵現象，而這源於明朝嚴重失真的人口統計。

戶籍制度起初主要是用於軍事人員的統計，政府只有摸清人口數量才能調兵。到後來，才是為了徵稅。殷商時期的「凳人」制度，就是戶籍管理制度的萌芽形式。西周時期，宣王想進行人口普查但遭到臣下的反對，他們認為這會勞民傷財，根據已有的六官制度和分封制度就可以得知人口數量。例如，司民登記百姓的出生和死亡人數，司商登記貴族人數，司徒登記軍人數，司寇登記罪犯人數等。天下諸侯統計好自己的屬地人口數之後，天子再將自己屬地的人口數相加，就可以得到總的人口數。因此，大臣們反對進行人口普查。

春秋戰國時期，齊桓公任用管仲為相，確定了按士農工商的職業身分管理民眾，禁止人口隨便遷徙的「戶籍田結」制度成為戶籍制度正式確立的標誌。由此，統控百姓的戶籍制度愈發嚴格，商鞅甚至對違反戶籍制度而不稟告官府的人進行腰斬。告發者功同斬敵，不告發者罪同降敵。

漢代實行編戶齊民制度，凡是被編入戶籍的民戶都被稱為編戶。魏晉南北朝時，戶籍制度成為徵稅的主要依據，這被稱為「戶調」。稅率是丁男之戶每年輸絹三匹、綿三斤，女、次丁男為戶者減半。為了逃避沉重的負擔，許多百姓都投到豪強地主門下，由此，蔭客制、戶等制相繼出現，使得戶籍管理的難度大幅度提升。與此相伴，出現了官僚貴族、士族門閥、庶民三大階層。

隋唐宋遼金各朝的戶籍制度愈發完善。到了元朝，賤民制度和奴隸制度在一定程度上死灰復燃，戶籍制度中的等級制度正式出現，人口分為蒙古人、色目人、漢人、南人四大等級。

明朝儘管廢除了四大等級制度，但卻保留了元代的賤民制度。早在朱元璋稱吳王的時候，朱元璋在攻城略地的同時，就將修建道路以及搶救戶籍文書作為兩大重要工作。朱元璋在編輯戶籍中，以「辨貴賤、正名分」為宗旨，按照職業分為：宗室戶、官紳戶、民戶（農戶、儒、醫、陰陽）、軍戶（校尉、力士、弓鋪手、軍匠）、匠戶（廚師、裁縫、馬船）、灶戶（鹽戶）、商戶、儒戶、驛戶等。除了上述人口外，還有宗室人口、蔭蔽人口、少數民族人口。隨著工商業的發達，市籍也成了新的戶籍制度。

洪武三年（一三七〇）七月，朱元璋命令天下脫籍的百姓限期自首，並在全國開始人口調查，正式推行戶帖制度。戶帖內詳細列明本戶鄉貫、丁口、名歲等基本情況。《嘉禾徵獻錄》所錄〈洪武四年嘉興府嘉興縣楊壽六戶帖〉：

一戶楊壽六，嘉興府嘉興縣思賢鄉三十三都上保必暑字圩好，匠籍。計家八口。

男子四口。成丁二口：本身年六十歲，女夫卜官二年三十一歲；

不成丁二口：甥男阿壽年六歲，甥男阿孫年三歲。

婦女四口。妻母黃二娘年七十五歲，妻唐二娘年五十歲，女楊一娘年一十一歲，甥女孫雙年一歲。

事產屋二間二舍。船一隻。田地一十五畝一分五釐六毫。

右戶帖付楊壽六收執。准此。

洪武四年月日杭字八百號

一戶傅本，七口，開封府鈞州密縣民。洪武三年入籍，原係包信縣人民。

男子三口。成丁二口：本身五十二歲，男醜兒二十歲；

不成丁一口：次男小棒槌一歲。

婦女四口。大二口：妻四十二歲，男婦二十三歲；

小二口：女荊雙十三歲，次女昭德九歲。

事產瓦房三間。南北山地二頃。

右戶帖付傳本收執。准此。

事產包括：田地、房屋、車船、牲畜雞禽等。

十二年後，又開始編制戶籍黃冊。上面寫有姓名、籍貫、家庭財產狀況等。因為送戶部的冊子是用黃紙做封面，所以稱為黃冊。黃冊從洪武十四年到崇禎十五年（一三八一～一六四二）一共造了二十七次。每次大造相隔十年，各地方收藏的黃冊多達六萬多本。儲存地南京後湖，光用於儲存黃冊的房間就多達千間。黃冊內容如下。

永樂十年

一戶李景祥承故兄李務本戶

新收

人口四口

正收婦女小二口姐貞奴永樂四年生

姐貞常永樂六年生

轉收男子二口
成丁一口義父胡為善係招贅到十四都一圖胡宗生兄
不成丁一口本身景祥係摘到本圖李勝舟男
開除
人口正除男子成丁二口
義兄胡為善永樂九年病故
兄務本永樂十年病故
事產
轉除民田三十七畝七分六釐九毫
實在
人口四口
男子不成丁一口本身年二歲
婦女三口
大一口母謝氏年三十九歲
小二口姐貞奴年七歲

貞常年五歲

事產無

萬曆四十年（一六一二）大造時的一個黃冊內容如下：

正管第九甲

一戶王敘係直隸徽州府休寧縣里仁鄉二十七都第五圖匠籍

舊管

人丁計家男婦三十三口

男子二十口

婦女十三口

事產（從略）

新收

人口正收男六口

成丁一口弟正茂在外生長今回入籍當差

不成丁五口姪義（萬曆）三十五年生姪道三十六年生

姪余成三十七年生姪余祿三十八年生姪岩得三十九生

事產（從略）

開除（略）

實在（略）

到了正德年間，黃冊制度已經出現大量的欺瞞丁戶、賦役不均的現象。為此，萬曆九年（一五八一）施行一條鞭法，將以人丁作為徵稅依據改為以田畝為徵稅依據。一條鞭法儘管增加了田賦，卻使得人丁問題不再成為政府關注對象，農民獲得了較多的人身自由，造成人口統計越來越難。統治者不得不另謀對策，轉而實行保甲制。

即使如此，逃戶現象仍然屢禁不止。逃戶其實就是流民，流民問題是明代極為嚴重的社會問題。造成逃戶的原因，除了稅賦過重、自然災害之外，朱元璋制定的嚴格的戶籍制度也是原因之一。例如，不計入統計的人口。朱元璋在位期間對這種現象就已經注意到了，只不過，那時國家正處於上升期，這個問題並不嚴重。

但是到了永樂以後問題越來越嚴重。成化六年（一四七〇）荊襄流民因為生活得不到保障，發生了大規模的暴動。鎮壓下去之後，如何安置這些流民，政府的意見分為兩種：一是就地安置附籍，二是全部遣返。但前者地方政府不願意接收，顯然這會造成地方政府財政傾向流民，後者則怕遣返後再次聚集鬧事。

六年後，決定實行保甲制。十家為甲，十甲為保。一家有罪，九家舉報，若不舉報，十家皆有罪。到了弘治年間，保甲制度開始在全國實行，強制要求每家門上掛牌，上寫丁口人數、姓名。保甲制雖然一定程度上遏制了逃戶現象，但隨著吏治腐敗、白銀成為稅收法定貨幣後，人們無法交稅、自然災害等多方面原因，明朝後期逃戶現象反而更為嚴重了。

逃戶現象是明代人口統計失真的第一個重要因素，第二個重要因素就是賤民制度。有些人說「明代無乞丐」，這顯然是不懂明朝歷史，明代的乞丐根本不進入人口統計，因為他們屬於賤民。

人口統計失真真相2：人分三六九等的賤民制度

•～•～•～•～•～•～•～

□中國的賤民

漆黑的夜，嗖嗖兩聲，兩粒石子打了出去。沒有任何聲音，過了一會兒，一個細細的聲音說道：「沒人，朋友們，咱們各奔東西吧！」「日後若能再次相見，願不在這人間地獄中！」一個略微憨啞的聲音說道。「是啊，本以為當了閹人就能混個榮華富貴，可不成想，來京城一看，我的媽，好幾萬呢！」那聲音聽著很是無奈。

「唉，咱們都是上輩子作孽此生報還呀！各位，我家在北直隸，過了順義就是。」

「聽說早年南海子都是順義人，後來才是咱們這樣的人。王老頭兒就是最後一個在南海

•～•～•～•～•～•～•～

子的順義人。你路過順義的時候，也替我們去看看他。」「好，一定一定。你們都是山西人吧。路途遙遠，我給你們望風，你們先逃，我家還算近吧！」那個略微憨啞的聲音吩咐道。

「那朋友保重，保重！」「保重，願你們平安到家！」

這段故事的主人公就是本節重點介紹的「賤民」。賤民制度自古有之，明代並不比之前的朝代更仁慈。反而，到了清代雍正年間，那位被許多人視為暴君的雍正皇帝，卻將樂戶、丐戶、世僕、伴當、疍戶等賤民的賤籍予以消除，並要求不得歧視他們。

後來，乾隆皇帝在對待賤民這一問題上出現了歷史性的倒退。

～・～・～・～・～・～・～・

賤民制度在印度、日本、朝鮮、中國等諸多國家都曾經出現過，它是一種典型的身分等級制度。例如：印度的四大種姓制度，希臘的自由民和奴隸，羅馬的公民與臣民，我國西周的國人與野人，日本的良民和賤民等。

賤民與其他百姓在社會地位、權利義務、社會待遇等諸多方面都有區別。例如，賤民不允許與普通百姓結婚甚至不許結婚、不許科考。恩格斯（Friedrich von Engels, 1820-1895）曾說過：「如果……都可以要求平等的政治地位，那麼這在古代人看來必定是發了瘋了。」

春秋時期，管仲設立了士農工商四大等級制度，由此，士農工商的等級延續了兩千多年。這種身分等級制度到了秦漢時期則更為明顯，社會階層被分為：貴族、良民、賤民三等級。

到了魏晉南北朝時期，由於屯墾的需要又分出了屯田戶。屯田戶又分出了軍屯和民屯，軍屯後來轉變為軍戶。官僚階層出現了士族，僧侶構成了僧侶戶，手工業形成了百工戶，為官府服役的為雜戶等。在這種情況下，士族可以做官、優免各種賦役。百姓則與仕途無緣，同時承擔著國家賦役的主要部分。

到了隋唐時期，人口統計有了定式。僧道和依附在寺觀內的人戶、賤民和奴婢不納入人口統計，成為非編戶，只對貴族和良民進行人口統計。

到了宋代，百姓的身分等級被大幅度減少。但到了元代，賤民制度達到了封建社會的頂峰。明代雖然有所弱化，但相比較來說，也是與元、清並列的實行人口等級制度的朝代之一。雍正對歷史上遺留下來的樂戶、墮民、丐戶、世僕、伴當、蜑戶等，命令除籍，開豁為民，編入正戶，但針對福建的福州蜑民的歧視禁令仍然一直存在到清末，直到中華民國時期才立法予以消除。

墮民主要是在浙江的紹興、寧波、上虞、蕭山、長興、東陽、慈溪、奉化、鎮海、象山、溫嶺、樂清、義烏、諸暨、定海等地，具體有多少人無法統計，但抗戰前進行的一次人口統計表明：墮民人口在紹興三萬人左右，寧波一千一百零六人、上虞三千二百九十五人、慈溪二千二百一十人、奉化二千人、鎮海一千三百一十六人、定海六千六百五十人、餘姚三百八十三人、溫嶺二千一百一十二人、義烏一千八百七十四人、東陽二千八百六十四人、象山三百八十五人，全省大約有六萬人左右。

墮民與士農工商的關係極不平等，士農工商被稱為「大百姓」。墮民對年長的士農工商男性必須稱「相公」，對有職位者稱「老爺」，對年輕者稱「少爺」，對小孩稱「官官」，對新郎稱「駙馬老爺」，對女性稱「太太」、「奶奶」、「小姐」之類。

為了便於分辨墮民，規定男墮民要頭戴狗頭帽，裙以橫布，不著長衫。以演戲為業的墮民，前半頭要剃光。到了冬天，人人都穿棉袍，這怎麼區分呢？無恥的統治者竟然要求墮民不要穿襪子，所以，有人便稱其為「赤腳墮民」。

女性墮民要做「老嫚頭」髮型，也就是髮長約八寸的時候開始束髮，挽成高髻，上插如意簪。要身穿黑色背心，俗稱尼衣。下著黑色摺襉裙，不能用紅線。出門的時候，必須要拿著方底圓蓋的竹籃，俗稱「老嫚籃」。

墮民的居住地往往是在祠堂旁邊，對於村里的各種要求必須無條件執行。平民家有婚喪嫁娶等事情需要他們去做的時候，只能在廊簷下、廚房等處休息睡覺。發生各類案件，人們可以隨意去墮民聚居區搜查和抓人。他們的生計主要是靠做飴糖，紮「閣富」，挑換糖擔，販賣家禽毛、豬毛、頭髮、舊棕、破布，抬轎，理髮，配豬種，演戲來維持。

朱元璋在洪武四年（一三七一）曾經禁止稱呼「墮民」。然而，這僅僅是表面文章，墮民的地位和生活並沒有實質性改變。一直到雍正元年（一七二三）墮民才進入了戶籍制度，但法令執行效果不好。直到乾隆三十一年（一七六六）紹興府才允許墮民在入戶籍十一年後，可以參加科舉考試。光緒三十一年（一九〇五）墮民才真正進入「同仁學堂」上學（黃補臣、楊月泉和盧洪昶等人捐建）。

墮民的來源有多種說法，有宋代焦光瓚部將之後說，張士誠部將之後說，胡惟庸案株連者後裔說，反抗洪武帝和永樂帝的元朝後裔說，被元推翻的趙宋後裔說，越族後裔說……

賤戶在明代主要還有以下人口：

佃戶（與地主簽有賣身契約）。他們的社會地位非常低，朱元璋時規定佃戶無論老幼見到地主都要施以少事長之禮。地主可以隨便處置佃戶，罰他們，有的甚至將其活活打死。萬曆年間，大名府資福寺僧侶海曇「往鄉下取苗租」，只因海曇認為佃戶潘存正給的食物不好，竟然被「痛打嘔血而死」。更有甚者，地主有時還強迫佃戶妻子「招婿」，繼續充當其佃戶，有的則干涉佃戶妻子改嫁。為了維護封建秩序，有的地方官府甚至要求佃戶歸地主管束。

奴僕。明初雖然禁止老百姓蓄養奴婢，但是貴族功臣、士紳之家則可以蓄養，規定公侯之家不能超過二十名奴僕，一品不能超過十二人，二品不能超過十人，三品不能超過八人。但是到了明朝中後期，商人、非官僚地主之家也開始蓄養奴婢。奴僕的社會地位非常低。例如奴婢毆打家長要處死，奴婢殺死家長處以凌遲，奴婢過失殺家長處以絞刑，奴婢傷害家長處以杖刑一百、流放三千里。有戶籍的人姦污女奴罪減一等，男奴姦污有戶籍的良民婦女罪加一等。奴僕姦污家長妻女者，斬首。在實際操作中，法律規定，除非謀反大罪奴僕不能狀告主人。

丐戶。丐戶的社會地位自不必說，這一賤戶的出現，完全戳破了明初沒有乞丐的說法。甚至明文規定丐戶不許結婚。

樂戶。樂戶主要是各種樂舞工。他們必須頭裹綠巾身穿綠衣。樂戶的社會地位也非常低。官吏及其子孫娶樂工為妻妾者，也要受到刑罰處罰。

疍戶。疍戶主要是沿海漁民。俗稱蛋（蜒）民，蛋字始見於唐代柳宗元《嶺南饗軍堂記》「胡夷蛋蠻」。唐宋以來，史書上又出現有「游艇子」、「白水郎」、「九姓漁戶」等不同名。疍戶不能登岸，只能生活在水上且不能從事其他營生。據史書記載三國時期就已有蜒人這一說法。雍正時期，疍民被廢除，進入戶籍編制。

娼妓。娼妓主要是前朝的官宦妻女、建文手下的妻女等。

僧道。僧道也由明初的幾萬人增加到明後期的百萬人以上。

海戶。海戶在明永樂遷都之後形成，主要是皇家苑囿南海子（南苑）內的菜農和豬牛羊雞鴨的養殖者，主要由北京順義一帶的老百姓充任，永樂以後則開始由山西人充任。明中後期，一些好逸惡勞的百姓為了榮華富貴而甘願淨身。其後淨身的人越來越多，起初皇帝們還對此進行限制，但正德元年（一五〇六）時，朝廷竟然將社會上自宮的千餘人編入海戶。自此，社會上的一些混不下去的地痞流氓，以及真正因生活所困而自宮的人越來越多，據估計可能達十萬以上。皇宮王府顯然無法容納這麼多人。因此，這些假太監便經常尋釁鬧事，甚至毆打朝廷官員。為了北京的治安穩定，明政府便讓這些人在南海子居住，成為一類特殊的人群。

除此之外，賤民還有皂隸等。皂者：衛士也。所謂隸者是因犯罪而服役的人，就是衙門中供人使喚的衙役。

賤民、流民是造成明代人口統計不準確的主要原因。賤民制度在朱元璋時期存在，流民則被控制在了最小範圍內。因此，朱元璋時期的人口統計數字在明代相對來說是最準確的。太平盛世賤民、流氓問題還不算大，但如果接連遇到自然災害的話問題就嚴重了，可惜，明朝後期的自然災害既頻繁又嚴重。但是，假如朱元璋建立的洪武荒政體制能夠很好地運行的話，問題可能也不會這麼嚴重。可惜，明後期的洪武荒政體制已經完全失效。其原因就在於白銀帝國的負面作用造成的中央政府無錢、官僚主義和貪腐橫行。那麼，洪武荒政體制有什麼值得期待的呢？

第四回
洪武荒政體制衰敗

任何人無論他是窮人還是富人，無論他是草根還是權貴，都免不了生老病死，遭遇各種天災人禍。因此，就應該有一種救濟制度作為保障，從而將這種危害降到最低，這就是社會保障制度。明朝的社會保障制度，可以說是封建社會最好的。這個制度的奠基人就是被許多人痛恨並抹黑的人：朱元璋。

有的人說他是暴君，有的人說他心理變態，其原因就是他大殺功臣。然而，朱元璋到底是個什麼樣的人呢？其他不論，僅從救災體系的建立和救災來說，朱元璋是整個封建社會做得最好、對老百姓的苦難最關心和最有真情的皇帝。

據《中國災害通史・明代卷》統計，水、旱、蟲、震、疫、沙塵、風、雹、雷擊、霜、雪、凍害等十二類自然災害，明朝共發生三千九百五十二次。其中，水災、旱災、地震、瘟疫四類自然災害最為嚴重。在如此嚴重情況下，明朝之所以能夠屹立二百七十七年，其根本就在於朱元璋建立的救災體系的運行，體系不容易建立，但一旦建成，其衰敗速度也較為緩慢。

朱元璋建立了四種糧食儲備制度（預備倉、常平倉、社倉、義倉），使災禍發生時不會因為沒有糧食而產生大的饑荒；朱元璋在醫療架構上不但考慮到了上層人物，對於鰥寡孤獨等弱勢群體也極為照顧，在全國各地建立了惠民藥局並嚴令各地不能因為沒有錢而拒絕給病人看病。

千古壯舉：救災政務公開

明代的自然災害多且重，如果不是朱元璋的狠，如果不是他所建立的救災體系較為完備和科學，明朝根本不會存在長達二百七十七年。更為難能可貴的是，在災難發生時，朱元璋做了一件在兩千年的封建社會裡空前絕後的事情：無論災難發生在何時，皆可報告，即使他正在睡覺。他還經常處罰救災不力、貪贓枉法的官員。難能可貴的是，他竟然開創了救災政務公開制。

～・～・～・～・～

□賈進士巡查

在由南京通往山東的路上，走來了幾十人。前面銅鑼開道，肅靜牌、迴避牌牌牌顯得威嚴。原來，新科賈進士奉朱元璋之命巡視各地災情，此時來到了江蘇境內的高郵州。他早就得到了災情通報，說高郵發生水災。賈進士正要前往勘查災情，卻不想有人來

～・～・～・～・～

報，同知劉牧劉大人在前迎候。

賈進士連忙輕敲轎底，轎子落地，賈進士走出轎子。劉牧一見賈進士，連忙拱手相迎：「賈大人好，賈大人好！」

賈進士雖然是皇帝親派，但畢竟品位不過從七品，而同知乃為從五品。賈進士也忙滿臉帶笑：「劉大人，豈敢豈敢，豈敢勞煩您的大駕呀！」

二人攜手攬腕，一陣暢談。賈進士說道：「正好，我要前去察看災情，還望劉大人一同前往呀！」劉牧淡淡一笑：「災情嚴重，災區道路艱難呀！賈大人一路舟車勞頓也該休息一下，不如先到館驛歇息如何？」

「劉大人好意，但皇命在身不敢倦怠，我們還是先去看看災情。」「哎，賈大人，災情情況全在這馬前冊上喲，拿回去覆命即是。」順著劉大人的手指一看，只見一名衙役手持一冊站立在馬前。

賈進士見狀怒道：「未曾沿丘履畝，先進是冊，為何？皇命曰，勘災必須親自到場，我怎能不按法度辦事！哼！你對得起皇上的辛苦嗎？我主萬歲，每日裡要務煩身，夜夜難眠。即使這樣，無論我大明何地何時發生了災難，無論他在做什麼都可以稟報，如此為民為政，你卻貪圖安逸，是何居心！」

賈進士說完，轉身進轎，直奔災區而去。劉牧見狀大驚失色，他連忙叫來一人，對他說道：「你率人立刻去找那些沒有被淹的田主們，讓他們把已經成熟的莊稼給我全部

～劃除，然後決堤放水！」「是！」那人領命而去。～

朱元璋對於災害的重視程度，可以說在整個封建社會兩千多年的幾百位帝王中無人能比。除了四大倉之外，朱元璋還建立了較為完善的醫療體系。從為皇家服務的太醫院，到為各地諸侯和權貴服務的良醫所，以及在洪武三年（一三七〇）建立的惠民藥局，形成了一套完善的醫療體系。並規定「各布政使司，各府，首領官，醫學正科各一員；各州，醫學典科各一員；各縣，醫學訓科各一員」。平時，他們的職責就是救治「貧病」的社會弱勢群體。朱元璋特別下令，不得因無錢而拒絕治療病人，惠民藥局甚至經常免費贈藥。遇到災禍時，惠民藥局則負責救治災民、施藥送藥以及掩埋屍體等。

惠民藥局自洪武年間開始，直到萬曆年間仍然運行正常。萬曆十五年（一五八七），惠民藥局在處理北京地區發生的瘟疫中，發揮出了極大的作用。萬曆皇帝命太醫院派人聯合惠民藥局共醫治病人十萬零九千五百九十人，捨藥折銀一萬四千六百一十八．五斤。正是因為兩大災難救治體系的建立，才使得明朝雖然多災多難但仍屹立了二百七十七年。

洪武元年（一三六八），他剛一登基就在八月詔令天下：「凡水旱之處，不拘時限，可隨時申報。」

在北宋淳化二年（九九一）正月以前，官員向上級上報災害發生的時間是沒有任何規定的。上報災情全看地方官員的心情以及勤勉程度。正月以後，北宋政府規定：凡荊湖、江淮、二浙、四川、嶺南百姓向官府報告水旱災害，夏災四月三十日，秋災八月三十日為最後期限。

報災之後，政府就要檢查災害情況，稱為勘災。洪武二十六年（一三九三），朱元璋對勘災的具體內容進行了規範，主要包括「被災人戶姓名、田地頃畝、該徵稅糧，數目造冊繳報本部立案，開寫災傷緣由」，開了規範勘災之先河。

勘災最重要的工作是確立災害等級，朱元璋將其分為：重災和輕災兩個等級六種程度，即十分、九分、八分為重災，七分、六分、五分為輕災。

對於受災後災民的情況，朱元璋將其分為三等：極貧、次貧、稍貧。具體來說，「不能舉火者，謂之赤貧；稍能自食而蓄積不多及生齒繁盛者，謂之次貧；赤貧者（賑濟）以斗計，次貧者以升計。」

最後是救災，其一般程序是：百姓報災之後地方官員進行勘災，災害情況逐級上報給戶部，戶部派官員前往災害發生地進行核實。勘災人員回來後向戶部進行彙報，由戶部主持廷議。在閣臣、六部、都察院、大理寺、通政司等朝廷要員商議後，擬出具體處理辦法交由皇帝審批。其賑災的主要方式是：極貧給糧（賑糧）、次貧給錢或減稅（賑錢）、賑貸（給錢買糧種或給糧種，來年還之）。通用的賑災方式如下表：

賑濟方式	具體操作
賑糶	糧價上漲時，以平價或低於市價的方式向受災者賣糧。

賑給　將物品無償發送給災民。
賑貸　將糧種借貸給受災人並設定利息，來年連本付息償還。

這時，朱元璋所建立的四大倉制度就顯示出了作用。正如徐光啓在《農政全書》卷四十五「備荒考下」中所說：「洪武初，令天下縣份，各立預備四倉，官為乘穀收貯，以備賑濟，就責本地年高篤實人民管理。蓋次災則賑糶，其費小；極災則賑濟，其費大。」

四大倉在賑濟方式上有所不同，預備倉用於賑糶、賑給、賑貸，常平倉只用於賑糶，義倉用於賑給，社倉用於賑貸。

在救災過程中，免不了有官員貪贓枉法，上面小故事中的劉牧就是典型的一位。官員貪贓枉法主要有三種情況：一是小災報無災；大災報小災；二是小災報大災；三是畏懼路途艱險，不作為或亂作為。劉牧就屬於第二種。

小災報大災是為了多要中央政府下撥的救災物資。

第一種情況其實更可恨。每年地方政府要向中央政府上繳各種財政收入，救災的話中央政府和地方政府都要出資，因此，地方上繳財政就會減少，當年的業績考核成績就會下降，對升遷就會有影響。為此，一些地方官不顧百姓死活隱瞞災情。典型案例就是永樂九年（一四一一）廣東雷州府「颶風暴雨，遂溪、海康二縣壞廬舍千百餘間，田禾八百餘頃，民溺死一千六百餘人，府縣匿不以聞」。

第三種情況的典型案例，是洪武二十七年（一三九四）山東寧陽縣發生水災，前後兩位勘災人員皆因為怕危險勞累，而沒有進行實地考察，只聽地方官員一面之詞，便上奏朝廷「災不甚，民妄訴」。其後，寧陽縣百姓上京告狀，朱元璋這才知道了實情，原來此次受災人戶共有一千七百多戶，而地方官上報的不足十分之一。為此，朱元璋將地方官員和負責勘災的兩人皆處以極刑。

洪武十八年（一三八五）河南發生災害，朝廷派遣的賑災官員和地方官員合謀侵吞了大筆資金：布政使楊貴得七百貫，參政張宣得四千貫，王達得八百貫，按察司知事謝毅、張岩和開封府同知耿士能各得五百貫，典吏王敏、布政司令史張英、襄城縣主簿杜雲升和鈞州判官弘彬各得一千五百貫，鄭州知州康伯泰得一千一百貫，原武原丞柴琳得二百貫。更有甚者，把沙石摻入糧食中，將多出來的糧食進行倒賣。

為此，朱元璋勃然大怒。他發現一起處置一起，殺一個不行，那就殺十個。據不完全統計，僅《洪武御制全書》所載的，在勘災中因受賄、貪贓而被處罰的官員人數就達九十七人。

其後，又在法律上作了嚴格規定：地方官將飢民人口數合計之後，按照受災情況確定錢糧數，把每戶家庭受助情況寫在紙上，貼在門上、牆上。如果有冒領、少領的情況發生，鄉民可以進行舉報。

因為，每家每戶受災情況大家都清楚，張三家受災明明沒有李四家大，受助的錢糧卻多於李四，這樣一眼就會看出其中的問題。同樣，如果地方官少發救濟，那麼，也可以發現其中的問題，進行舉報。對於這種舉報，即使事後查明並非屬實，舉報人也不會受到懲罰。

錢糧發放時，為了防止偷竊、剋減，朱元璋還命令：由當地官員親自進行檢查發放，逐一核實後才能進行。如果地域廣闊，那麼就需要分派衙役進行發放，而這時，地方政府官員就必須進行突擊檢查。

除了這一公開的法令之外，洪武六年（一三七三）朱元璋規定：凡官吏貪財而枉法者，一貫以下杖七十，每五貫加一等，至八十絞。

又對檢踏災傷田糧規定：凡部內有水旱霜雹及蝗蝻為害，一應災傷田糧，有司官吏應准告而不即受理申報檢踏，及本管上司不與委覆踏者，各杖八十。若初覆檢踏官吏，不行親詣田所，及雖詣田所，不為用心從實檢踏，止憑里長、甲首朦朧供報，中間以熟作荒，以荒作熟，增減分數，通同作弊，瞞官害民者，各杖一百。罷職役不敘。

明初洪武十八年（一三八五）十一月，發布《大誥》，以正式法律條文形式確立了荒政體系。

洪武十八年（一三八五）朱元璋要求：如果災害發生，地方官員不上報，地方耆宿（老人、德行高的人，有名望的人）可以聯名申訴。

洪武二十五年（一三九二）八月，又頒行《醒貪簡要錄》。由此，朱元璋用《大明律》（法典）、《大誥》（案例集）、《醒貪簡要錄》（案例集）對貪官形成了一定的威懾。

洪武二十六年（一三九三），朱元璋命令戶部，從此以後如果發生饑荒，各地可以先開倉賑濟，然後上奏朝廷備案。

作為一名出身絕對草根的皇帝，他在殺戮功臣方面確實非常狠，然而，歷朝歷代哪個皇帝不狠呢？惡評朱元璋似乎成為一種傾向，然而，對於百姓來說殺不殺功臣、殺多少功臣與他們沒有多少關係，只要政策好就行了。而評價一個皇帝的好壞，並不在於他與同一階層人的權力鬥爭是否文明，唯一的評判標準是他的政策能否給百姓帶來好處。

最後，還是以朱元璋的話來作為朱元璋時代救災政策的總結吧。

> 天下無收則民少食，民少食則將變焉，變則天下盜起，雖王綱不約，致使強凌弱、眾暴寡，豪傑生焉。自此或君移位，而民更生有之。朕所以切慮三時，慮恐九年之水，七年之旱，民無立命。所以讀聽之間，不覺毛髮悚然而立，驚畏如是，為此也。

朱元璋說這句話的時候，是洪武九年（一三七六），天下連遭九年水災、七年旱災。當然，朱元璋在位時期相對於整個明朝來說，災禍為害程度並不高，然而，考慮到元末農民大起義、連年戰亂、土地荒蕪、人口銳減等因素，其對政權的威脅程度是非常高的。出於維護政權穩定的考慮，朱元璋對於水災、旱災極為重視，每年幾乎都要舉行祭天拜神儀式祈求平安。

除了對鞏固政權的考慮外，朱元璋出身於草根，對災難感同身受也非常重要。朱元璋家境貧寒，父母兄長大部分或餓死或被瘟疫奪去性命，甚至為了活命而出家，最後，無奈浪跡天涯乞討為生。這樣的人天生就對水災、旱災、瘟疫等天災有著極大的恐懼與感受。因此，他對於救災問題極為重視。

儘管我們翻檢史書也會發現朱元璋時代也有因為饑荒賣兒賣女的情況，但我們同樣會發現，這個問題出現之後總會有一些官員掉腦袋。也許有人會說，殺了一個還會有三個，但我要說，不殺這一個，也許後面就不止三個了！

洪武荒政的衰敗過程

朱元璋之後的救災體系運行又如何呢？

明朝救災體系的徹底坍塌是有一個過程的，朱元璋父子之後，雖然吏治逐漸出現問題，但每過一個時期就會出現一些明君、能臣，如此就延緩了衰敗速度。例如，朱祁鎮時期的楊繼宗就是一個典型，他在治理瘟疫方面有一定的科學手法。

〜・〜・〜・〜・〜

□給犯人洗澡

土木堡之變，英宗皇帝朱祁鎮成了俘虜，經歷了屈辱、痛苦、心驚膽戰的囚犯生活後他回到了北京。借助景泰皇帝朱祁鈺病重，朱祁鎮復辟成功（一四五七正月）。不幸的是，老天爺似乎很生氣，大災陸續出現。同年夏，北京、天津、南京、江蘇、浙江、

〜・〜・〜・〜・〜

湖北等地發生瘟疫。楊繼宗繼任刑部主事後，對災害經常發生非常憂心。因為，此時囚犯也被感染，而且死亡率奇高。

楊繼宗對身旁站立的書童說道：「通知刑部大牢，明天我要去看一看。」

「什麼？老爺呀！您可不能去呀！如今瘟疫橫行，大牢內的病人都有傳染病呀！大人，您可不能去呀！再說，那些囚犯許多人都死有餘辜！」

「此言差矣。囚犯也是人呀，既然已經身在牢中正在贖罪，我身為刑部主事，囚犯的事情就是我的事情。明天必須去！」楊繼宗怒道。

第二天，楊繼宗率領刑部官員來到了刑部大牢。剛一進門，一股臭氣便熏得楊繼宗等人差點摔倒。「這是怎麼回事兒？」楊繼宗怒道。牢頭連忙回話：「大人，現如今牢中瘟疫，有些屍體沒有來得及運出。」「什麼？胡鬧！」楊繼宗雙目怒視。「就連尋常百姓都知道，屍體要迅速處理掩埋，你身為牢頭竟然不知！立刻派人把屍體掩埋！」

牢頭見狀諾諾點頭，連忙派人處理屍體。楊繼宗進了監牢，只見囚犯個個蓬頭垢面，骯髒無比。楊繼宗剛要伸手去摸一個囚犯，牢頭連忙用手相攔。「大人呀，萬萬不可，太髒了。小心！」楊繼宗重重地一推把他推開，翻開了囚犯的頭髮，只見上面蝨子跳蚤亂竄。再低頭看看囚犯的食物，楊繼宗眉頭緊皺。

楊繼宗下令：「自今日起，牢中囚犯飯食一定要好，再不能這樣了，這是人吃的嗎！另外，每三天囚犯要集體洗澡一次。」牢頭諾諾。

楊繼宗看似簡單的舉措，卻使得天下囚犯獲得了大福。自此，疫區囚犯的疫情漸弱。英宗皇帝將楊繼宗的辦法施行天下，防治瘟疫又多了一法。

～・～

儘管，自弘治以後的皇帝們越來越怠政，但其下屬們卻比較勤勉。正是因為有一大批像楊繼宗這樣的忠臣良臣，後來的明代百餘年歷史才得以延續。然而，當資本主義萌芽在南方逐漸興起之後，明後期的官員「以商人思維從政」，官商一體，為害天下。最終崇禎皇帝悲聲怒罵「居官有同貿易」！

正是在「居官有同貿易」的情況下，明政府的財政收入越來越多地到了皇帝家族、官僚階層手中，由此，擠占了大量的救災資金。明政府在財政上對災荒的賑濟，除了發錢買糧、低價賣糧、醫藥、人力開支之外，主要就是稅收減免和勞役減免，這被稱為蠲免。例如萬曆二十二年（一五九四），河南道御史鍾化民見河南發生大饑荒，百姓易子而食、賣兒鬻女，為此他提請「從國庫請撥三十萬金，留漕糧十萬石濟賑」。萬曆皇帝應允，結果效果並不明顯。原因何在？貪腐、挪用。

～・～・～

□感謝皇帝

萬曆年間，明朝發生了一次大旱災，因為救災不力，旱災之後發生瘟疫。流民們四

～・～・～

處遊蕩，無人相助，更有甚者有些沒有發生災情的州府，竟然武裝驅趕苦難無依的百姓。這時，人們只能賣兒賣女。所幸的是，這時還有一些官員以及商人富戶伸出了援助之手，紛紛開設粥廠救濟災民。

一位叫鍾化民的官員帶著沉重的心情來到了粥廠，但見由當地富戶商人搭建的粥廠廣有數里，可容納五千人同時進食。

突然，一位白髮白眉的老者高聲叫道：「萬歲皇恩啊，萬歲皇恩啊！」老者此言一出，眾人全都哭泣。五六千人共祝萬曆皇帝身體健康、萬壽無疆，其場景真是令人動容。

中國人民實在是太好了，無論受到多麼大的災難，只要能保住性命，就會對點施雨露之人表示萬分感謝。然而，對於這次災害，明朝政府的救援沒有多大效果。從各種資料看，萬曆、崇禎兩朝的災害救援，以民間自救為主，其中富商富戶的捐助成為主力。

例如崇禎十四年（一六四一）的浙江饑荒中，祁彪佳見「流移乞丐死者日以五六人計，惻然憐之，亟擬賑救」。而當地政府的唯一作為就是支持，並進行了捐助。而且捐助是以個人名義，知縣等人集資捐助了大米三十石，大約相當於四千斤糧食。御史陳公祖念「一鄉之情」捐助十五石。另外，不歸地方管轄的主管鹽政的守憲大人捐助了一百五十兩銀。

其他絕大部分糧食、錢財皆為富商富戶捐助，另外，富商富戶們還資助並組織開荒種田六千八百多畝。然而，富商富戶畢竟能力有限，一般救濟只限於當地，而「百里之鮮花難不生毒草」，有好心的富商富戶就有壞了心腸的富商富戶，趁機大發國難財的人也不在少數。

政府在救災中的地位作用逐漸弱化，此時的「洪武體制」已經失效。例如，之前卓有成效的惠民醫藥局已經殘破不堪，明初建立的四大倉基本衰落，特別是在其中起到中堅作用的預備倉。荒政史史家們一個普遍的共識是：預備倉衰於弘治，敗於嘉靖。自弘治後，明朝政府在各項支出上大大出超，致使救災資金遠遠不夠。特別是以貪財著稱的萬曆皇帝在位期間更使得預備倉的儲備、維修資金捉襟見肘。

運轉了一個半世紀後，四大倉已經成為官吏和當地強人合謀生財的工具。許多預備倉糧盡倉空，或者糧食被倒賣出去賺錢。如果此時皇帝有為，也許還能逆轉，但非常可惜，晚明江山已經處在風雨飄搖中，作為明君的崇禎一坐上龍椅，中國大地就遇到了一場空前的災難，用多災多難、疲於應付、焦頭爛額等詞語來形容崇禎時期並不為過。以河南為例，崇禎朝的十七年中就發生了以下災害：

三年旱。

四年旱。

五年大旱。

六年鄭州大水，黃河冰堅如石。

七年夏旱蝗。

八年夏旱蝗，懷慶黃河冰。

九年夏旱蝗，秋開封商丘大水。

十年夏大蝗，閏四月山西大雪。

十一年大旱蝗，赤地千里。

十二年大旱蝗，沁水竭。

十三年大旱蝗，上蔡地裂，洛陽地震，斗米千錢，人相食。

十四年二月起大饑疫，夏大蝗，飛蝗食小麥如割。

十五年懷慶地震，九月開封黃河決。

起於天啓七年（一六二七）的大乾旱，在陝西、華北地區相繼漫延，到了崇禎十一年（一六三八）旱情又向南擴大到了華東、中南地區，向西擴大到西北地區，全中國都處在大旱之中。直到順治二年（一六四五）這場長達十八年之久的大旱才基本結束。它是中國幾千年來最嚴重、影響範圍最廣的自然災害。正是這場大旱災，直接促成了李自成、張獻忠領導的農民大起義。也正是因為對這次大旱災的處理不力，導致北京、天津、河北、山西、山東、河南等地鼠疫等次生災害大規模爆發，如此又造成千萬人死亡，使政府軍無力抵抗農民起義軍。

近年來，中國有不少精英對農民起義口誅筆伐，有的說是邪教，有的說該把農民起義領袖們定罪，罪名很時尚——反人類罪。

時代在所謂地進步著，民心的解釋權被一些掌握話語權比較多的人所駕馭。其實裡面透著精英的一貫主張：你是要飯的就應該永遠要飯，你是農民就得一輩子做農民，面朝黃土背朝天是你的命！在這些所謂精英，所謂的時代旗手的眼中，《水滸傳》所描寫的農民起義，完全是一群流氓、暴民等違法犯罪分子的胡作非為。精英們還義正詞嚴地將農民起義戰爭中的大量人口死亡，全都歸咎於農民起義。

精英們認為，農民起義不但沒有推動歷史進步，反而造成了巨大的破壞。精英的這種觀點，表面上看似乎有道理，但卻禁不住推敲。這種觀點是站在後人的立場、旁觀人的立場上來說的，命都不能有了，誰還會關注什麼歷史？毋庸諱言，農民起義確實沒有推動歷史的進步，但是它的價值在於推翻統治階級後，新的統治階級往往會對民眾做出一定的讓步。如果說，封建社會是一部「吃人」的歷史，那麼，在農民起義之後的吃法兒是比較溫柔的。這對於當時的人來說是一件幸福的事情。

如果沒有農民起義，怎麼會有歷代王朝的更替？我們至今仍然緬懷漢唐，而漢唐的建立不就是在很大程度上，其統治者竊取了農民起義的果實才得以建立的嗎？如果說農民起義領袖非常殘忍，為什麼歷史經過了幾百甚至上千年，這些起義者仍以正面形象矗立在民間呢？難道封建統治階級不殘忍嗎？

農民起義乃是被壓迫者所能採取的最後手段了——不造反就面臨著死亡。中國的農民是世界上最好、最老實、最能容忍的，中國農民鋌而走險幾乎都是在朝政混亂、官員腐敗的時期。幾乎所有農民起義的根本原因都是因為生存受到了威脅，這是毋庸置疑的。明朝也不例外。在白銀帝國的光環下，許多人淡忘了占人口多數的農民真實的生活是什麼樣子。

白銀帝國時代的明朝中後期，不僅是農民，就是商人、市民同樣活得很憋屈。例如萬曆二十七年（一五九九），臨清人焚燒了天津稅監馬堂的衙署並打死其爪牙三十七人。二十九年（一六〇一）蘇州織工在葛賢的指揮下包圍官署，毆殺稅官多名，稅監孫隆倉皇逃往杭州。

與此同時，許多奴婢也因為難以忍受主人的非人折磨而奮起反抗。例如上海大地主顧繡每到冬天，就強迫家奴的女眷解開上衣，他將兩隻腳伸進去取暖。還有，地主蔣英姦污了顧良的老婆後，為了讓顧良以後少干擾他幹壞事兒，竟然挖掉了顧的雙眼。

明朝的官員們也好不到哪裡。上海退休官僚董幼海經常姦污女奴婢。奴僕們稍有過錯，就對其進行杖責，被他打死的僕人不在少數。

而明政府能做些什麼？即使按照洪武年間的法律，主人打死奴僕也不構成死罪，更何況是兩百年後腐敗透頂的時期，一般交些錢就行了。最終，人們能做的就是奮起反抗，就是那個董幼海最終被奴僕們活剮了。

在這種情況下，農民起義在所難免。不但農民起義在明後期此起彼伏，就是城市裡面的市民起義、軍隊裡面的兵變、賤民階層的奴婢起義都不新鮮。這是為什麼？其原因之一就在於，明朝晚期各階層的主導人群流氓化傾向過於嚴重。

第五回
各階層主導人群的流氓化

中國的農民是世界上最可敬、最可憐的階層，他們只要能夠活命，就不會發動起義。然而，因為政府的苛捐雜稅、土地政策等諸多原因，造成流民問題極為嚴重。結果到了自然災害極為嚴重的情況下，人們不得不鋌而走險，而主導階層的腐敗化、流氓化更進一步激化了社會矛盾。

流氓群像1：皇權流氓化

□朱元璋侮辱知識分子

～·～·～·～

元順帝指著一頭大象，對眾文武說道：「此象，頗善解人意，可以跳舞，不信你們可以看看。」說完，馴象師指點著大象，衝著元順帝彎腿拜服，然後翩翩起舞。

～·～·～·～

元順帝敗逃後，朱元璋聽說了大象的故事，便命人將大象運到了南京，也當著滿朝文武的面讓大象跳舞。結果大象趴在地上根本不站起來，朱元璋看罷勃然大怒。

入夜，朱元璋想著人與動物有什麼區別呢？我們常常視自己高於動物，但真的是這樣嗎？就這樣朱元璋做起了哲學家。

想的結果是，朱元璋認為：人跟人是不一樣的，比如儒家子弟與農民。這些儒家子弟表面上忠孝仁義，但在生死安危面前，其實他們絲毫沒有聖賢的德行，連一頭大象都不如。為此，朱元璋決定借此機會戲耍一下這幫儒家子弟。

他最為痛恨的儒家子弟就是危素。這個老傢伙整天在自己面前講尊孔尊聖、儒學治國，其實他的忠勇連那頭大象都不如，他們那樣做無非是想保護自己已經得到的利益。所以，朱元璋命人做了兩塊木牌。

一塊上寫著「危不如象」，另一塊寫著「素不如象」，並將兩塊牌子掛在了危素的雙肩。

朱元璋的做法，開了後世辱沒大臣人格的先河。

對於朱元璋這個人，清代學者趙翼的評論非常恰當，他說：「蓋明祖一人，聖賢、豪傑、盜賊之性，實兼而有之者也。」盜賊的性格就是流氓本性。然而，這種流氓本性是所有封建皇帝的共同特點。朱元璋的兒子朱棣同樣如此，在屠殺兩萬宮女的「宮廷之變」中，這種流氓、暴徒的秉性展現無遺。

只不過，朱元璋相較於其他帝王來說，只將流氓本性用於統治階層內部，而不像他的子孫武宗皇帝朱厚照那樣，應用於全國人民。這就是明君與昏君的區別。

流氓群像2：請銘記人類曾經的殘忍

~・~・~・~・~・~・~・~・~・~・~・~

□高寀的倒行逆施

在有的地方有一種非常殘忍的飲食習慣：活吃猴腦。這種殘忍的行為，謝天謝地被禁止了。然而，人類歷史上還有更殘忍的行為，那就是吃人腦。

萬曆三十年（一六〇二）的福州城內，一個八歲的小男孩兒因為和家人生氣，哭哭啼啼地跑了出來。忽然，一個黑影一閃而過，一隻手用手帕捂住了他的鼻子。小男孩頓時失去了知覺，癱在了那個人懷裡。很快，他被帶到了一座官宅裡。「大人，小孩兒我給您弄來了！」「把他帶進來！」

兩名當差將小男孩抱進了屋子……突然，一聲慘叫傳來。屋外的人身子一哆嗦，臉色煞白，「罪過呀罪過，老天爺明鑒呀，我只是為了賺錢，我也要養家餬口。罪過罪過！」

~・~・~・~・~・~・~・~・~・~・~・~

不一會兒，那個小男孩兒被背了出來，腦袋正中的天靈蓋上被挖了一個大洞。這就是高寀這位萬曆皇上的親信太監所為。

他為了重新長出生殖器，聽信妖人所言，吸食男孩的腦髓。就是這麼一個該千刀萬剮的傢伙，竟然在福建為害了十七年，最終導致福建百姓集體反抗。結果如何？萬曆皇帝只是把他調了回去。最終如何處置，史料上竟無記載。想必，安安生生地度過了他的殘生。

本來明初朱元璋就曾禁止宦官干預朝政，並且對宦官嚴厲管束。然而，隨著時代的前進，宦官亂政害民的事情越來越多。宦官亂政造成較大危害要從景泰年間開始說起。

～・～・～・～・～・～・～・

景泰三年（一四五二）九月，南京錦衣衛鎮撫司軍匠餘丁華敏，以內官苦害軍民十事奏言「內官十害」。

那些宦官收集的家財，金銀財寶動輒就以萬計，這些錢從什麼地方來的？無非是偷盜府庫的錢糧，或者對百姓敲骨吸髓盤剝而來。這是宦官第一害。

宦官專權，依仗權勢不僅僅是侵害百姓的權利，就是公侯將相的房產都被侵奪，還奴役百姓為他們修建各種豪華工程。這是宦官第二害。

宦官家豢養了一大批沒有戶籍的人充做義子、親信乃至奴僕，這些人一人得道雞犬升天，整日裡騎著高頭大馬穿著綾羅綢緞，橫行鄉里，作奸犯科，巧取豪奪。這是宦官第三害。

宦官們建造佛寺，希望來生生在好人家，那費用多得不可計數。為了他一人的私欲，讓萬民破產。這是宦官第四害。

宦官廣置田地，可這些田地卻不用納糧，他們的戶口雖然在地方卻不用當差服役。他們占地千里，致使百姓沒有立錐之地。這是宦官第五害。

宦官指使家人進行食鹽買賣，他們多占鹽量，轉賣給他人。其手法是：借助權勢得到鹽引，用鹽引取鹽時依仗權勢強行多要，多出的數量何止萬倍，造成鹽法極大破壞，侵奪商人的利益。這是宦官第六害。

由宦官主管的作為商業仲介組織的塌房，在接待各種客商的時候，強行賒賬、欠債不還。商人受了害，無處申冤。這是宦官第七害。

宦官還買賣、私放匠人，如泥瓦匠、木匠、軍匠等，在上報的時候說是自己的僕人，這樣可以從官府每月領來糧食、食鹽據為己有，或者售賣賺錢。而工匠每年都要按期去官府服徭役，私放少報的人多了，工作量卻不會隨著人員的減少而減少。官府為了完成任務，肆意鞭打蹂躪工匠。如此情況下，形同奴隸。這是宦官第八害。

宦官還指使家人包攬了本應由官府實施的徵稅，而官府卻不敢管。在徵稅的時候，他們「以一科十」，徵收的稅款是應徵稅額的十倍以上。官府和百姓皆受損失。這是宦官第九害。

> 宦官監工，個個如狼似虎，他們對於軍匠非打即罵，嚴刑酷法，軍匠生活在人間地獄之中。這是宦官第十害。

四十五年後的弘治十年（一四九七）禮科左給事中葉紳等奏報宦官李廣「八大罪」，其內容基本和華敏的「十害」差不多。

宦官的總體形象是負面的，然而，他們在某種程度上也是值得人們同情的。大部分宦官還是好的，因為他們中的大部分也是被奴役者。而且宦官中也有一些是於國有大功的人，甚至是造福國人千百年的偉人，例如蔡倫、鄭和等。

明代宦官群體在洪武、永樂時期所起的作用，無疑是正面的。然而，從正德年間開始，宦官日漸墮落，直到明朝中後時期終於流氓化。他們巧取豪奪侵吞國家財產，插手各行各業，以謀私利。更為嚴重的是，他們的所作所為激起民憤，造成的民變、兵變甚多。

自從正統十三年（一四四八）七月的福建鄧茂七民變開始，僅史料上記載的較大規模的民變（聚眾萬人以上或殺縣令縣丞一級官員或殺官吏十人以上）、兵變（數千軍人以上或攻占縣城以上城鎮）就達百起。其中，萬曆年間的民變、兵變最多。明亡於萬曆並不冤枉萬曆皇帝。

高寀亂閩就是一個典型案例。

□高寀亂閩

高寀是今天的河北省文安縣人。入宮後伺候神宗，最終成為御馬監監丞。萬曆二十七年（一五九九）高寀任福建市舶司兼管礦務。

到了福建後，高寀便強占土地、四處設立關卡。福建巡撫徐學聚因為抗拒高寀而被解除了職位。隆慶元年（一五六七）因為走私問題嚴重，明政府設立海澄縣、開放了月港以促進商業和對外貿易，福建百姓的生活日漸好轉。

於是，高寀加緊搜刮民財。高寀每天的吃穿住行就花費五十餘兩銀子，每年上繳國庫的稅銀不過兩三萬兩，而其搜刮的銀兩則是稅銀的十數倍。更駭人聽聞的是，魏天爵、林宗文竟然告訴高寀：取童男童女的腦髓和藥物吃下去，陽具就可以重生，可以行房甚至生子。由此，許多人拐騙兒童、迷幻幼子，賣給高寀。在他的衙門內的水池中，白骨堆積如山，好似人間地獄。

除此之外，他還從事對日走私、販私鹽。最令人氣憤的是，高寀還與占據澎湖的荷蘭人相勾結，對他們搶奪人口為奴、占領中國領土等事情不聞不問。南路參將施德政派遣沈有容驅逐荷蘭人後，斷了他的財路，為此他四處為難施德政。就是在施德政升職為神機營右副將軍、後軍都督時，他也不放過最後的機會。竟然派出數百人將施德政的行囊搶走，想從中找到施德政貪污軍款的罪證，結果一無所獲。

在福建上至總督、巡撫、總兵，下到士紳無不與高寀交好。只有前任巡撫徐學聚、後任巡撫丁繼嗣、再任巡撫袁一驥、布政使陳志寰、南路參將施德政、海澄縣知縣龍國祿等幾個人與高氏為敵。

萬曆三十年（一六〇二）漳州月港來了一批商船，因為沒有行賄，稅使兼市舶司高寀竟然不許一人上岸。歸心似箭的船員們奮起反抗，將高寀的隨從扣押。與此同時，鄭國欽率領百姓將南靖、溪渡口的稅吏驅趕。

萬曆四十二年（一六一四）高寀鞭打一位諸生的父親，導致福州府全體諸生火燒高寀建造的「望京亭」。此後，廣東稅監李鳳病死，高寀要到更富裕的廣東去，福建百姓無不歡欣鼓舞。然而，廣東人聽說此事後，紛紛歃血為盟，只要高寀敢於踏上廣東的土地，廣東人就揭竿而起。

一六一四年（萬曆四十二年）五月十九日，因為他平日裡買東西都是賒賬，福建商家聽說他這一天要離開福建，便前往市舶司衙門討債。十五年來拖欠的數萬金銀，以及憤怒使人們群情激憤，將衙門團團圍住。高寀見狀命衛兵鞭打驅趕，商民予以反抗。高寀竟然命人射殺十餘人，又放火箭燒毀民居。

福建百姓見狀群起攻之，高寀見事情鬧大了，恐怕自己性命難保，便率領百餘人突圍而出，殺入巡撫衙門，挾持巡撫袁一驥和其子，要求巡撫發兵鎮壓。袁一驥不從，高寀竟然將巡撫父子劫持，妄圖逼退百姓。軍隊到來後，將高寀緊緊圍困，高寀只得退回巡撫衙門。

按察司副使李思城、僉事呂純如、都司趙庭繼等前往談判，最終巡撫父子被釋放，李思城、呂純如護送高寀回到市舶司衙門後，僉事呂純如作為人質繼續留在市舶司衙門。第二天，守備陳豸替換呂純如作為人質。與此同時，高寀向主子萬曆皇帝告狀。說巡撫袁一驥、總兵施德政鼓動百姓不上交稅賦，福建百姓多奸徒。與高寀同謀的福建官吏、京城宦官、各地宦官鹽稅使等也紛紛為高寀求情。

其後袁一驥的摺子也到，福建籍的官員在湖廣道御史周起元的率領下，也上書彈劾高寀「五必殺」：殺傷民命當斬，燒劫民房當斬，造船通倭當斬，囚執命官當斬，椎擊童男女致死而吮吸其腦髓當斬。

六月十六日唯一的內閣閣臣葉向高上書萬曆皇帝，告知萬曆皇帝，福建百姓家家戶戶憤怒無比，大街上張貼著要求殺死高寀的標語，如果不罷免高寀，更大的流血衝突將會出現。如果這時與倭寇相通，東南必將大亂。

這時，萬曆派往福建的親信太監也回來稟報，為高寀說情，將錯誤全都推到了袁一驥等正直官員的身上。而這時，朝廷內的一些官員也有所動搖。

閣臣葉向高這時挺身而出據理力爭，敦請撤換高寀。第二天，葉向高再次上疏要求罷免高寀。並說，雲南的楊榮、湖廣的陳奉等稅使雖然貪婪，但從來沒有敢劫持巡撫重臣的。可見，高寀平日對百姓多麼橫行霸道。如果不撤換他，那福建必定危險。昨天中午他又收到兩廣總督張鳴岡的揭發信，上面所言令人髮指。

與此同時，後任內閣大學士北京人方從哲、給事中姚永濟、郭尚賓等人繼續上疏彈劾。萬曆皇帝只是批示「高寀事知道了」，想不了了之。

七月三日葉向高第三次上疏，繼續彈劾高寀。七月三十一日葉向高第四次上疏。萬曆沒有辦法只得要求高寀回京。

然而高寀卻以各種理由拖延，福州府官員為此驅逐。他十月九日才起程，但由於東西太多，以每天三十里的速度回到京城。到北京後，仍然飛揚跋扈。最終，高寀如何了？可惜在我查閱的各種資料中並無記載。

流氓群像3：文武官員與軍痞

□王騷狐耍賴

龍虎衛左所有一個沒有軍籍的軍人（稱為「軍餘」）王騷狐，這傢伙自稱「賴皮」。一天，他拿著把尖刀來到了劉海家。「呵呵，劉哥，兄弟我給您來拜年了！」劉海一看是王騷狐，心裡一哆嗦，連忙故作威嚴，「哦，原來是王兄弟呀！怎麼跑我這兒鬧事兒來了！」「哪兒呀，劉海哥，兄弟我過年沒有麵吃，特來向哥哥討點兒麵吃。」

「王賴皮，我劉海也是軍人，殺過人打過仗，你小子別跟我來這套。你要是吃點什麼，我讓你嫂子給你弄點吃。你要是跟我來渾的……哼哼，我告訴你有你好瞧的！」

王賴皮聽罷，冷冷一笑：「劉大哥，兄弟我不敢跟你來渾的。但過年孩子老婆沒吃的，你要是不給……你來看！」王賴皮說罷，手中的尖刀「噗」的一聲扎到了自個肩膀上。劉海一看，心裡一哆嗦。「王騷狐！你，你，你幹什麼！」

「兄弟不幹什麼。哥哥不給麵，兄弟我只好不活了！」說罷，王賴皮彎腰就往牆上撞。劉海一看連忙攔腰抱住，「你幹什麼呀，幹什麼呀！」

王賴皮的腰雖然被抱住，但他比劉海要年輕十來歲，左衝右闖撲到了牆上，腦袋「砰」的一聲撞在了牆上，鮮血從頭上流出。血流到嘴邊，王賴皮用舌頭舔了舔，冷笑道：「劉哥，你好狠呀，把兄弟我打成這樣。咱們有地方說理去！」

劉海一看，他知道不給麵是不行的。如果鬧到軍法處，自己非得吃不了兜著走。因此，滿臉帶笑道：「兄弟，要麵好呀，我給我給！」「劉哥，光麵可不行呀。兄弟我被你打成這樣，這可怎麼說？」「你說怎麼辦？」「賠我三兩銀子！」「但我這裡只有一兩銀子呀！」最終，劉海湊了一兩三錢銀子、一斗白麵了事。第二天，王騷狐又到了劉清家，如法炮製，又把劉清身上的羊皮襖、水褐綿細衣裳訛走了。

王賴皮就是千千萬萬明代軍痞中的一分子，其實真正的害群之馬是軍官。沒有軍官的縱容，兵痞再亂也不會鬧出多大事。

我們再談談文官集團的流氓化問題。明代文官集團從嘉靖開始就非常反對對商業加稅，加稅正確與否不能一概而論。當政府入不敷出的時候，加稅也是不得已的辦法。

明朝後期，一談加稅文官集團就普遍反對，這本身就有問題。許多人在談論這一問題的時候，往往喜歡談出身決定政策導向。但是，很遺憾地說，從古至今的現實告訴我們：出身於農民並不一定就為農民利益服務，出身於商人（官商）家族的代表自然會對商人（官商）利益進行維護。

為什麼？因為農民利益過於分散，不要說一個農戶，就是一個地區的所有農民的利益，都無法讓官員正視。保護農民的利益能得到什麼呢？保護了一個農民家族的利益，作為這個家族成員的官員能得到什麼呢？幾頭耕牛，幾把鐮刀？保護商人階層的利益可就不一樣了，得到的物質利益不下幾千、幾萬兩白銀。

從這個角度看，我們就能理解為什麼明朝中後期，文官集團反對提高商業稅。過去那種認為文官集團迂腐，不注重物質利益的說法是站不住腳的。明代後期，甚至到了「官員盡出商人」的地步。何也？正如我們評價歐美選舉制度時經常提到的一點：競選是需要資本的，所以，他們是有錢人利益的代表。這種觀點，同樣適用於明代的官員。

通過科舉進入仕途是需要大量成本的，因此，商人家族出身的人就有了先天優勢。貧寒子弟路費也是當地士紳們捐助的，這些人自然要對資助人進行報答。有人認為明代文官之所以出現流氓化的傾向，是因為薪俸非常低，似乎只有高薪才能養廉。然而，這種觀點並不能說明為什麼以海瑞為代表的一些官員還在堅持著清廉。

其實，高薪並不能養廉，高薪的後面必須是嚴刑峻法。高薪的價值就在於使官員失去了因為工資不夠正常生活花費的托詞，從而掀去了貪腐者的最後一塊遮羞布。如果高薪背後沒有嚴刑峻法，高薪只會刺激貪腐。當然，嚴刑峻法並非僅僅指懲罰力度，更包括有針對性的懲罰細節，特別是沒有模糊化的空間。

流氓群像4：以北京十虎為例講述城鄉流氓

·～·～·～·～·～·～

□十虎鬧北京

萬曆初年，北京的一位錦衣衛官員韓朝臣和地方上的九個二流子結拜為兄弟，人稱「十虎」。這些人經常打架鬥毆，與蘇州的「龍蛇幫」並稱萬曆「雙黑幫」。

北京十虎以韓朝臣、「五毛虎」牛二、黑虎劉季、插翅虎祝八、花斑虎祝迪為核心。龍蛇幫，以「一條龍」胡龍、「地扁蛇」朱觀為核心。除了兩大黑幫外，各地還有諸如三十六天罡、十三太保、七十二地煞等具有黑社會性質的暴力團夥。

·～·～·～·～·～·～

～・～・～・～・～・～・～・～・～・～・～・～・～

某年，牛二沒有錢過年。他坐在屋內，聽著老婆的絮叨，實在是難以忍受。借錢吧，憑自己的德行根本沒人借。怎麼辦？他忽然想到了一條妙計：街邊有個年過五旬的剃頭匠，我如此這般這般如此，錢不是就來了嗎？

牛二想到這裡抬腳出門來到了剃頭鋪。師傅一看是牛二，連忙滿臉堆笑，「哎呀，是二爺呀。來來，您老坐，坐。」

牛二冷冷一笑：「好好，給我剃個頭。對了，順便把我的眉毛也給我剃去！」說完，閉上了眼睛。「二爺，眉毛怎麼能剃呢？多難看呀！」「你懂什麼，叫你剃你就給我剃！」

剃頭師傅一聽沒有辦法，只好剃他的眉毛，剛剃了一邊。牛二突然睜開了眼睛，大叫道：「哎呀，你怎麼搞的，怎麼剃了我的眉毛？自古沒聽說剃頭剃眉毛的！你好大的膽子。我告訴你，你如果不給我賠，我非拉你去見官！」

剃頭師傅一聽，沒有辦法只好賠了三百文銅錢了事。回到家裡，牛二的老婆看著他不禁噗哧一聲笑了：「哎，牛二，你這也太難看了，還不如把兩邊兒都剃了呢！」牛二一陣壞笑：「你呀，太傻了。到了元宵節，我再找另外一家剃頭鋪。」

～・～・～・～・～・～・～・～・～・～・～・～・～

因為明朝中後期商品經濟發達，一些有錢的富商為了保護自己的家財大規模雇傭保鏢。因為大規模的白銀流入，高利貸行為普遍存在，雇傭保鏢就是為了收帳。而與此同時，因為大規模的土地兼併、自然災害、稅收盤剝等使許多農民喪失了土地到城市謀生，其中相當一部分人就成了無業的流氓。在農村地區，一些遊手好閒之徒也幹些坑蒙拐騙偷的勾當，此外還替地主收租。

為此，在明中後期，城市鄉村遍布大大小小的流氓，到後來逐漸形成了流氓組織。這些流氓組織經常尋釁打架，他們甚至可以根據雇主的要求，將人打成不同程度的內傷或外傷，在限期內死亡。更為嚴重的是，流氓騙子們還參與製造、運輸、銷售假銀。

最後，流氓人群逐步擴大，士大夫、知識分子也開始流氓化。明武宗後期，一些招搖撞騙的儒家子弟為了金錢，為地主富戶偽造家門歷史、生編亂造家族人生平。在這方面，袁鉉是一個突出的代表。也許，許多人認為這種現象不足為奇。但是這種文人的大量出現，卻是亂世先兆。因為，知識分子的節操是保持社會思想純潔的最後防線。它崩潰了，那麼世界也就離瘋狂不遠了。

最終的歷史也證明，清軍入關之後，大批知識分子果然變節。同理，晚清也是如此。抗戰時期同樣如此。

第六章

帝國之殤

明朝二百餘年的經濟政策與權力鬥爭

封建社會穩定的基礎是農業，誰搞好「三農」誰的江山就會穩固。「三農」問題在封建社會有兩個關鍵環節：一個是土地，一個是賦役，二者互相影響。土地決定農民的生存，賦役決定農民的幸福度的高低和國家稅收的多少。所以，土地兼併和賦役問題在封建社會就是關鍵問題。

因為自然經濟變化速度較慢，所以，中國封建社會關於這方面的權力鬥爭並不激烈。因為經濟政策屬於附屬因素，並沒有成為權力鬥爭的主要爭論對象。明代弘治之前，因為經濟政策觀點而發生權力鬥爭的情況非常少。但是，弘治之後特別是自嘉靖中後期開始，因為經濟政策而發生權力鬥爭的現象就比較多了。

第一回

土地兼併中的權力鬥爭

明朝在土地兼併、經濟政策、奢侈消費等問題上的教訓值得重視。但如果想達到這方面的目的，就必須自覺地向陳寅恪、梁方仲等歷史學家看齊。

重提土地兼併、賦役改革的必要性

明朝初期土地兼併問題並不突出，到了明中後期這個問題才越發嚴重起來，已經威脅到了國家的穩定。在這種情況下，用賦役調節土地兼併便成為一種手段。朱元璋為抑制土地兼併採取了激烈手段，但問題並沒有解決。後世君王沒有如此魄力，只能用溫和的方式來阻止。可惜的是，明朝賦役改革的主要目的是調節稅收，從而增加財政收入，抑制土地兼併不是主要目的。

明政府的均徭、一條鞭法等改革，雖然增加了稅收，但對土地兼併只是稍微抑制而已。當稅收狀況一好，曾經的支持者也乘機中飽私囊，然後也投入到土地兼併中，這個典型代表就是徐階。因此，曾經的改革推動者到最後反而成為改革的破壞者。

更嚴重的是，一條鞭法在推行過程中，支持者與反對者在政策爭論的同時揉入了權力鬥爭。而權力鬥爭在封建社會往往是與卑鄙齷齪畫等號的，這就使得問題更為複雜化。

明朝前期（洪武至永樂，一三六八～一四二五）與中前期（宣德至弘治，一四二六～一五〇五）在賦役改革方面並沒有大的進展，在土地兼併方面的爭鬥經歷了冰火兩重天。前期積極反土地兼併，為此發生了朱元璋屠戮以淮西集團為主的功臣集團。中期則因為各種原因採取了類似於放任自流的態度。

爲抑制土地兼併朱元璋大開殺戒

明初因為大亂剛平，和古今中外任何一個朝代一樣，支持自然經濟是必需的。很難想像，國家剛剛建立沒有人會不重視農業，朱元璋和朝堂中勢力最強大的淮西集團通力合作，實行輕徭薄賦、鼓勵開荒屯田，短短十來年的時間，百姓便解決了溫飽問題。

例如大米的市場收購價，通常是一石兌銀二錢五分到三錢或二百五十文到三百文。市民則可以通過兩倍的價格購買到白米。白麵的收購價大概為一石二百五十文到四百文。綠豆價格比白米高一兩錢，麥比米便宜一錢，大豆比麥低約五分到一錢，料豆比大豆低一些。

以明初的糧食價格看，這一時期的百姓生活是整個中國封建社會較好的時期之一。然而，隨後朱元璋和淮西集團的衝突越來越嚴重，從一三六二年（元至正二十二年）淮西集團的邵榮謀反、謝再興叛變開始，朱元璋就對淮西集團內的一些人產生了強烈不滿和高度警覺。

淮西集團是明初政權體系中實力最強的政治團體，他們都是朱元璋的同鄉，在前期受到倚重，後期則被朱元璋看做必須剷除的對象。這些人物有：李善長、徐達、湯和、馮國用、馮國勝（馮勝）、藍玉、胡海、胡惟庸、鄧愈、常遇春、李文忠等。

朱元璋之所以要對淮西集團大開殺戒，主要原因是他們的勢力過於龐大，已威脅到他的統治地位。但之所以如此慘烈地殺害他們，是因為朱元璋將過往的仇恨發洩到了他們身上，將他們視做一種「精神上的背叛」。雙方在經濟領域的衝突，主要是關於土地兼併問題。

在當時，全國占有七頃以上田地的地主，有一萬四千多戶，其中六國二十八侯，擁有佃戶三萬八千多戶。這些人依據「優免」大肆吞併周邊良田，朱元璋為了抑制土地兼併首先要對付這些人。很顯然，為了自身利益這些人消極對抗，使得朱元璋的政策難以推行。中國人熟悉的「上有政策下有對策」是自古就玩得非常漂亮的手法。

在這種情況下，朱元璋採取了最激烈的方式：屠戮。

朱元璋大規模屠戮功臣，並沒有導致國家大亂，卻將土地兼併現象抑制住了，從百姓角度講是一件值得高興的事情。

明初的經濟思維和政策並沒有太多亮點，幾乎都是沿襲前朝的成功經驗。前朝的經驗有的符合本朝實際，有的不符合。例如名臣解縉提出的經濟政策就有嚴禁土地買賣、輕徭薄稅的正確主張，以及恢復井田制的錯誤主張，他還妄想將私有土地收歸國有後再分給百姓。

第二回

國家控制與經濟自由之爭

到了明朝中前期，土地兼併問題已經較為嚴重。明洪武二十六年（一三九三）全國繳納田賦的土地八百五十多萬頃，到了弘治十五年（一五〇二）只剩下了四百二十二萬多頃，百分之五十・三的土地都被兼併了，而這些數字尚未包括一百多年來新開墾的土地。這種現象之所以出現，除了皇帝們的關注點沒有放在這個問題上之外，不能不說經濟自由思潮的出現也是原因之一。朱元璋父子對於自然經濟的支持讓農業獲得長足發展後，剩餘的農副產品開始更多地進入市場，手工業逐漸興盛，水陸交通網進一步完善，商業隨之逐漸興盛起來。商業、手工業的興盛促進了城市發展。

這時明政府內部在經濟政策上產生了巨大分歧。一種是傳統的國家干預，一種是經濟自由政策。既然經濟自由，那麼土地兼併也就可以自由了。

經濟自由政策在明代最大的支持者是丘濬，丘濬的主要代表作是《大學衍義補》，該書在他五十七歲出任國子監祭酒時開始撰寫，用了整整十年的時間，到了六十七歲完成後進呈皇帝。一四八七年（成化二十三年）上奏朝廷，弘治皇帝看到此書後非常高興，萬曆皇帝更是極為重視，親自為該書作序。從此，該書成為生員科舉的必讀參考書，許多地方官吏將其作為施政綱領。

明代自由經濟的開創者

明代近三百年的時間裡，丘濬的經濟思想最為系統且重要。其中最特別的地方就是主張經濟自由，皇權、官方不要干涉經濟，任由經濟自由發展；反對加稅、反對控制土地兼併、反對官僚商人；等等。他所持的立場，可以套用這麼一句話：「站在富人的角度，為國家利益服務。」

丘濬是有明一代的大儒、大作家、經濟理論實力最雄厚的經濟學家和政治家。儘管他沒有劉伯溫、宋濂、方孝孺、解縉、王陽明等人有名，但實際上，丘濬的思想深深影響了明代的政治和經濟。此公在官場上可謂順風順水，一步步平穩升遷。

可以說，明中後期以後的諸多思潮、政策、黨爭都或多或少地受其影響。例如奢侈論、反對皇權官方進入經濟領域、享樂思潮等都可以追溯到他的身上。諸如王陽明、高拱、張居正、葉向高、李贄等人的執政思想也都能從他那裡找到淵源。

丘濬（一四二〇～一四九五），今海南省瓊山市人。此公一輩子做的工作就是秘書工作，入閣之後成為內閣秘書長。丘濬完全可以被稱為「有經濟學素養的政治家」。他生於農村自幼喪父，由爺爺和母親撫養長大，自小被人稱為神童。二十四歲時高中解元（正統九年，西元一四四四年）。在此前後，寫了言情小說《花箋記》，因為有「三俗」傾向，受到天下士人批評，於是在重大壓力下寫《成語考》自贖。

十年後廷式二甲第一名，翰林院十八庶吉士之首，先後修撰《寰宇通志》、《英宗實錄》。個人著作《大學衍義補》獲得弘治皇帝垂青。其後又修撰《憲宗實錄》，其著名作品還有《大明一統志》、《宋元通鑑綱目》。

下面我們就單獨談一下丘濬的經濟思想，之所以這樣就是為了提醒讀者：明代中後期發生的一切，都可以從丘濬身上找到原因。

令人驚訝和歎服的丘濬經濟思想

丘濬的經濟思想即使在今天看來都非常有爭論價值，閃光之處更是可以在今天得到弘揚。凱恩斯主義（Keynesianism，國家管控）與自由經濟的爭論其實在明代就已經展開了。國家管控經濟自古如此，經濟自由與自由經濟是近五六百年才出現的經濟理論和經濟現象。

丘濬的經濟思想在當時無疑屬於最先進的思維之一，由於他的地位較高，對當時的精英群體影響極為深刻。綜合起來說，他的經濟思想主要包括以下幾點。

重經濟輕道德。因應當時的商業氛圍，丘濬對空談道德而輕利益的風氣進行了大力批駁。他認為人有追求財富的權利，經濟應該是社會的基礎。

經濟自為論。他最著名的理論就是「相生相養論」，即每個人都要從事一種職業產生經濟活動，而每個人的經濟活動又是互相制約、相互依存的。統治者的任務就是讓每個人都各司其職。但統治者不應該對經濟活動進行直接干預，應該堅持「自為論」，甚至對於高利貸這種現象也應該任其發展。可以說，他是繼司馬遷之後，第一個將「放任主義」作為指導思想提出來的政治家。

安富理論。然而，「自為論」必然導致地主的財富積累增速，因此，兩極分化問題就出現了。丘濬則公開站在富人的立場上，提出了「安富」理論。他堅稱「富民」是國家的支柱。

土地兼併空想論。甚至對土地兼併問題，丘濬仍然堅持「自為論」。然而，土地兼併問題勢必影響到國家稅收、國家穩定。丘濬在自身理論和國家利益間最終選擇了中間立場：對於既成事實的土地兼併不要去管了，以後（某個期限）要嚴格限制土地兼併問題（按照一丁一頃，超過的人，如果敢再買就奪走一頃以外的其他土地）。

反對官僚商人。丘濬特別反對官員經商，他認為：官府不應該經營商業，商業應該由百姓經營。官府和皇宮缺什麼應該到市場上去購買，不應該靠權力去強行掠奪。

反對政府干預。他的經濟思想在某種程度上與當今的自由經濟思想很相似，反對一切干預，甚至對囤積居奇都不要管。在諸如鹽、茶等商品上，他還主張政府放棄生產、銷售的壟斷，只負責監管，生產、運輸、銷售全部由商家進行。

開放海禁。他主張開拓海運路線，並大力支持開放海禁。由此，「海禁鬆弛派」有了可以抗衡「海禁派」的理論本錢。

創建預算制定方式。丘濬還提出了編制國家預算並將預算最終制定成型。他的具體辦法是：各部門、各地預計下一年度開支，在陰曆十月上報給中央。十二月下旬，戶部對其進行調整、平衡後制定全國預算。

首提勞動價值論。更為難能可貴的是，他早於英國威廉·配第（William Petty, 1623-1687）提出了勞動價值論。他的專著《大學衍義補》形成於一四八七年（成化二十三年），而配第的《賦稅論》出版於一六六二年。而且，丘濬的理論比配第更進一步。例如，配第認為：生產金銀的勞動可以形成生產交換價值，生產其他商品的勞動則只有在與金銀交換時才會產生價值。丘濬則認為：生產任何一種商品的勞動都決定該商品的價值。

國富與民富關係論。他將財富分為理民之財和生民之財。理民之財是在既有財富基礎上進行分配；生民之財則是扶助百姓發展生產，促進財富增長。

創建貨幣並行架構。對於貨幣問題，他認為貨幣權必須要壟斷。他對於當時鑄幣權的混亂給予嚴厲批評，認為鑄幣權的下放將造成動亂和經濟控制權缺失。他主張將銅錢作為法定貨幣，並極力反對紙幣，認為用毫無價值的紙幣去當貨幣形同欺騙。顯然，他混淆了貨幣價值和貨幣價值符號。但因為當時的實際情況，他又不主張廢紙幣。

因此，他設計了以銀為核心的三種貨幣並行的架構，銀用於大額交易，十兩以下的交易只能用銅錢和紙幣。儘管丘濬的設想顯然不符合現實，但相對於同時代的其他中國同僚而言已屬不易。

丘濬的大部分思想在明代都成為了現實，其中既有國家之福又有國家之禍。例如他對於土地兼併問題的放任。其實在封建社會，誰能把握好土地問題誰就能讓國家穩定。反之，則會給國家帶去危險乃至衰亡。很不幸的是，丘濬雖然為提高國家的經濟駕馭力作出了很大貢獻，但卻沒能把握好封建社會最基礎的問題。

土地兼併嚴重化，國家控制思想抬頭

丘濬站在富人角度贊成放任土地兼併，當時土地兼併尚沒有到極為嚴重的地步。這一時期的自然經濟還屬正常，以米價為例，到了明朝中前期，僅上漲到一石兌銀五錢（四百文）。國家財政、人民生活等尚沒有受到嚴重衝擊。顯然，丘濬僅是這種經濟自由思想的集大成者。中央政府對經濟的注意力集中在商業領域，由此商業大興。

與此相反，「三農」則處於危險狀態，土地問題越來越嚴重地影響到了方方面面。首先，國家賦稅在明中前期之前至少有一半要靠田賦；其次，土地大幅度減少（明代土地統計只統計繳稅土地），但人口卻大幅度增加，農戶的負擔更重。表面上看，弘治時期的人口比洪武少了八百多萬（人口只統計繳稅人口），但實際上，明弘治時期的人口數量應該有一億多。

一億多人口和繳稅的六千多萬人口之間的四千多萬人口的差距，主要是不入戶籍的奴僕和流民。但是流民政府就不需要管了嗎？顯然不可能。

明政府必須對流民進行安置，否則就會造成民變。例如成化元年（一四六五）的劉通、石龍等領導的荊襄流民起義，就是因為農民想到山區墾荒，官府「禁山」導致百姓沒有生計而起義。劉通的部下李原、小王洪等領導的湖南、湖北、河南、陝西等省的流民起義多達百萬人。

在商業大興的背景下，商人的實力越來越強，他們也加入到土地兼併的行列之中。再加上官僚兼併、皇權（包括王權）兼併等原因，到了明朝中期，土地兼併問題再次嚴重起來。

對此，皇帝和中央大臣應該給予制止。然而，不幸的是中國人民趕上了正德、嘉靖兩位皇帝。在他們長達六十年的統治裡，奉行的是經濟自為論。然而，就在經濟自由派得勢的同時，主張國家控制經濟的一派也開始發達起來，總代表就是高拱、張居正。這兩派發生了較為嚴重的衝突。首開改革先河的就是夏時。

第三回

一條鞭法權力鬥爭中的七大集團

明前期（洪武至永樂，一三六八～一四二五）的五十八年中，在經濟政策上的主體爭論是關於土地兼併問題。

明中前期（宣德至弘治，一四二六～一五〇五）的八十年中，土地問題雖然越來越嚴重，但這一階段，由於商業的大興，明政府在財政收入上還可以應付。此時，國家對經濟的管控衝動並不強烈，但地方官員因為能夠具體感受百姓疾苦，地方一些能臣廉吏們便開始了各種改革。由此，深刻影響中國歷史的一條鞭法的前身均徭法便出現了。

明中後期（正德至隆慶，一五〇五～一五七二）的六十八年，土地兼併問題更加嚴重，已經影響到了財政收入。這一時期有三個非常顯著的特點：

其一，統治階層腐敗問題已經到了不可控制的地步，朝堂爭鬥日漸激烈。

其二，以老晉商張四維、王崇古兩大家族為代表的官商階層的危害性日益顯現。

其三，走私經濟已經發展到了武裝海盜、引外國勢力為害中國的地步。中國的武裝海盜與倭寇、葡萄牙和荷蘭海盜合流，已經嚴重影響明代的經濟、國家穩定。

此處，重點談第一個問題。第二個問題詳見本書各章節。讀本書的朋友，往往會誤認為作者屬於反商主義者，其實不然。本書對於商人負面的評價主要針對官商階層。官商階層壟斷了當時商業的最主要部分：鹽、茶貿易。在這一時期的各種權力鬥爭中，反官商也是重點之一。這一時期，商人勢力尚未達到控制朝政的地步，但無疑已經在朝此方向努力，最明顯的特徵就是商人終於有了自己的戶籍——商籍。

一條鞭法之所以出現，主要是因為均徭法出現後並沒有改變土地兼併的現狀，但它對財政收入的貢獻卻比較明顯。為此，能臣廉吏們便開始以均徭法為基礎進行更廣泛的改革。於是，一條鞭法出現了。當以張居正為首的改革集團力推一條鞭法之後，反土地兼併運動才真正進入了高潮。圍繞著一條鞭法各方勢力悉數登場，從而進入了明代權力鬥爭最激烈的階段。這些權力鬥爭都包括哪些呢？

第一，傳統權力鬥爭。新變化是內閣與六部的權力鬥爭，內閣、六部與言官的鬥爭。

第二，新興的商業力量，如官商集團（以王崇古、張四維為代表），走私海盜集團、商人集團在官府的代言者之間的鬥爭。

第三，傳統忠君愛國者與土地兼併者的鬥爭，如葛守禮與高拱、張居正等人的矛盾。

第四，反土地兼併、支持一條鞭法者之間的傳統權力鬥爭，如高拱和張居正。

第五，反土地兼併、支持一條鞭法者之間，因改革的方法策略不同發生改革路徑之爭，如海瑞和張居正。

第六，反土地兼併、支持一條鞭法者中，理想主義者和現實主義者的衝突，如張居正和龐尚鵬、宋儀望等的鬥爭。

第七，前期（嘉靖時期）反土地兼併、支持一條鞭法的既得利益者，與隆慶、萬曆時期改革者之間的衝突，如海瑞與徐階。

內閣與六部的權力鬥爭

閣部鬥爭是明代權力鬥爭中的主軸，內閣的權力到了清代才徹底蓋過六部。在整個明代閣權經歷了由參謀部門到實權部門的過程。因此，切勿將張居正時期首輔的權勢推廣到整個明朝。

參謀部門階段：自洪武十三年（一三八〇）罷相後，六部權力和地位獲得大幅提高。皇帝為了減輕自身工作負擔，設置了多個部門，而作為參謀秘書部門的內閣最終脫穎而出。朱棣即位後，為了保證政權的合法性，不可能全部殺掉對自己有異心的六部九卿。所以，他把目光投到了內閣上，希望內閣對六部形成制衡。即位一個多月後，朱棣便將胡廣、楊榮、楊士奇、金幼孜、胡儼調入內閣，內閣權力迅速擴張。即使如此，吏部尚書仍然是百官之首。

內閣權力上升階段：仁宣時期，內閣開始干涉六部事務，楊士奇在宣宗時期主張保舉法，「

三楊」開始有了選拔官員的權力，這一時期內閣主要奪取到了京官任免權。地方大員則仍由吏部管轄。

內閣六部合流階段：代宗時期，因為兵部尚書于謙保衛北京居功至偉，六部的權力開始上升。英宗時期，吏部尚書李賢進入內閣，內閣權力和六部權力開始合流。

六部借勢反撲階段：為了重新奪回權力，到了正德年間，六部開始與中官合作。吏部尚書張彩、王瓊等先後投靠劉瑾、錢寧和江彬等。然而這一時期，宦官勢力要比內閣強大得多，內閣大多聽命於中官。這時，內閣的權力仍然大於六部，以明武宗去世之後選擇嘉靖為帝這件事就可以看出端倪。

當時的吏部尚書王瓊、兵部尚書王憲等六部九卿根本被排除在外。楊廷和面對王瓊的質問「九卿在廷，我為長，今日誰當立者，而不使聞？」僅僅是報以冷篾的對視而已。首輔（元輔）之名這時才正式出現。

然而，一五二四年（嘉靖三年）的「大禮議之爭」則使嘉靖與內閣的衝突激烈化。在張璁等六部官員的攻擊下，楊廷和、蔣冕、毛紀、費宏、楊一清等先後辭職。一五三〇年（嘉靖九年）張璁終於登上了首輔的位置，次年改名為張孚敬。其後張璁專權，排斥異己，最終於一五三二年（嘉靖十一年）被免職。一五三三年（嘉靖十二年）張璁復職，復職之後的他開始頓悟，在為官為政上開始努力工作。

內閣權力大漲階段：一五三五年（嘉靖十四年）四月次輔李時成為首輔。一五三八年（嘉靖十七年）李時被罷官，其後夏言成為首輔。夏言成為首輔後，內閣在權力上已經壓過六部。傳統權力鬥爭已經進入爭奪首輔的階段。一五四三年（嘉靖二十二年）翟鑾為首輔，一五四四年（嘉靖二十三年）八月翟鑾被革職後嚴嵩就任首輔，為了制衡嚴嵩，夏言於一五四五年（嘉靖二十四年）九月重新入閣，一五四六年（嘉靖二十五年）再次成為首輔。

一五四八年（嘉靖二十七年）夏言被殺，嚴嵩獲得了最終勝利。其後在長達十四年的首輔生涯中，專權、媚上、貪污受賄等，終致被人評價為奸臣。即使在此情況下，嚴嵩依然沒有能夠控制住六部。例如他一手提拔的南京刑部員外郎楊繼盛就在六部職位上反水，列了他的十大罪狀。

閣臣徐階也暗中與嚴嵩進行爭鬥，最終在鄒應龍的配合下，使嘉靖於一五六二年（嘉靖四十一年）罷嚴嵩。一五六三年（嘉靖四十二年）徐階成為首輔後便接連提拔高拱、郭樸等一起入閣。高拱與徐階的鬥爭又再次開始了，鬥爭結果是高拱被罷官，徐階退休，一五六九年（隆慶三年）李春芳這個老好人繼任首輔。

高拱聯合政治盟友張居正、陳以勤、趙貞吉等對李春芳採取公然蔑視的態度，積極推動高拱回歸內閣。老實巴交的李春芳在忍受了長期蔑視後，終於在一五七一年（隆慶五年）五月辭去了首輔。

高拱這個人非常有才，而且對經濟問題非常在行。然而，由於其性格過於莽撞，恃才傲物的他難以和張居正等人一同為政。最終，高拱被張居正、馮保等人聯合轟下了臺。

內閣、六部權力此消彼長階段：張居正統治階段，六部的權威被徹底壓制，六部放棄抵抗之心，成為內閣首輔的下屬。然而，一五八四年（萬曆十二年）張居正被清算後，六部終於找回了自信，再次與內閣爭奪權力。閣權被大幅度限制，六部權力也獲得了提升。

皇權的代表宦官勢力最終成為最大的既得利益者。魏忠賢勢力被消滅後，閣權與六部的紛爭其實已經變為朋黨之爭。朋黨之爭的危害更大，使得權力鬥爭成為一種常態。

張居正的權力鬥爭之路

張居正擔任首輔後，將一條鞭法從地方推向全國，並將南方主體改革區擴大到全國。由此，他與葛守禮的衝突白熱化。他們之間既有改革與反改革之爭，又有六部與內閣的權力鬥爭。張居正之所以獲得勝利，除了皇權支持外，以張居正為核心的改革集團兵強馬壯也是重要原因。張居正文靠潘季馴、龐尚鵬、耿定向、宋儀望、勞堪，武靠譚綸、方逢時、王崇古、戚繼光、李成梁、殷正茂、凌雲翼、曾省吾等，逐漸掌握了權力核心。

為了增強改革勢力，張居正於一五七二年（隆慶六年）六月調呂調陽、一五七五年（萬曆三年）八月調張四維等進入內閣。張居正用人為了防止對自身構成威脅，基本上選擇對其俯首帖耳之人。張四維之所以被選入，主要是其舅舅王崇古的原因。王家、張家在當時是老晉商的代表，是官僚商人的代表，其家族幾乎壟斷了鹽業市場，是富可敵國的政治加商人家族。

張居正選擇張四維進入內閣，除了他自認為張四維是心腹之外，借助張家、王家的財力推行政策的用意也非常明顯。張居正在一五七三年（萬曆元年）十一月，上書推行考成法，十二月兵部尚書譚綸在兵部首先實行此法。在老部下戚繼光等人的幫助下，兵部考成法效果彰顯。張居正改革集團的核心成員如下：

閣臣級別：少傅、太子太傅、禮部尚書、（建極殿、文淵閣、東閣）大學士呂調陽和申時行，太子太保、文淵閣大學士、吏部尚書馬自強，吏部尚書、武英殿大學士潘晟和張四維。

尚書級別：吏部尚書、總督兩廣軍務的張瀚；兵部尚書，總督宣、大、山西等鎮軍務王崇古；兵部尚書，總督宣、大、山西軍務方逢時；兵部尚書，總督薊、遼、保定軍務譚綸、吳兌；刑部尚書、總督陝西三邊軍務王之誥；工部尚書、薊遼總督楊兆。

吏部尚書王國光、梁夢龍，工部尚書吳桂芳、李幼滋、何起鳴，戶部尚書殷正茂、張學顏，刑部尚書劉應節、吳百朋、潘季馴，南京工部尚書徐栻，兵部尚書凌雲翼、郭應聘、陳瑞、鄭洛，禮部尚書徐學謨，南京兵部尚書劉堯誨。

地方權貴：兵部右侍郎總理河道兼提督軍務萬恭，刑部左侍郎、漕運總督兼鳳陽巡撫王宗沐，右僉都御史宋儀望，兵部左侍郎汪道昆，右副都御史張佳胤，右副都御史侯東萊，戶部尚書，右僉都御史龐尚鵬，右副都御史耿定向，右僉都御史曾省吾，右副都御史趙賢，右僉都御史李世達，左副都御史勞堪，江西布政司右參政施篤臣，南京兵部侍郎應天巡撫王元敬，右副都御史巡撫應天胡執禮，陝西三邊總督郜光先，湖廣巡撫陳省，右僉都御史巡撫陝西高文薦等。

然而，隨著張居正權力的穩固，迷戀權力的他對敢於反對自己的人使用了極為殘忍的手段。

由此，改革派內部的理想主義者與現實主義者開始分裂。

覆滅導火索：劉臺事件。一五七六年（萬曆四年）正月，張居正集團的核心成員張學顏和同為一個陣營的張居正的門生劉臺發生衝突。與此同時，劉臺又與張居正發生衝突，劉臺以遼東御史的身分彈劾張居正。

為了殺一儆百，遼東巡撫張學顏捏造劉臺貪污，張居正立刻命御史于應昌巡按遼東，核心成員、江西巡撫王宗載前往劉臺老家陷害劉臺。最終，劉臺的父親劉震龍、弟弟劉國被連坐。劉臺在充軍路途中暴死。可巧的是，劉臺和張居正同日而亡。張居正陣營的解體，「劉臺事件」是一個非常重要的導火索，它使一些為官理念深受儒家思想影響的內部成員開始對張居正產生敵對心態。

覆滅之始：一五七七年（萬曆五年）九月張居正的父親張文明病故，戶部侍郎李幼滋建議張居正可以「奪情」，這樣就可以不用守孝三年，繼續執政。起先呂調陽、張四維、潘晟、陳三謨等陸續要求皇帝懇留張居正。然而，十月十八日事態開始變化，張居正的門生吳中行首先向張居正開炮。其後翰林院檢討趙用賢、刑部主事艾穆和沈思孝、鄒元標等先後上書反對「奪情」。

雖然，「反奪情」被萬曆和李太后、馮保等人壓下去了，可張居正為此付出的代價非常慘重。

首先，張四維、申時行等潛在競爭者對張居正更加怨恨。其次，包括龐尚鵬、張岳在內的一些改革派內部的能臣幹將，敢於提醒張居正錯誤、善於推行張居正政策的大臣與張居正發生嚴重衝突，從而使得改革派內部的無恥小人得以受到重用。再次，同屬改革派但並非張居正陣營的官員，如海瑞等，張居正對他們失去了聯合的願望。

覆滅鐵拳：皇室之所以倚重張居正，乃在於皇帝本身尚未具備治理國家的能力，當皇帝自認為有能力之後，張居正的問題來了。而這時，張居正顯然被自己織就的權力圖景迷惑了。他過高地估計了自己對皇帝、對朝臣的控制力。隨著一五七八年（萬曆六年）李太后隱退後宮、萬曆親政，張居正真正的敵人出現了。

但令人遺憾的是，張居正並沒有吸取教訓，仍然固執地運用自己的權力，終至自身問題越來越嚴重。一五八二年（萬曆十年）六月二十日，張居正病逝。就在張居正死後沒有多久，清算開始了。

改革派徹底分裂。在「劉臺事件」前後，張居正改革群體內部就已經因為權力劃分出現了分裂。

「奪情事件」使得諸如龐尚鵬等地方實力派有為大員對張居正產生抗拒心理，七十人集團中先後有十人離開了張居正。張居正一死，受了多年窩囊氣的張四維、申時行等人開始與張居正改革群體的核心成員發生激烈衝突，而王國光等原張居正的親信很顯然看清了風向，向張四維靠攏，徐學謨則投靠了申時行。

張居正死後，各方力量首先將炮火轉移到了新任首輔潘晟頭上。張居正改革群體的核心成員繼續與馮保合謀打擊張四維，直到中官張誠替代馮保的位置，餘下的成員吏部尚書梁夢龍、禮部侍郎王篆、工部尚書曾省吾等先後被驅逐。

其後自一五八二年（萬曆十年）十月到一五八四年（萬曆十二年）八月，清算對象擴大到了勞堪、殷正茂、鄭洛、戚繼光、李成梁、張學顏、潘季馴等人。鄭洛、李成梁、張學顏等人最終被保留下來。

三 健將與張居正的衝突

一條鞭法之所以能夠暢行，一方面是張居正等力推，一方面則是因為之前的成功經驗帶動，統治階層內部面對財政收入的萎縮，為了江山穩定也有意對土地兼併進行抑制。

一條鞭法施行最早可以追溯到一五三一年即嘉靖十年，先有江西南部即南贛都御史陶諧（先後兩次）、後有御史傅漢臣提請施行一條鞭法。由此，江西開始在南部大範圍施行一條鞭法。

一五三四年（嘉靖十三年）以後南直隸旌德縣知縣甘澧在浙江、廣東等地施行。一五四一年（嘉靖二十年）山東部分地區開始一條鞭法實驗，這一時期江西方面拔得頭籌，成為改革的急先鋒。

一五六一年（嘉靖四十年）御史龐尚鵬在廣州府從化縣開始施行，其後龐尚鵬調任巡案浙江御史，在南直隸松江府施行。一五六三年（嘉靖四十二年）以後龐尚鵬在杭州府、湖州府、嘉興府、紹興府、金華府、衢州府、溫州府施行。這一時期浙江成為急先鋒，龐尚鵬成為地方首腦中的引領者。

一五六九年（隆慶三年）以後巡撫都御史海瑞，在南直隸（上海、江蘇、安徽部分地區）應天府、松江府、徽州府、寧國府、池州府、常州府等地施行一條鞭法。這一時期南直隸成為急先鋒，海瑞成為地方首腦中的引領者。一五七〇年（隆慶四年）以後，王宗沐在南直隸揚州府、鳳陽府等地開始施行。

一條鞭法在嘉靖時期主要靠地方首腦推動，到了隆慶時期則主要靠高拱推動，如果沒有高拱在中央的大力支持、海瑞和龐尚鵬在地方的成功經驗，張居正想在萬曆初年獲得南方各省的廣泛支持顯然是不可能的，在評價張居正的同時更不能忘掉他們的貢獻。而現在龐尚鵬幾乎被遺忘，海瑞則被當成了不識時務者，這對他們不公平。

在一條鞭法的施行過程中，張居正先後和高拱、龐尚鵬、海瑞發生衝突。張居正對於海瑞並不喜歡，認為他不諳世事對改革沒有什麼好處。因此，在隆慶帝、萬曆帝面前對海瑞頗有微詞，使海瑞入閣的希望落空。

海瑞與張居正之間的矛盾，是在對一條鞭法推行方法、路徑產生分歧下的政論之爭。海瑞並沒有加入以張居正為主導的改革派集團，但無疑海瑞屬於改革派，只不過他在改革路徑、改革方法上與張居正有著嚴重分歧。張居正深知問題出在皇權上，因此，他緊靠太后勾連宦官馮保。海瑞則憑一己之力孤軍奮戰。

海瑞因為長期在官場受到壓制、早年生活又長期處在貧困邊緣，對於官員腐敗問題有著深切認識，他以「祖制」為武器，對腐敗官員、士紳豪族進行了無情打壓。在某種程度上，海瑞是官場上的理想主義者。

張居正則是官場上的實用主義者，他深諳官場之道，無疑是古代封建社會的一位卓越的政治家。在用人上，他不像海瑞那樣嚴格要求下屬，只要能給他做事，張居正就不拘小節大膽擢用了，到了後期張居正對那些阿諛奉承且無能力才幹的人也開始任用。

如上問題就帶來了張居正和以海瑞為代表的傳統廉潔派官員的激烈衝突。傳統廉潔派大多受儒家思想和前代清官榜樣的影響，自身為官清廉，對貪官切齒痛恨。如海瑞在自己兩袖清風的同時，還希望借助百姓的力量剷除貪腐。他說：「做百姓不可做刁頑不聽法度的百姓，亦不可做軟弱聽人打、聽人殺而不言的百姓。不言自苦，苦何日止！」他號召南京市民「如若仍前被害，可自放膽來告」，「或攔街、或叫門，不禁」。對於貪官污吏他決不留情，就連嘉靖他也敢直面痛斥；他更不惜背負道德譴責，對自己的恩人徐階鐵面無私。

海瑞的一生可以說是反貪的一生，他認為：明朝風氣壞就是從正德、嘉靖開始，士大夫們爭先致富，結果士大夫越富裕百姓們越貧窮。為此，就應該講究道德、講究道義。面對當時土地兼併嚴重的狀況，他主張恢復井田制，實現國家控制的民均田地，百畝之田、五畝之宅外大家都一樣，就不會有貪腐之心。

對於反對井田制的大地主，海瑞的回答很痛快：先教育，不聽者殺。很顯然，海瑞的治貪方略沒有得到統治階層認可。但他卻對井田制難以恢復的原因分析得非常正確：真正為了百姓利益的國君太少了，即使有也怕那些富民為了自己的利益反對而造反。海瑞的一些做法引起了知識分子（包括文官）的不滿，他們決定反擊。

一五七〇年（隆慶四年）戴鳳翔收受了徐階的賄賂後，彈劾海瑞「庇護刁民，魚肉鄉紳，沽名亂政」，並罷其官。針對戴鳳翔的攻擊，海瑞進行了反駁。儘管如此，作為「官場異類」，他顯然是不受歡迎的人，為此，海瑞怒罵同僚是「舉朝之士皆婦人」。顯而易見，這是罵大臣們經常背地裡說他的壞話。「水至清則無魚」的法則令他無法在官場中順風順水。

海瑞沒有加入張居正的改革團隊，雖然很遺憾，但並沒有對一條鞭法的推行產生抵觸。因為，實行一條鞭法是所有改革者的共同願望，改革派內部存在派系也很正常。只不過，過去我們過分關注了以張居正為首的改革派，而忽視了以海瑞為代表的其他改革派。

第四回
一條鞭法推行中的權力鬥爭

明代田賦分為官民兩大類，根據土地肥沃程度分為上中下三等九則，同時，又根據田地山塘四大類的稅率高低進行確定。田賦分夏秋繳納，夏稅以小麥為主，秋稅常被稱為秋糧，以米為主，麥米被稱為「正色」。如果遇到水災、戰爭等出現運輸、繳納困難的情況，允許用絲絹棉帛錢鈔等折納，稱為「折色」。

田賦繳納分為留存（由地方負責）、起運（解給中央政府或其他地方政府）。起運中，田賦繳納的倉庫地遠者被稱為重倉口，近者被稱為輕倉口，又根據輕重緩急稱為急項錢糧和緩項錢糧。役法由民戶承擔，分為里甲、均徭、雜役三類。

均徭則是服務於官府的經常性差役的統稱，僉派對象以丁為主，分為力差和銀差。均徭出現於一四三六年（正統元年），江西僉事夏時和按察使柯暹（永樂末年因為批評朱棣被貶交趾）編制均徭冊。該法以稅糧多寡定上中下三等徭役。然而，隨後推行到四川時遭到反對，重慶府提出三點：違反祖制、科條太多、賦役較重。最終停止推行。

一四五一年（景泰二年）十二月廣東按察副使韓雍轉調為右僉都御史巡撫江西，到任後在崔恭的輔助下推行均徭法。一四五七年（天順元年）二月轉調山西按察副使後在山西也推行均徭法。與此同時，南直隸、陝西等地也先後推行均徭法。均徭法與一條鞭法在本質上相同，只不過一條鞭法賦役折銀為主糧為輔，一年一編。均徭法則仍是秋糧很少折銀，十年一編。

雜役則是為官府、公共服務進行的臨時役，它是隨時編派。

一條鞭法之所以出現，就是因為土地兼併過於嚴重、稅目過於龐雜、優免對象過多。

一條鞭法內涵解釋

對於一條鞭法的具體內涵，明清時期的人已經有了非常好的概括。一條鞭法總的來說就是：一州縣的賦役，按照土地丁口計算。賦役官員為之僉募。役則給一定的工錢糧食，賦則增加一定耗費之後進行繳納。所有額辦、派辦、京庫歲需、存留、起運、土貢等歸為一條，需要根據田地數量徵銀，把所有賦役都折成一條交由官府。

一條鞭法主要內容包括：

均糧（均則）運動：把之前的各類田地無論肥沃還是貧瘠都給予統一化，按照一定面積徵收同一稅率。

賦役合併：將一些絲綿絹馬等獨立的稅項歸到夏稅或秋糧中，甚至有的地方將夏稅都歸入到秋糧內。役的里甲、雜役歸入均徭中，力差歸入銀差。

納稅單位轉變：之前的納稅單位以戶為主、丁為輔，一條鞭法則統一為丁，並且人丁也不分等級統一編排。

賦役徵收與解運主體變更：之前，服役的徵收和僉派往往依靠民間的富戶里老，而一條鞭法則改為由官府辦理。

其實，和一條鞭法類似的各種賦役名目還有很多，例如綱銀法、征一法、十段錦、一串鈴等。這些都是由各地的一把手按照本地區情況進行的改革創新，和一條鞭法相比，本質相同，只是在範圍上略有不同。

一在實行一條鞭法之前的賦役制度不可謂不系統，執行也不可謂不嚴格。然而，由於複雜瑣碎，官員低薪吏員無酬，為此，法律定得越細緻，反而營私舞弊可以多方轉圜的機會越多。貪腐繼續存在著，一條鞭法不能解決。優免問題，一條鞭法更不能解決，甚至連解決的願望都沒有。相反，對優免問題，海瑞改革派則考慮到了。但海瑞作為被邊緣化的改革家連自身都難保，還怎麼能去整治別人呢？

優免對象

在嘉靖時期，優免對象實行「京官按品級優免辦法」。一品免糧二十石，免丁二十。二品到九品，各減二，到九品免糧四石，免丁四。

外官為相應級別京官的一半。除此以外，教官、監生、舉人生員等儒戶，各免糧二石、人丁二。雜職、承差、知印、吏典等各免糧一石，人丁一。

請注意這個「免糧額」，不要理解為田產減去免糧額數。而是指官紳們所占田地中按納糧額以計算應免的一定面積。例如一品為二十石，即應納田賦二十石的畝數。以當時每畝按低稅率納糧三升到五升計算，納糧二十石的畝數應該是四百畝到六百畝。即使如此，官紳階層仍然要求提高優免額度以應付不斷提高的消費水準，沒有辦法，嘉靖二十四年（一五四五）優免額度大幅度提高：一品免糧三十石，免丁三十；二品免糧二十四石，免丁二十四；三品免糧二十石，免丁二十；四品免糧十六石，免丁十六；五品免糧十四石，免丁十四；六品免糧十二石，免丁十二；七品免糧十石，免丁十；八品免糧八石，免丁八；九品免糧六石，免丁六。

既得利益群體的反抗

在這種情況下，一條鞭法在一些地區遭到了強烈抵制。如一五五六年（嘉靖三十五年）江西巡撫蔡克廉倡議推行，但由於王府反對而作罷；一五六八年（隆慶二年）巡撫劉光濟受到了官吏、地方豪族等多方反對，而只好先進行試點（南昌、新建）再視情況推行到全省。

對於一條鞭法反對最為強烈的地區就是蘇州和松江的吳中。吳中當時是中國經濟最發達的地區，該地奢靡之風盛行，孕育出了像唐伯虎、祝枝山、張靈等一大批特立獨行的人物。但從另一方面說，該地區反對中央政府的賦役改革也最為堅決。這就是問題的本質，因為，此時最大的受益者就是官紳以及走私經濟者，其後是商人。

吳中地區的官紳們的對策竟然創立「官甲」，官甲是民間組織不受官府支配。地方官推行一條鞭法時，這些人紛紛破產進入豪門尋求庇佑。

面對官紳抵制，一條鞭法的推行者們開始反擊。例如龐尚鵬在一五六四年（嘉靖四十三年）任浙江巡按後先後對呂希周、嚴傑、茅坤等進行嚴厲處罰，浙江一條鞭法的推行才較為順利。

海瑞在一五六九年（隆慶三年）任巡撫應天十府後對豪強地主進行了大規模整治，結果卻遭到戴鳳翔等人的彈劾。海瑞的改革中途夭折，並落下了只會說空話不會做事的評價。

當時間推進到一五八一年的時候，事情起了變化。那是萬曆九年張居正任首輔時，張居正頒布了《清丈令》，要求官民田地逐一查勘明白。清丈時要繪製魚鱗圖冊，逐戶載明田畝情況。強權人物本來以為還會像之前一樣給些壓力就會後退，然而，令他們想不到的是，張居正有最高統治者的支持。

很快饒陽和潞成兩個王府的軍官因阻撓丈地被處罰，明最高統治層發出，「不分宗室、官宦、軍民，據法奏來重處」的指令後，明帝國上上下下沒有一個人敢明目張膽地對抗一條鞭法了。

清丈的效果非常明顯，萬曆三十八年（一六一〇）巡撫應天等府右都御史徐民式對長洲、華亭、常熟、吳江四縣進行了清查。結果查出：

長洲原當差田二十萬畝不到，今查明為五十五萬六千九百畝。

華亭縣原當差田十多萬畝，今查明為三十四萬五千畝。

吳江縣原當差田二十萬二千畝，今查明九十多萬畝。

常熟縣查出作假田十五萬多畝。

清丈法得以推行後，一條鞭法也開始順利施行。然而鬥爭並未結束，面對官紳抵制，改革派也開始反彈，提出了更為激烈的主張：均田均役，與官紳地主展開了激烈鬥爭。在反對一條鞭法的人群中，也有一些人是從國家、百姓角度出發反對該法。其實，只要對這些人所說的弊端進行某種改革，他們就會成為改革派新的血液。然而，張居正等人並沒有這樣做，而是不分對錯一概排斥。

反對張居正一條鞭法的人理由也很充分

因為張居正被定位為「改革者」、「正面人物」、「有明第一人」，所以，反對他改革的人往往就被扣上了「保守落後」、「反面人物」的帽子。然而，反對者的觀點並非一無是處。例如張居正等人認為，實行一條鞭法有不少好處，但真正說得過去的也就是以下兩條。

一是簡化賦稅項目，簡單明瞭。因為舊賦役條目紛繁容易作弊，例如歲辦（每年必須辦理的物料）、額辦（兩三年一辦的定額物料）、雜辦（隨情況而定），此三項共有物料種類二十多種。除此之外，還有正編、加編等，而如今全部納入田地中。

二是徵收便利。一條鞭法根據往年經驗和來年預測，預計本地一年內的支出，攤派於丁田內。給定額，一丁派銀四錢，一畝派銀六錢；給定率，丁銀五錢，田糧一兩。開徵前，每戶都會收到「由帖」（易知由單）一張，裡面寫該戶丁地情況和應該繳付的賦役銀數、規定徵收時限。為了防止過去那種富戶里長借解運之機貪腐的弊端，百姓只需繳銀即可，一切都由官方承擔收解。

除了上述兩大優點外，至於「較為公平」一條根本屬於空想。里甲制度之所以遭到破壞，起源就在於戶籍、田籍的不對應，因為土地兼併、優免對象和人數的擴大、貴族豪強與官吏及地痞相互勾結，賦役的負擔轉移到了底層百姓身上，使富戶權貴不在賦役徵收對象之列。而一條鞭法制定時，採取了最簡單且最難隱匿的丁、田徵收標準。這樣無論貧富都將按照一個標準徵稅，表面上很公平。

然而，土地兼併的主體是皇室和大官僚甚至推行者本身，他們不可能革自己的命。優免對象和人數涉及黃冊制度改革，這個改革與賦役改革難度不相上下甚至更難。而歷史已經難以再出現另外一個張居正了，因此一條鞭法根本無法做到公平。

反對者的理由主要是：

負擔不公平。李勝芳認為，將丁賦完全歸入田賦中，對有田的人不公平。丁賦是全民的責任，如今只加與有田的人，那麼既不公平又增加了田主的負擔，造成土地拋荒、土地兼併嚴重。

除此以外，葛守禮又認為富（上）戶、中戶、貧（下）戶無論家境都按同一稅率徵收，對弱小納稅者不公平。

南北負擔有異。南方田賦負擔重差役輕。南方百姓多銀，一條鞭法施行起來阻力小。北方因為土地貧瘠，田賦輕差役重，役歸田貧瘠的土地不堪重負。正因為如此，北方官員反對一條鞭法者眾多。例如，葛守禮認為河南、河北地區每畝收入不過數斗，寸草不生者大有。在此情況下應該輕傜薄稅，但年年傜役眾多全部歸到田地，農民逃荒就在所難免了。

陝西鞏昌府編寫的《傜役論》認為一條鞭法不適合北方的理由更加詳盡。其理由和葛守禮相同。他指出：有錢的人出錢、沒錢的人多盡力役就行了，如今全都徵銀有錢的人就不用說了，沒錢的人沒有銀子又不能用自己的力氣去抵銀，這讓他們怎麼辦？只能是帶著全家背著僅有的財產——鍋碗瓢盆啥的——逃荒去了。

容易導致腐敗。一條鞭法統一徵收賦稅並統一支出，使得官府可以不公示收入支出情況。一條鞭法施行後，不像之前每項徵收都有名目，而且支出都按規定款項既定去向支出。朱元璋創立了一個非常好的規矩即政務公開，然而一條鞭法施行後，政務公開無法實現。支出項目只能有一個總項目而不能像過去那樣逐條列明去向。

除了錢以外，稅糧也容易出現貪腐。以前輸往重倉的稅糧由於距離遠消耗多，所以要附加的糧食就多，過去一般都由富戶來承擔，而貧民負責輕倉。這種調劑貧富差距的方法被破壞了。因為，一條鞭法施行後不再區分距離遠近，起運與留存合一。

葛守禮除了指出這一點外，更指出：實行一條鞭法之後，既不分倉口，又不標明糧食數量，只規定每畝田應該收多少錢，這樣具體執行人就可以任意增減。

將各項雜役統歸於田畝，將臨時攤派合法化、制度化，這種做法將遺禍無窮。雖然在短時間內這有利於財政增收、降低百姓負擔，然而雜役即亂攤派就將死灰復燃。因為腐敗官員的貪欲是無法抑制的。在張居正當政時期，南北各地就重現一條鞭法徵收的同時，里甲重出江湖的情況。

一條鞭法非常不利於農民。農民的收入是糧食。為了趕稅農民急於賣糧，商人則可以趁機壓低糧價。如此，農民將更加貧困，更加沒有交稅的銀兩。因此，他主張用銅錢少用銀。

一條鞭法被反對者閹割

一條鞭法在全國範圍內繼續施行，即使張居正被清算後仍然有許多地區實行該法。然而，部分反對該法的官員卻忽然發現：一條鞭法並非無隙可乘，反而可操作的機會很多。

一五九三年（萬曆二十一年）五月河南陳州發生兵變，原因就是一條鞭法使軍餉變成了銀兩定額，軍官不能從中剋扣。官員們實行低薪制，他們要養家，還有各種消費支出，他們需要更多的錢。最終，釀成了一五九三年的兵變，兵士們借著閱兵的時機包圍了同知趙貞明，趙貞明只好給了幾千兩白銀兵士們才散去。

針對各地官員開始在背後恢復里甲制的行為，改革派官員提出了均田均役。一六一一年（萬曆三十九年）浙江湖州烏城縣的朱國楨（日後的首輔，當時尚為教育方面的官員）建議均田均役，在他背後有新上任的按察使馬從聘。但烏城縣縣令則出面阻撓，攛掇豪族子弟闖入知府衙門辱罵知府，並組織千人要火燒朱國楨家。十天後，巡撫、巡按趕來，這才正式施行了均田均役。

最終，正如梁方仲先生所說「一條鞭法僅為一種不徹底的改革。如果說它有些優點，那是純屬於徵收便利方面，公平的原則一點也談不上。」「破壞賦役公平的主要的惡勢力是豪強大戶（例如徐階、張四維等）。一條鞭法並不敢正面地向他們挑戰，只令有田的人多少增加一點徭役的負擔（其實，這是另外一個優點，增加了稅收）。」

僅徵收便利這一點，危險也不小。由之前的民收民解制改為官收官解制以後，官與富戶豪強的貓鼠遊戲變為了官吏間的貓鼠遊戲。官作為短期為政者且大多不諳農村事務，根本鬥不過土生土長、熟悉農村事務的吏。結果實行久了，一條鞭法和之前的其他稅法一樣，變得異常混亂。

另外，一條鞭法還有一個大大的遺憾，沒有趁機搞清人口數。明代的人口統計以黃冊為主，但黃冊則是納稅依據，編制的時候主要是為了搞清楚能納稅的人，並非我們通常意義上的人口普查工具。一條鞭法在實行過程中，頂住了各種壓力清丈了土地，但並沒有借此時機搞清真正的人口數量。

就這樣，明後期最有可能讓中國重新走上陽關大道的改革失敗了。在白銀帝國的光環下，一切問題都被掩蓋了，所有的人都在為能過上奢靡的生活而努力著。突然之間，天災人禍起，大明帝國轟然倒在了堆積如山的白銀旁。

〈後記〉

以評書體寫作方式闡釋晚明敗亡

一個強大的帝國至此已經變得無可救藥，儘管它的軍事實力、經濟實力傲視全球，但最終它還是失敗了。在當時，歐洲列強無論從何種角度看都對晚明政府構不成威脅。即使到了乾隆時期，面對乾隆的傲慢英國也無可奈何，這並非英國人懂禮節、懂外交，而是它深知打不過。清朝中後期尚且如此，更何況二百多年前的晚明。

晚明是在中國經濟實力最強大的情況下敗亡的，其歷史原因尚待研究。本人是持綜合影響論者，本人的理解是：過多的白銀所造成的虛假繁榮，某些行業興隆僅僅是表面現象，大部分人的生活非但沒有進步反而倒退了。中央政府經濟政策的失敗，造成稅收大量流失，財政收入增長緩慢。

可悲的是，晚明進入了一個多災多難的時期，政府沒有資金進行救助，從而造成瘟疫流行、農民起義大規模出現，還有外族入侵，晚明政府受到了兩面乃至多面夾擊，最終轟然倒下。作為

第一部作如此詳細的論述和例證的作品，難免會有不周詳之處，還望海涵。在寫作過程中，我採用了較為新穎的寫作風格，這就是評書體寫作。

歷史讀物有兩種寫法，一種是專家式的正襟危坐，一種是民間的嬉笑怒罵，民間的嬉笑怒罵則派生出三種寫作方法。

一種是純粹的綜合普及，這種書就是我們常聽到的「攢書」，儘管它有些問題，但卻在普及方面起到了很大作用。

第二種就是類似於曲藝中的相聲體，它帶給民眾的是趣味下的歷史。典型的代表就是當年明月、袁騰飛等先生。他們發揚的這種文體本來需要作者有很強的幽默細胞。很可惜，許多後續的模擬者將該文體變成了沒有積澱的戲說、陶醉於文字的口水書。

第三種就是本書所代表的評書體，它帶給民眾的則是快感下的歷史。

相聲體寫作給予的是笑談歷史，在笑中體味歷史的宏大。評書體與相聲體最大的區別，其實早在作為曲藝的相聲和評書中就已經奠定了。相聲以及前身笑話如果不逗人笑就稱不上相聲、笑話，因此，它不以讓人明白某些道理為根本目的。評書及其前身故事則必須要以道理為根本，因此，評書界常說：評書從來不教人壞。

因此，評書體歷史寫作無論在深度、廣度、理論體系上都非常恰當。當然，如果您想從本書中得到頁頁笑聲，那麼，您顯然會失望。因為，本書能夠給您的是酣暢淋漓下厚重的歷史感，在欣賞案例的瀟灑與酣暢之後您會有淡淡的憂傷。最終，它會變作歷史中的笑聲並成為您永久的案頭之作。

評書作為口頭語言藝術，圖書作為書面語言藝術，兩者有著根本的區別。口頭藝術活潑中有著趣味，書面藝術則嚴肅中透著理性。彌合兩者的區別其關鍵就在於案例的尋找。本書所涉及的百餘個案例九成多都是有案可循的歷史真實案例，只有幾個因為案例難以尋找，作者結合相關歷史事件、史料進行了發揮。

鑒於「評書體寫作」屬於初創，希望讀者不吝賜教。顯然，一種新誕生的文體會引來「閱讀不適」，望請讀者朋友多多愛護、指正。本人聯繫方式：http://blog.sina.com.cn/mengben；mengben1978@126.com。

在長達半年的沒日沒夜的閱讀、寫作，數月的修改中，我的家人、親朋、同事給予了大量的幫助，在寫作過程中，也得到了他們的祝福和一如既往的幫助。

感謝我的同事：李明建、李朝輝、劉熠、張靜、王佳新、張長靈、張長利、張美英等人，在資料收集、整理、彙編方面的幫助。

感謝我的朋友：張建偉、楊勇、李連峰、張振新、許曉善、呂志勇、陳肯、班繼胤、李全黃、仁勝、移然、熊廣平、何奇、張為良等人，在對外聯絡方面的支持。

感謝我的師長：張印軍、張印民、張習偉等，在寫作方向、手法方面的指點。

最後，望各位讀者朋友讀後多多批評指正。

二〇一二年四月十日於「五無齋」

〈附錄〉

相關參考文獻及資料

1自然科學史研究所，《中國古代科技成就》，北京：中國青年出版社，一九七八。

2龔澤琪、董連澤，《中國古代軍事經濟史》，北京：軍事誼文出版社，一九九六。

3黃仁宇，《明代的漕運》，北京：新星出版社，一九九六。

4李金明，《明代海外貿易史》，北京：中國社會科學出版社，一九九〇。

5項懷誠，《中國財政通史‧明代卷》，北京：中國時政經濟出版社，二〇〇六。

6王毓銓，《中國經濟通史‧明代卷》，北京：經濟日報出版社，二〇〇〇。

7曹樹基，《中國移民史‧明時期》，福州：福建人民出版社，一九九七。

8任繼愈，《中國歷代貨幣》，北京：商務印書館，一九九八。

9佛蘭克，《白銀資本：重視經濟全球化中的東方》，北京：中央編譯出版社，二〇〇〇。

10彭慕蘭，《大分流：歐洲、中國及現代世界經濟的發展》，南京：江蘇人民出版社，二〇〇三。

11邱雲飛、孫良玉，《中國災害通史：明代卷》，鄭州：鄭州大學出版社，二〇〇九。

12李剛，《陝西商幫史》，西安：西北大學出版社，一九九七。

13朱亞非，《明代中外關係史研究》，濟南：濟南出版社，一九九三。

14黃仁宇，《十六世紀明代中國之財政稅收》，上海：三聯書店，二〇〇一。

15毛佩琦，《中國社會通史・明代卷》，太原：山西教育出版社，一九九六。

16張小也，《清代私鹽問題研究》，北京：社會科學文獻出版社，二〇〇一。

17吳于廑、周一良，《世界通史・中古部分》，北京：人民出版社，一九六二。

18鄭廣南，《中國海盜史》，上海：華東理工大學出版社，一九九九。

19崔來廷，《首輔葉向高與海洋社會》，南昌：江西高校出版社，二〇〇五。

20晁中辰，《明代的海禁與海外貿易》，北京：人民出版社，二〇〇五。

21白壽彝，《中國通史・明代卷》，上海：上海人民出版社，二〇〇四。

22卜正民，《縱樂的困惑：明代的商業與文化》，上海：三聯書店，二〇〇四。

23任繼愈，《中國報刊史話》，北京：商務印書館，一九九一。

24尹韻公，《中國明代新聞傳播史》，重慶：重慶出版社，一九九〇。

25許滌新、吳承明，《中國資本主義的萌芽》，北京：人民出版社，二〇〇五。

26王春瑜、杜婉言，《明代宦官與經濟史料初探》，北京：中國社會科學出版社，一九八六。

27陳寶良，《明代社會生活》，北京：中國社會科學出版社，二〇〇四。
28謝必震，《明清中琉航海貿易研究》，北京：海軍出版社，二〇〇四。
29李連利，《桃花庵下桃花仙：唐伯虎》，北京：知識出版社，二〇一一。
30李連利，《歷史原來是這麼回事兒》，西安：西安交通大學出版社，二〇一〇。
31萬明，《晚明社會變遷問題與研究》，北京：商務印書館，二〇〇五。
32韓毓海，《五百年來誰著史：一五〇〇年以來的中國與世界》，北京：九州出版社，二〇一〇。
33梁柏力，《被誤解的中國：看明清時代和今天》，北京：中信出版社，二〇一〇。
34楊仕、岳南，《風雪定陵》，北京：新世界出版社，一九九七。
35韋慶遠，《明清史續析》，廣州：廣東人民出版社，二〇〇七。
36梁方仲，《明代賦役制度文集》，北京：中華書局，二〇〇八。
37王俊霞，《明清時期山陝商人相互關係研究》，北京：北京大學，二〇〇一。
38劉軍，《明清時期海上商品貿易研究：一三六八～一八四〇》，大連：東北財經大學博士論文，二〇〇九。
39侯馥中，《明代中國與朝鮮貿易研究》，濟南：山東大學博士學位論文，二〇〇九。
40黃阿明，《明代貨幣與貨幣流通》，上海：華東師範大學博士學位論文，二〇〇八。
41邢曉燕，《明清之際中日貿易研究》，濟南：山東大學博士論文，二〇〇八。

42程利英，《明代北直隸財政研究：以萬曆時期為中心》，廈門：廈門大學中國經濟史博士論文，二〇〇七。
43馮明，《張居正改革群體研究》，武漢：華中師範大學中國古代史博士論文，二〇一一。
44周劍，《對明代開中鹽法的考察》，上海：復旦大學碩士學位論文，二〇〇四。
45陳國慶，《商人的作用：市民視野下的明代商人群體研究》，武漢：華中師範大學碩士學位論文，二〇〇六。
46楊登堡，《楊一清與明代陝西馬政》，北京：中央民族大學碩士論文，二〇〇五。
47劉士嶺，《試論明代的人口分布》，鄭州：鄭州大學碩士論文，二〇〇五。
48高飛，《明朝戶籍制度中的身份法與遷徙法》，北京：中國政法大學碩士論文，二〇〇三。
49蔣銀鴿，《約瑟之謎新探：基於貨幣—價格分配效應角度的分析》，廣州：暨南大學碩士學位論文，二〇一〇。
50楊正泰，〈明代國內交通路線初探〉，《歷史地理》，一九九〇（七）。
51蔣炳釗，〈蛋民的歷史來源及其文化遺存〉，《廣西民族研究》，一九九八（四）。
52張學良，〈明代茶馬貿易與邊政探析〉，《東北師大學報・哲學社會科學版》，二〇〇五（一）。
53馬冠朝，〈明代茶馬貿易官營體制的理論探析〉，《寧夏社會科學》，二〇〇五（四）。
54呂美泉，〈明代茶市研究〉，《史學理論研究》，二〇〇二（一）。

55盛錦朝，〈探訪古徽道〉，《中國文化遺產》，二〇〇九（二）。
56張萍，〈城市經濟發展與景觀變遷——以明清陝西三原為例〉，《中國社會歷史評論》，二〇〇六（二）。
57王秀麗，〈十五～十七世紀社會經濟轉型的中英比較〉，《天津大學學報·社會科學版》，二〇〇七（三）。
58蕭放，〈白銀貨幣的周流與明帝國的命運〉，《史學月刊》，一九八九（六）。
59萬明，〈白銀貨幣化視角下的明代賦役改革〉，《學術月刊》，二〇〇七（五）。
60李若愚，〈從明代的契約看明代的幣制〉，《中國經濟史研究》，一九八八（四）。
61張宇燕、高程，〈海外白銀、初始制度條件與東方世界的停滯——關於晚明中國何以「錯過」經濟起飛歷史機遇的猜想〉，《經濟學》，二〇〇五（一）。
62張兆裕，〈晚明富民的救荒〉，《中國社會科學院院報》，二〇〇四／〇五／十八。
63馮之餘，〈明代「隆慶開放」與海上貿易發展〉，《社科縱橫》，二〇〇八（二）。
64王超，〈江南市鎮經濟的近代變遷〉，《大眾文藝·理論》，二〇〇八（十一）。
65肖發生、方志遠，〈明前期荒政中的腐敗及治理〉，《北方論叢》，二〇〇七（一）。
66高葉華，〈明代「牙人」「牙行」考略〉，《重慶師範大學學報·哲學社會科學版》，二〇〇七（二）。
67范金民，〈明代徽州鹽商盛於兩淮的時間與原因〉，《安徽史學》，二〇〇四（三）。

68包國滔，《試論明代鹽業營銷「淮粵之爭」中利益集團的博弈》，《江蘇商論》，二〇〇九（三）。
69劉盛龍，《明代茶業改革者楊一清》，《農業考古》，二〇〇四（四）。
70楊維波，《明代閣權與部權之爭的歷史軌跡》，《上饒師範學院學報》，二〇〇九（一）。
71卞利，《嘉靖至萬曆初年內閣首輔的爭權鬥爭》，《安徽大學學報・哲學社會科學版》，一九九二（三）。
72龔曉輝，《馬六甲王朝與明朝的朝貢關係》，《韶關學院學報・社會科學》，二〇〇九（二）。

國家圖書館出版品預行編目(CIP)資料

白銀帝國：翻翻明朝的老帳 / 李連利作. -- 初版
. -- 臺北市 : 遠流, 2013. 05
面; 公分. -- (實用歷史叢書)

ISBN 978-957-32-7185-7(平裝)

1. 經濟史 2. 明代

552.296　　102006150